U0514284

命悬昆阳城

江左辰 著

辽宁人民出版社

图书在版编目（CIP）数据
命悬昆阳城 / 江左辰著 . -- 沈阳 ：辽宁人民出版社，2025．6．-- ISBN 978-7-205-11515-9
Ⅰ．K234.109
中国国家版本馆 CIP 数据核字第 2025ME8031 号

出版发行：辽宁人民出版社
地址：沈阳市和平区十一纬路 25 号　邮编：110003
电话：024-23284191（发行部）　024-23284304（办公室）
http ：//www.lnpph.com.cn
印　　刷：河北朗祥印刷有限公司
幅面尺寸：160mm × 230mm
印　　张：21.75
字　　数：278 千字
出版时间：2025 年 6 月第 1 版
印刷时间：2025 年 6 月第 1 次印刷
责任编辑：赵维宁
助理编辑：金美琦
封面设计：东合社 · 安宁
版式设计：一诺设计
责任校对：吴艳杰
书　　号：ISBN　978-7-205-11515-9
定　　价：79.80 元

序 言

提到刘秀，众所周知，他是中国历史上著名的皇帝，东汉的开国之君，也是汉朝的延续者。可以毫不夸张地说，刘秀在组织和领导农民起义军推翻王莽政权、削平封建割据势力、安定社会秩序、建立和巩固封建统一国家等方面功勋卓著，是一位叱咤风云的伟大历史人物。

刘秀出生时，西汉王朝已经接近末期。身为汉景帝后代长沙王刘发的血脉，刘秀的父亲刘钦在家族谱系中位列刘邦的八世子孙。尽管这个身份听起来尊贵，但因受到“推恩令”的影响，刘钦最终只担任了济阳县令，生活并不富裕，甚至有时陷入贫困。

在这样的家庭背景下，刘秀的成长之路虽平凡，却充满智慧与务实。他读书、耕种，不仅继承了民间文化中的宽厚与智慧，还培养了对时局的敏锐洞察力。他的政治智慧和抱负逐渐显现，同时保持着过于谦虚的本性，这种性格使他在历史上并不张扬。

新朝末年，王莽的统治给社会各阶层带来了深重的伤害。刘秀，这位在太学表现出色的学生，因时局的动荡不得不与兄长们一同辍学。当各地因不堪新朝的压迫而纷纷起义，整个天下都怀念汉朝的统治时，刘秀的哥哥刘縯，这位同样流淌着大汉血脉的青年，毅然决然地挑起了推翻王莽新朝的大旗，提出了“复高祖之业，定万世之秋”的响亮口号。

相比之下，刘秀显得更为谨慎。但在哥哥的感召和李通、李轶等人的支持下，他也秘密策划起兵，开始与哥哥并肩作战。经过一系列战役的洗礼，刘秀兄弟的威名日盛，刘縯更是成为了众人瞩目的主角，在这当中刘秀发挥着不可或缺的作用。

刘秀的个性似乎存在着双重性。平日里，他行事低调、谨慎小心，展现出温文尔雅的一面。然而，在关键时刻，他又展现出足智多谋、杀伐果断的一面，表现出非凡的军事才能。例如，在历史上著名的昆阳之战中，他巧妙运用战术，造就了历史上以少胜多的著名战例。

地皇四年（23）爆发的昆阳之战，成为王莽政权与更始政权起义军之间的关键对决。更始政权的军队由绿林军和刘縯的汉军组成，与人数众多、装备精良的王莽新军相比，更始军显得势单力薄、兵甲不整。在昆阳被新军围攻之际，刘縯的主力部队正忙于进攻宛城，昆阳守军士气低落。在这紧要关头，刘秀挺身而出，以三千骑兵为先锋，英勇冲杀敌阵，最终大破数十万新莽军，实现了惊天逆转的壮举。

昆阳之战不仅是中国历史上著名的以少胜多的战例之一，更是决定未来中原王朝国运与兴衰的关键战役。刘秀在这场战役中的英勇表现使他一战成名，成为天下瞩目的英雄。这场战役不仅是玄汉击败新莽的转折点，也为起义军最终推翻王莽的统治奠定了坚实基础。明末清初的大思想家顾炎武曾盛赞刘秀在昆阳之战中的卓越表现：“一战摧大敌，顿使海宇平。”高度评价了这场战役及其领导者刘秀的历史地位和影响。

昆阳大捷后，刘秀与刘縯虽然因胜利而名震天下，但并未因此实现他们复兴汉朝的梦想。刘縯，作为汉军的首领，因勇猛刚烈而在更始政权的内部斗争中不幸遭到绿林军的杀害。面对这一突如其来的变故，刘秀被迫孤身面对权力的暗流涌动，压制复仇的怒火。他深知，为了保全自己和维护起义军的稳定，他必须克制内心的悲痛和愤怒，装出平静自若的样子。

在这段艰难时期，刘秀不仅成功地保护了自己，还稳定了起义军的局势，赢得了更始帝的信任。这种克制和隐忍为他日后的发展奠定了基础。不久后，他获得了前往河北发展的机会，虽然起始条件并不优越，身边只有少数追随者，且未得到足够的军事和物资支持，但这对刘秀来说却如同龙归大海，为他提供了一个施展才华的广阔舞台。

在河北，刘秀迅速拉起了一支队伍，通过兼并群雄和统一河北，他的势力迅速壮大。仅仅用了不到两年的时间，他便拥兵称帝，建立了新的大汉政权，这一朝代史称“东汉”。

刘秀的故事不仅是一段英勇传奇，更是一部展现智慧、克制与坚韧的历史长卷。在本书中，通过历史细节的妙处展现出了一个具体清晰并且伟大的刘秀形象，值得您品读！

江左辰

目录

第四章 更始政权初立

第五章 昆阳之战

第六章 绝地反击

第七章

内部争权，杀机四伏

第八章

出巡河北，积蓄力量

第九章

四处征战，拥兵称帝

第一章　乱世出英雄

一、刘秀在乱世中成长

提到刘秀，众所周知，他是中国历史上著名的皇帝，东汉的开国之君，也是汉朝的延续者。可以毫不夸张地说，刘秀在组织和领导农民起义军推翻王莽政权、削平封建割据势力、安定社会秩序、建立和巩固封建统一国家等方面功勋卓著，是一位叱咤风云的伟大历史人物。

刘秀建立东汉王朝后，注重发展经济，推行了许多有益于国家和人民的政策，如减轻农民赋税负担、兴修水利、鼓励农业生产等。同时，他也非常注重文化教育，大力推广儒学，提高了人民的文化素质。

在政治上，刘秀实行了一系列改革，削弱了豪门世家的势力，加强了中央集权，使国家更加稳定。他善于用人，充分听取各方意见，积极处理民族和宗教问题，使国家得以长期安定发展。

总体来说，刘秀是一个非常出色的皇帝，他的政治智慧和领导才能为东汉的发展做出了巨大贡献。他不仅统一了全国，还开创了许多有益于国家和人民的政策和制度，为后世的政治、经济、文化发展奠定了基础。

但说起历史上的明君，人们第一时间想到的就是秦皇汉武、唐宗宋祖这些赫赫有名的皇帝，刘秀名气不及这些著名的皇帝，但仍可算得上是一位传奇皇帝。刘秀在政治和军事方面有着过人的天赋，其在这些方面的作为不逊于这些明君。刘秀是我国历史上极少数通过农民起义当上皇帝的人，可能正是由于这个原因，他的知名度与他的实际表现一直不相符。一些历史学家甚至称他是中国历史上学识最渊博、军事能力最强的皇帝，是中国历史中的模范皇帝。

那刘秀被低估的原因是什么呢？笔者认为，主要有以下几点。

第一，刘秀在位期间，始终保持谦逊、低调的作风，不喜欢炫耀自己的功绩。这种低调的性格使他在历史上的知名度相对较低。

第二，历史记载的局限性也是一个原因。例如，《后汉书》是关于东汉历史的主要史书，但其中关于刘秀的记载并不算特别多。这可能是因为《后汉书》的作者范晔在撰写时，受到了当时政治氛围的影响，对刘秀的评价和描述较为保守。此外，《后汉书》在流传过程中，可能还有一些关于刘秀记载的遗失或篡改。

第三，刘秀没有把自己看做一个开国君主，而只是一个中兴者。他主动把自己的地位放低，只把自己作为一个王朝的中兴者，国号仍然为汉，后人也称之为光武中兴。这样一来自己的历史地位就低了。整个东汉历史存在感不如西汉，拉低了这个阶段所有历史人物的影响力，再加上刘秀没有改国号，地位从王朝开创者下降到了中兴者，所以刘秀的历史存在感明显达不到他该有的高度。

第四，刘秀在出道之时只是一个“配角”。他有一个哥哥叫刘縯，此人做事做人和刘邦相像，不事生产，喜欢结交各路朋友，特别是绿林好汉、奇人异人等。西汉末年，各地起义军纷纷揭竿而起，赤眉军、绿林军、铜马军纷纷出场，一场大变局就要出现了。刘縯也起兵了，打出了“复高祖之业，定万世之秋”的口号。而刘秀谨慎又谨慎，在哥哥的感召和李通及其从弟李轶等人支持下，也密谋起兵了，开始配合哥哥。历经各战役，刘秀兄弟的威名越来越响，这时的第一主角是刘秀他哥刘縯，刘秀就是个配角。

综上所述，由于刘秀的性格、历史记载、自我定位以及他在起义中的角色等因素，导致他在历史上的知名度相对较低。

刘秀在昆阳之战中崭露头角，展现了他卓越的军事才能。这场战役发生在地皇四年（23），双方势力为王莽政权与更始政权的起义军。西汉末年，王莽代汉自立建立新朝，却未能解决社会矛盾，反而加剧了纷争。因此，民众纷纷揭竿而起，战火重燃。

在这场风起云涌的历史洪流中，绿林军和赤眉军成为两支强大的力量。昆阳之战正是绿林军与新莽军之间的较量。当时，人心思汉，各路起义者均以汉室后裔自居，绿林军和赤眉军亦不例外。绿林军拥立刘玄为帝，高举光复汉室的大旗，这一举动引起了王莽的极大警觉。为了镇压绿林军，王莽调动重兵，昆阳之战由此爆发。

然而，绿林起义军仅有几万人，且装备简陋，与新莽军的百万大军相比显得势单力薄。面对巨大的压力，绿林军士气低落。在这关键时刻，刘秀挺身而出，力挽狂澜。他率领三千精锐骑兵，冲锋陷阵，大破新莽军数十万之众。昆阳之战因此成为中国历史上著名的以少胜多的战役之一，它不仅决定了未来中原王朝的国运，而且在中国历史上留下了深远的影响。

刘秀以偏将军的身份在昆阳之战中一战成名，威震天下。此战不仅是玄汉政权击败新莽的关键一战，更为起义军最终推翻王莽统治奠定了坚实基础。明末清初的大思想家顾炎武曾盛赞刘秀在昆阳之战中的英勇表现：“一战摧大敌，顿使海宇平。”

在那个动荡不安的时代，刘秀以其坚定的信念和不屈的精神，挣脱命运的枷锁，书写了一段充满传奇色彩的历史篇章。

昆阳之战不仅是刘秀军事生涯的重要转折点，更是西汉末年社会变革的标志性事件。

本书将细致入微地呈现刘秀的成长历程、军事策略、人格特质以及昆阳之战的惊心动魄，让读者在阅读的过程中感受到历史的厚重和人性的光辉，同时也能够领略到出版物的文学魅力和艺术价值。

在讲述昆阳之战前，让我们先看一下刘秀的出生。

刘秀出生于西汉建平元年（前 6）。当时的西汉王朝已经接近末期。刘秀的父亲刘钦，是汉景帝的儿子长沙王刘发的后代，按世系排下来是刘邦的八世孙。这听起来应该是个贵族身份，但由于历史的变迁，到景帝之后的五代，家族已经衰落。因此，刘秀的父亲刘钦并不具备贵族的显赫特征。尽管刘钦曾任济阳县的县令，但他的生活条件一般，甚至可以说有些贫困。如果非要说他是皇室贵族，那也只是个没落的贵族，更不用说刘秀出生后了，更难称得上是显赫的皇族后裔。

为什么要这样说呢？在西汉哀帝建平元年（前 6）时，西汉的各种社会矛盾已经尖锐激烈，西汉政权岌岌可危。哀帝是西汉王朝倒数第三个皇帝，他在位仅仅六年，国家政局极度混乱。在这期间，发生了七件大事，足以证明当时的时局动荡不堪。

绥和二年（前 7）六月，哀帝登基后仅两个月，西汉就发生了大臣师丹的“限民名田”事件。这起事件源于土地兼并现象严重，贫富差距悬殊。身为大司马、后徙任大司空的师丹，建议限制诸王、列侯以及一般地主所占有的土地和奴婢的数量。然而，这一举措得罪了不少外戚和官员，师丹最终遭到诬陷并被罢官。

绥和二年（前 7）秋，曲阳侯王根和成都侯王况都因犯罪被罚，王根被遣送回封国，王况被贬为庶人，归回原郡。

建平元年（前 6）春天，侍中骑都尉新成侯赵钦和成阳侯赵䜣也因罪被贬为庶人，迁徙到辽西。

同年冬天，中山孝王的母亲冯媛和她的弟弟宜乡侯冯参都因犯罪而自杀。

建平二年（前5）六月，因待诏夏贺良建言“汉家历运中衰，当再受命”，该年年号遂由建平改为“太初元将”，哀帝亦自号“陈圣刘太平皇帝”。然而，仅两个月后，此诏令即遭废止。夏贺良因此被诛，丞相朱博、御史大夫赵玄、孔乡侯傅晏等人亦受牵连，或被处死，或被削户贬爵。

建平三年（前4）十一月，东平王云及其后人皆因罪被诛。

建平四年（前3）春，关东地区流传西王母的信仰，民众纷纷参与，西王母信仰历经郡国，西入关至京师。民众再次聚集，祭祀西王母，引发社会骚动。

这七件大事接连发生，不仅突显了阶级矛盾的激化，更揭示了统治阶级内部矛盾的尖锐冲突，显示出西汉统治阶级高层的不稳定。正是在这样一个动荡不安、危机四伏的年代，刘秀降生了。

在刘秀出生前夕，身为县令的刘钦因县衙环境阴暗潮湿，且时有风雨侵袭，认为不宜让孕妇居住。于是，刘钦将离县衙不远、汉武帝时期遗留的一座行宫打扫得一尘不染，安排妻子迁入以待产。汉武帝时期，为便于巡行各郡国，修建了众多行宫。济阳城中的这座行宫即建于元鼎四年（前113）之后。

在封建社会中，帝王的行宫自然是帝王的专属住所，若有人擅自入住，便是僭越犯上的重罪。然而，刘钦竟让自己的妻子在已故汉武帝的行宫里分娩，这足以说明时局的变迁。自汉武帝逝世已逾八十载，西汉王朝也历经了二百多年的风雨，自汉武帝之后，历经四代皇帝，刘家江山已是岌岌可危。民间传闻，刘家天下恐将易主。在这样的背景下，刘家没落的后代在行宫里生子，已不再是什么大事，反而有些祖宗庇佑的意味。正因如此，刘秀的父亲刘钦，才敢让自己的妻子在祖宗皇帝的行宫里生育，且确信无人敢干涉。毕竟，这已是一块无人问津的祖产，用它来遮风挡雨又有何不可?

刘钦的夫人樊娴都，即刘秀的生母，出身于南阳郡的豪强望族樊家。樊家当时是大地主兼商人的代表，家境殷实。因此，樊娴都自幼受到良好的教育，性格温婉，知书达理。她自幼便养成不梳妆穿戴整齐不出房门的习惯，品行修养极高，深受族人喜爱和敬重。嫁给刘钦后，她成为了刘钦的得力助手。

建平元年（前6）十二月的一夜，刘秀诞生于济阳行宫。作为刘钦的第三个儿子，他的出生给刘钦带来了极大的惊喜。传闻刘秀出生时，有赤光照亮整个房间，片刻之后，樊娴都便顺利产下刘秀。刘家人觉得此象异常，便请来卜者王长为新生儿占卜。王长经过一番掐算后，私下告诉刘钦，此子贵不可言，意味着这孩子将来必有大富大贵之命。

传说在刘秀诞生的这一年，当地还出现了诸多不寻常的自然现象。

其中之一便是在一块稻田中长出了嘉禾。嘉禾，即一株禾稼的茎干上长出了九个金灿灿、沉甸甸的大谷穗子。百姓们看到这一幕，认为一茎出九穗，金黄耀眼，是极为吉祥的征兆，于是便将此事告知了县令刘钦。

刘钦听闻后，也认为这是祥瑞之兆，民间更有传闻称这是贵人出生的预兆。恰逢刘钦的三儿子刚刚降生，刘钦自然觉得这也预示着自己的三儿子前途无量。于是，他便为这第三个儿子取名为刘秀。

二、年轻刘秀求学长安

刘秀家中兄弟姐妹共计六人：大姐刘黄、二姐刘元、妹妹刘伯姬、大哥刘縯（字伯升）、二哥刘仲，以及排行最小的刘秀。当哥哥们外出求学时，刘秀仍在家中如稚童般嬉戏。得益于樊娴都的良好教育，这六个孩子以及刘钦的侄子刘嘉，均在家中接受了启蒙教育，没有聘请私塾先生。樊娴都的教导有方，使得这些孩子们日后都谦恭有礼、修养深厚，无一丝纨绔子弟之气。

刘秀与兄弟姐妹们在一个虽不富裕却温馨的家庭中成长。随着孩子们求知欲的增长，樊娴都与刘钦决定送他们外出求学，自此，孩子们与父母的相聚时光变得稀少。当然，刘秀因年纪较小，外出求学的时间相对较晚。

某年中秋佳节，当哥哥们前往长安求学时，刘秀与两个姐姐及妹妹围坐在樊娴都身旁，共同赏月谈心。樊娴都看着四个儿女围绕在自己身边，心中自然欢喜，但抬头望月之际，眉宇间却流露出淡淡的忧愁。细心的刘秀察觉到了母亲的忧虑，问道："母亲，您又在担心大哥他们了吗？"

樊娴都叹息道："今日本是中秋团圆之日，你三位兄长却在外求学。你大哥他们身上带的银两有限，我和你父亲已算过，无论他们如何节省，钱财都不够用。你大哥性格刚烈，我真担心他会出事。"

刘秀自幼性格温和，聪明过人。面对父母的忧愁，他从不随波逐流，而是设法安慰他们。这种性格在他日后的军事生涯中也表现得淋漓尽致：临危不惧、冷静理智。此时，他安慰母亲道："母亲，三位兄长虽不能陪伴在您身边，但他们在外求学，定会有所成就，为将来成大事奠定基础。如今他们只是暂时离开，待学成归来，自然与母亲团圆。母亲请勿过于伤感这短暂的别离。"

樊娴都听了刘秀的话，心情稍感宽慰，但一想到当时的时局，又不禁忧愁起来。

政局动荡不安，外界自然充满危险因素，但正是如此，刘秀越发渴望认识外面的世界。随着年岁的增长，刘秀决定离开家乡，前往京师长安的太学深造，他渴望目睹外面世界的精彩。

天凤元年（14），年满二十岁的刘秀，离开了熟悉的小县城，踏上了前往当时最大的城市长安的旅程。天凤四年（17），刘秀顺利进入长安太学。太学在西周时期已有雏形，那时它并非以传授知识为主，而是用作祭祀、议政、礼仪等活动的场所。至汉武帝时期，太学正式设立，由博士为太学生讲授儒家经典。最初的学生仅限于五十名博士子弟，多为贵族或才名显赫之人。这些学生在经过学习和选拔后，便有可能成为朝廷官员的候选人。

至汉昭帝时，长安太学的学生人数增至一百人。到了王莽的新朝时期，为了体现对天下人才的渴求与尊重，太学变得开放，允许有才能的人入学。因此，太学的学生数量剧增，人数竟超过了一万人。这些学生中，有新贵王孙如王莽家族及其附庸的富家子弟，也有如刘秀一般的没落贵族子弟。还有一些人因才名被招入，如少年神童邓禹，还有许多人是为了追求功名而来游学的。

随着时间的推移，刘秀在长安太学不断学习知识，增长见识，眼界逐渐变得开阔。他的《尚书》学问是跟随一位名叫许子威的先生学习的。这位许子威先生来自庐江，后来曾任中大夫一职，这也说明刘秀的老师是当时的知名学者。

《尚书》又称《书经》，是古代政治文献的汇编，其中包含记事文告、命令、讲话记录等。据说《书经》是由孔子删订的，也是学子们必须学习的经典之作。

据说，刘秀在学习《尚书》的“大义略举”后，举一反三，很快便洞悉了世事。他经常将所“闻知”的“朝政”解说给同宿的人听，这既加深了他自己的理解，又使知识融会贯通。可以说，刘秀在长安的求学之路上表现得非常出色。

刘秀在长安求学时，与他同行的还有堂兄刘嘉。由于刘嘉自幼父母双亡，由刘秀的父亲抚养长大，因此刘钦对他视如己出。无论是在家中还是在长安求学，刘秀都与刘嘉相处得非常好，两人之间情谊深厚。然而，在胆识和学识方面，刘秀更胜一筹。

在此期间，刘秀与来自南阳的上层人士保持密切联系，并积极为他们效力做事，维持着友好关系。当时，刘秀的经济状况并不乐观，家中资助的学费远远不够。为了解决这个问题，他与同住的韩子共同凑钱买了一头驴，租给别人使用以赚取收入。这一举措改善了他的生活困境。

刘秀在长安求学时展现出卓越的政治头脑和经营管理能力，他思维敏捷且才干出众。例如，为了替季父追回逃租，他直接上诉到大司马严尤处。严尤见到刘秀后，被他的出众才华和从容镇定的胆识所吸引，对他颇为赞赏。《东观汉记》中对刘秀的评价也相当高，称赞他“仁智明远，多权略，乐施爱人”。

还有一件事值得一提，南阳人朱祐，字仲先，与刘秀一同在太学就读，两人关系甚好。他们曾共同购买蜜合药，显示出彼此的深厚情谊。在刘秀与其兄刘縯起事之后，朱祐坚决追随，这足以证明他们之间的信任。最终，朱祐成为东汉的开国名将，这也从侧面反映出刘秀在长安求学时便展现出的卓越眼光和为人处世的才能。

刘秀在长安的求学时光匆匆而过，他目睹了新莽朝廷的种种实际情况，亲耳听闻了人们对新莽政权的不满。结合自己的认知，刘秀对新莽朝廷的热情逐渐消退。加之考试未能如愿，他对新莽朝廷感到彻底失望，于是离开长安，返回家乡，重新规划自己的人生道路。

此时，刘秀的大哥刘縯、二哥刘仲以及堂哥刘嘉仍留在长安。刘秀回到家乡后，一边温习书本知识，一边管理家中事务，一边耕种田地。那两年天灾频发，南阳百姓生活困苦。由于刘縯、刘仲和刘嘉仍在长安求学未归，樊娴都听到外界时局动荡，非常担心在外的儿子和侄子。

刘秀看到母亲每日忧愁，心中不忍，便说道：“既然母亲如此担心，不如让我带上些银钱，前往长安寻找大哥他们，这样母亲也能安心一些。”

樊娴都却担忧道：“这怎么行呢？我和你叔父也曾想过让你去长安把他们找回来，但如今兵荒马乱，你若去了长安，我反而会更加担心。”

樊娴都提到的兵荒马乱，确有其事。安众侯刘崇起兵反抗王莽，攻打宛城失败后，又有东郡太守翟义举兵反莽，拥立汉宗室刘信为皇帝。王莽的军队与翟义的叛军在菑城激战，导致京师动荡不安。这也是樊娴都担心在外的儿子和侄子的原因，因此她不敢让刘秀出门冒险。

刘秀看着母亲焦急的样子，自己心里也急得如同热锅上的蚂蚁，既担心大哥、二哥和嘉哥的安危，又无法出门寻找。樊娴都看出刘秀的焦虑，知道他在担心几位兄长，便安慰他说，也许他们在外面遇到困难就会回来了。大家只能把希望寄托在这上面。

果然，没过几天，一天清晨，看门的家人急匆匆地跑了进来，大喊着："大公子回来了！"

樊娴都一听儿子真的回来了，立刻整理好衣装，带着庄重的神情走到院子里迎接归来的儿子。刘縯确实回来了，他满身尘土，衣衫褴褛，似乎经历了无数的艰辛。他身边站着的是同样狼狈的刘稷和一个与他们年纪相仿的青年。

刘縯看到母亲，立刻跪在地上，悲伤地喊道："娘！"站在他身边的刘稷和那个陌生的年轻人也跟着跪了下来，齐声喊道："伯母！"

樊娴都看着面前这三个满身尘土、衣衫褴褛的人，却没有看到老二刘仲和侄子刘嘉的身影，她心中一紧，不知道他们到底发生了什么事。

她急忙问道："你们这是怎么了？怎么会变成这样？刘仲和刘嘉呢？他们怎么没和你们一起回来？"刘縯颤抖着嘴唇，半天没有说出一个字来。樊娴都更加焦急了，不知道这两个孩子到底遭遇了什么。

这时候，刘黄和刘秀听到了消息也赶了过来。他们一看刘縯的样子，都大吃一惊。尤其是刘黄，她知道大哥去长安求取功名了，不明白他怎么会如此落魄地回来。

她问刘縯："大哥，你不是去求取功名了吗，怎么会变成这样回来？"刘縯看到弟弟妹妹们，心中更加伤感气愤，但他只是说了句："一言难尽！”

原来，刘缜四人在长安学习《尚书》和《春秋》，他们在家时已经打下了良好的基础，因此在长安的学习相当轻松。他们迅速掌握了书中的重要内容，理解得也十分透彻。他们学业上的优秀，赢得了同住舍友的钦佩，尤其刘缜，经常得到主讲老师的夸奖。主讲《尚书》的许子威还征求了刘缜的意见，打算推荐他入朝做官。刘缜入太学学习，本是不愿意入王莽朝廷做官的，但为了深入了解王莽，寻找推翻王莽暴政的机会，他答应了许子威。

然而，刘缜入朝做官的梦想最终还是落空了。就在他答应许子威的时候，王莽突然大幅改动货币制度，废止了金刀和银刀。一夜之间，金银贬值，这对于还是穷学生的刘稷和刘缜兄弟几人来说，带来的打击是巨大的。他们带的钱要么作废，要么随着大势贬值。四人的生活顿时陷入困境，更别说继续求学了。

本来刘缜还抱着入朝为官的念头，但安众侯刘崇起兵攻宛，翟义叛乱，拥戴刘信为皇帝。这些事情让王莽对刘姓皇族起了戒心。尽管这个时候他还没有对刘姓皇族的人进行大规模打击，但一看到许子威推荐的刘姓之人，便一口否决，不用刘缜。

刘缜四人流落街头，求学做官的希望都已破灭。他们在街头行走时，看到因废止刀币而破产的百姓在街头哭泣，大街上还有征讨翟义叛军的官兵在横冲直撞，整个长安街上混乱一片。

刘缜几人失意地行走着，正直而又刚烈的刘缜看到街头的情景，忍不住站在街头大骂王莽无道，残害百姓生计。

刘缜的话被密探告知官府，即刻就招来官兵追击，捉拿他们四人。刘缜四人和官兵混战，各自为战，混乱中四人被打散，刘嘉和刘仲失散。

刘缜和刘稷幸亏在逃跑时得到朱祐的帮助，历经千辛万苦，才逃出长安，辗转回到老家。

刘縯在诉说的时候，越说越生气，不由得怒骂王莽："王莽那个无耻之徒，肖小鼠辈，抢夺我刘家的江山，有朝一日，我必杀了王莽，复我高祖帝业！"他说到悲愤之处，捶胸顿足，怒发冲冠。

刘秀目睹大哥的悲愤，内心也深受触动。想到自己一家辛苦一年所收的谷子，因王莽的货币改革而只换得一堆废铜烂铁，他不禁怒火中烧。他紧紧扶住大哥，坚定地说："大哥，不必难过，小弟定当全力相助，匡复汉室，推翻王莽，让那贼人死无葬身之地！"

樊娴都看着儿子们狼狈而悲愤的样子，又想到尚未归来的刘仲和刘嘉，心中忧虑不已。但看到孩子们因前途渺茫而悲伤，对王莽满怀仇恨，她选择隐藏自己的担忧，以免加重他们的失望和伤心。她轻轻扶起跪地的刘縯和刘稷，温柔地说："孩子们，你们平安回来就好。"

这时，樊娴都注意到了跪在地上的陌生青年，刘縯赶紧为母亲介绍道："这是朱祐。"樊娴都感激地看着朱祐，知道是他救了自己的儿子，连忙扶起他，真诚地说："孩子，真是难为你如此仗义，救了他们兄弟。老身在此深表感谢。"

朱祐在太学念书时与刘秀交好，与刘家兄弟关系也十分密切。他此次救助刘縯，不仅是因为敬佩刘家兄弟的才学，更是因为钦佩刘縯的气概。

听到樊娴都的感谢，朱祐想到当前乱世，谦虚地回应道："伯母言重了，晚辈实不敢当。伯升兄胸怀天下，慷慨大义，是优秀杰出的人物。朱祐愿终生追随，决不言悔！"这番话也预示了朱祐后来能官至大将军的辉煌前程。

刘秀深知母亲仍在为二哥刘仲和堂兄刘嘉的安危担忧，便与她一同回到屋内商议对策。此时刘秀的父亲已去世，家中若有大事，都会与叔叔刘良商量。

刘良此时已听闻刘縯归来的消息，未等刘秀召唤，便匆匆赶来。

樊娴都一见刘良，便急切地说："刘仲和刘嘉尚未归来，不知他们安危如何。我们务必尽快派人寻找他们。”

刘良急忙安抚道：“嫂子莫急，此事需谨慎行事。官府正在四处搜捕他们四人，若我们派人寻找刘仲和刘嘉，恐怕会暴露刘縯已回家的消息，给他们带来更大的麻烦。我料想刘仲和刘嘉既在逃亡之中，定是白日藏匿，夜间赶路。即便我们派人出去，也不易找到他们。”

刘秀在旁补充道：“叔父所言极是。二哥和嘉哥武功高强，行事稳重，不易被官兵捉获。母亲放宽心，他们在外自有分寸。我们暂且在家中静候，或许他们已悄悄归来。目前首要之务是避免大哥暴露。”

在刘秀和刘良的劝慰下，樊娴都逐渐冷静下来。一家人耐心等待的同时，也暗中打探消息。樊娴都心中忐忑，既担忧刘縯被通缉，又牵挂未归的刘仲和刘嘉。于是她让刘秀去请樊宏——刘秀的舅舅。

刘秀遵从母命，骑马前往湖阳，次日便请来了樊宏。

樊宏到来后，与众人商议，亦赞同刘良的看法，认为当前形势不明朗，不宜轻举妄动。况且南阳地方的官员尚不知官府追捕的逃犯即是刘縯等人。他还叮嘱刘良与地方亭长结交，以便官府查询时，能为刘縯等人周旋一二。

当樊娴都等人正在商议之际，刘仲和刘嘉风尘仆仆地归来。两人衣衫褴褛，尘土满身，狼狈至极。一见到樊娴都，他们立刻跪拜，眼中含泪。刘縯迅速上前扶起他们，询问为何迟归。

刘仲和刘嘉解释道，两人被冲散后，为避免与官兵纠缠，决定逃出城去。然而，他们跑了四个城门，每个都被官军严密把守，只许进不许出。无奈之下，他们只好在城内藏匿数日，待风声稍松，才偷偷出城回家。

樊娴都看着归来的儿子们，心中很是心疼他们的苦难与危险经历，而后安排他们下去休息。她叮嘱众人无事不要出门，并命令全家人保密。

然而，樊娴都仍感不安。她知道大儿子刘縯性格刚烈，一心要反抗王莽。她更担心刘縯在家乡惹是生非，为刘家招来祸端。樊宏看到姐姐的担忧，经过一番思考，建议为刘缜娶妻。他认为刘缜已届适婚之年，作为长子，理应成家立业。男人成家后会变得稳重，有了妻子，行事也会更加谨慎。

于是，樊娴都迅速为刘缜操办婚事。后来，又在刘缜的引荐下，将两个女儿也嫁了出去。刘元的丈夫是邓晨，刘黄的丈夫是田牧。至此，刘秀的哥哥姐姐们相继成家。但他们的生活能否如此平静继续下去呢？答案显然是否定的。

三、静观天下时局变化

刘缜遵从母亲的安排，全面掌管家中事务，但他始终忧心忡忡，即便身处乡野，也未曾忘记自己重振刘姓江山的重任与使命。然而，他观察到小弟刘秀似乎满足于现状，曾誓言要大力协助自己恢复汉室江山，如今却整日忙于耕作田地，侍弄庄稼，一副知足常乐、胸无大志的模样，这让刘缜深感痛心。

刘缜与刘秀的性格迥异，他豪爽仗义，养士众多，刚毅慷慨且外向开朗。反观刘秀，勤于农事，性格温和、谨慎且内向。刘缜因此常嘲笑刘秀只知埋头种田，个性酷似他们高祖刘邦的兄弟刘仲。

这里提及的刘仲，并非刘秀的二哥刘仲，而是指汉高祖刘邦的兄长刘仲。在古代，男子在家中的排行以“伯仲叔季”为序，刘仲即代表刘家第二个儿子。刘邦的二哥刘仲擅长治家，而刘邦则较为游手好闲。刘邦的父亲常批评刘邦不务正业，不像刘仲那样勤劳勤勉。后来刘邦称帝，为其父祝寿时，问及自己与刘仲谁的产业更大，使老父无言以对。尽管刘仲擅长管理家产，但在政治上并无建树。刘邦封他为王，但在匈奴入侵时，他却弃官而逃，刘邦愤怒之下削去了他的爵位。

刘缜对刘秀的评价，暗示他缺乏大志，只知耕作，仿佛重现了高祖刘邦的兄弟刘仲的身影，这使他对刘秀感到深深的失望。然而，每次刘縯奚落刘秀，刘秀总是以幽默化解，令刘縯无言以对。

刘縯对刘秀内心的平静感到困惑。他思索道：难道刘秀真是一个懦弱的人，身为皇室子孙，他竟能眼睁睁看着百姓受苦、江山易主而无动于衷？他宁愿沉沦于田地之间，对功名利禄毫不挂念，这难道不匪夷所思吗？

一次，看到刘秀拿着锄头平静地下田，刘縯忍不住问："三弟，你正值青春年华，难道甘愿一生默默无闻、无所作为？你每日吟诵'人生非金石，岂能长寿考？奄忽随物化，荣名以为宝'，难道内心毫无波澜？即便不求功名，如今王莽暴政，百姓民不聊生，身为皇室子弟，岂能袖手旁观？"他甚至旁敲侧击，引经据典，谈论高祖刘邦的功业，千方百计地点拨刘秀。但刘秀以巧言善辩回应，令刘縯无奈又焦虑。

刘縯将自己的担忧告诉了妻子潘氏。潘氏是一位聪慧的女子，刘縯对她敬重有加，常与她商议家事。他向潘氏表达了对刘秀柔弱、不愿冒险的担忧。潘氏安慰道："夫君，你精通兵法，读过众多谋略之书，怎会被三弟的表面所迷惑？他是在养精蓄锐、韬光养晦。他是真人不露相，你不必过于忧虑。"

然而，刘縯仍心存疑虑，认为刘秀需通过实际行动展现其胸怀天下的壮志。他不希望刘秀像老牛一般只知耕作，而是希望他能一同练兵习武，等待时机共创大业。在听到潘氏的建议后，他虽有些不服，却也认可了其中的智慧。

潘氏继续为他出谋划策，自古以来劝人做事讲究"千求不如一唬，劝将不如激将"。刘縯听后大为赞赏，对妻子的聪明才智赞不绝口。

在春末初夏的明媚日子里，天气晴朗，田野中的庄稼生机勃勃。刘秀在田间辛勤劳作，他的劳作方式与众不同，一边练习着武功，一边细致地锄地。无论是前弓腿还是后腿蹬，他都一丝不苟，力气用得匀称，这是他对自我锻炼和增强体质的自律要求。

劳作间隙，刘秀会挺直腰杆稍作休息，他的目光远眺着四周。眼前的田野绿意盎然，庄稼长势喜人。他展望着丰收的景象，深知生活便是如此，通过辛勤的耕作，收获便是最好的功绩，是皇天后土对自己的慷慨馈赠，而他的辛劳则是对这片土地的诚挚回报。

而在白水河对岸，刘缜正率领着宗室子弟和豪杰朋友朱祐等人，在父亲刘钦的墓旁演习兵马。白水河边，兵戈相交，马嘶人喧，这热闹的声浪远远传开，让人感受到一种难以言喻的痛快。刘缜这样做，意在吸引刘秀，希望他能放弃农活，参与到这热血沸腾的活动中来。然而，刘秀却不为所动，他并未流露出丝毫的羡慕之情。

于是，刘缜心生一计，他决定采用激将法。这天，操练结束后，他带着一群人悄悄来到正在田间劳作的刘秀身边，准备上演一出激将戏。其实，这个方法刘缜之前单独对刘秀使用过，但这一次，他打算让一群人一起参与。

刘缜高声对刘秀说道："三弟，你这庄稼种得真是不错。做任何事情，只要专心，就没有不成功的。就像你这庄稼，如果不是用心耕种，也长不到这么好。我看你在其他方面或许不如其他兄弟，但在这方圆百里之内，要说种田能手，那还真是非你莫属。你这本事，我都说了很多次了，简直可以跟高祖皇帝的兄弟刘仲相提并论。大家说是不是这样？"

宗室子弟们闻言哄堂大笑，纷纷附和着刘缜的话。他们你一言我一语地议论着，试图激起刘秀的好胜心。

"刘仲虽无高祖皇帝的壮志踌躇，一生无所作为，但的确是个种田能手。他和高祖皇帝相比，犹如红花与绿叶。人命天定，同是一母所生，他们两人一个身负天子之命，一个则只能耕田拉犁，即便给个官职也不会担当。"朱祐趁机火上浇油。

"文叔自知之明，明了自身缺乏男儿的凌云壮志，故选择退隐乡野，享受清净。他选择与天地同朽，而我们却需站在风口浪尖，振兴家业，不负刘家天下，承担皇族后人的责任。文叔啊，他视我们为不知享清福的傻子！”宗室子弟高声讥讽。

刘玄更是夸张，连说带唱地讽刺世事无常，何必动刀动枪、四处奔忙。种田虽是小事一桩，却逍遥自在，不伤筋动骨，不费心愁肠。他嘲讽道：“刘秀啊，我才不管天下如何动荡，只愿做个农夫。你们又能奈我何？”

刘秀心知宗氏兄弟们在嘲笑自己，内心五味杂陈。然而，他的心思，兄弟们又怎能理解？父亲临终前，兄长们皆不在侧，只有他守在床前。父亲嘱托他们要同心协力，共扶汉室。

刘秀想到此处，脸色阴沉地离开田地，默不作声地离去。刘縯等人相视而笑，心中暗自得意，以为刘秀终于上钩了。

在天灾频繁的时期，南阳人民生活困苦，许多豪强家的宾客甚至干起了强盗的勾当。刘縯家的宾客因打劫而遭到官府通缉，此事牵连到刘秀。形势所迫，刘秀不得不跑到新野的姐夫家躲避风头。

尽管在姐夫家暂时安全，但刘秀明白长久逗留并非良策。于是，他开始在新野和宛城之间做起贩卖粮食的生意。

有一次，刘秀与大哥刘縯以及姐夫邓晨一同来到宛城，与来自河南邓县的蔡少公等人共饮酒叙。席间，蔡少公提及了民间广为流传的一句戏言：“刘秀当为天子。”有人随即问道：“此刘秀可是指国师公刘秀否？”

国师公刘秀，原名刘歆，是西汉著名学者刘向之子，学识渊博。尽管身为汉室皇族，他却深受王莽信任，在新莽朝中官拜国师，总揽朝廷文化事务。因图谶中有“刘秀当为天子”之语，刘歆便于建平元年（前6）将自己的名字改为刘秀。

刘秀对刘歆此人自然有所了解。他在太学求学时，曾尝试拜见国师刘歆，但刘歆态度冷淡，难以接近。

生逢乱世的刘歆，虽是王莽心腹，却也怀揣着九五之尊的野心。然而，他听闻京城中流传着一句话："刘秀发兵捕不道，四夷云集龙斗野，四七之际火为主。"原本，他以为这只是一句民间谣言，却没想到世上真的存在名为刘秀的人。对刘歆而言，这无疑是一个潜在的威胁。因此，当他见到刘秀时，态度极为不友善，更别提让他在太学顺利求学了。刘秀只好失望又气愤地离去。

当时，王莽已有代汉自立的野心，为达此目的，他不断制造天降祥瑞的传说。刘秀曾在街上看到官兵押送着两块被称为"石牛"和"雍石"的大石头，作为当时的祥瑞象征。然而，刘秀对此却看得透彻，心中不屑。

因此，当有人再次提及"国师刘秀"时，刘秀半开玩笑地回应道："何用知非仆邪？"言下之意是，你们怎么知道图谶中传说的刘秀不是我呢？席间众人闻言大笑，认为刘秀这个年轻小子太过狂妄，竟敢妄图觊觎天子之位。在座之人都坚信图谶中的刘秀指的是国师刘秀，即刘歆。

刘秀的姐夫邓晨，在听完刘秀的那番话后，心中喜悦如花般绽放。在那个动荡的时代，身为皇室子弟的刘秀能有如此壮志，让邓晨觉得他的小舅子绝非寻常之人，日后定能成就一番伟业。

邓晨不禁回想起一段往事。那时，他与刘秀同行，路上偶遇朝廷官员的使者，因未下车回避，使者大怒。刘秀机智地自称是江夏卒史，而邓晨则顺势称作侯家丞。使者怀疑他们的身份，欲将他们治罪。紧要关头，新野宰潘叔出现，为二人求情，使他们得以脱身。

在那次事件中，邓晨深切体会到，只要与刘秀同行，无论遭遇何种困境，都能化险为夷。他觉得刘秀身上有着非凡的气质，是吉人天相。如今听闻刘秀对图谶中的预言抱有自信，邓晨内心更加期待那句话成真。

然而，自那之后，刘秀似乎恢复了往日的平静，继续他的粮食生意，仿佛一切未曾发生。这让邓晨感到疑惑。

终于有一天，邓晨忍不住向刘秀询问："如今王莽逆天而行，残暴无道，违背祖宗法制，将原本仅在秋冬执行的死刑改为盛夏亦可。如此逆天行事，老天必将灭之。我们在蔡少公那里听闻的‘刘秀当为天子’之语，我认为应验在你身上。你为何如此无动于衷？”

邓晨原本期待自己的慷慨陈词能激起刘秀的强烈反应，然而刘秀听后，内心虽有想法，却觉得时机尚未成熟，仍需静观天下局势的变化。

刘秀一向行事稳妥，善于谋定而后动。他认为，率先起义反抗王莽新朝，极有可能成为被重点打击的对象，为他人作嫁衣。因此，他选择养精蓄锐，静观其变，等待其他势力与王莽新朝激战至两败俱伤，各地反抗局面全面铺开之时，再出兵方才稳妥。

因此，面对姐夫邓晨的劝说，他没有立即给出正面回应，而是转身离去。在邓晨看来，这个小舅子似乎缺乏胆识，但在刘秀心中，他只是认为时机尚未成熟，不是起兵的最佳时机。于是，他选择无动于衷，继续韬光养晦。

某日，刘縯再也按捺不住，带着同族人来到刘秀面前，动员他一起商议起事反莽。他坚定地说：“刘秀，如今天下反对王莽的声浪高涨，我们必须果断行动，否则将陷入混乱。你给我一个明确的答复，是否愿意随我们一同起兵反莽？”

刘嘉、刘仲、刘稷也在一旁劝说道：“是啊，王莽新朝对我们刘家欺压甚重。文叔，让我们一起商量如何起事反莽吧！”

“刘秀，你有什么想法就直说吧，别再藏着掖着了。”

见诸位兄长意见一致，刘秀转向大哥刘縯，认真地问：“大哥，你真的认为现在是起事的最佳时机吗？”

刘縯郑重地回应道：“是的，三弟。如今王莽暴虐无道，各种混乱改制让百姓生活在水深火热之中。各地百姓纷纷起义，我认为这正是复汉灭莽的大好时机。然而，我能力有限，因此邀请众位兄弟共商大计。你在太学读书时便展现出聪明才智，虽然我们已决定反莽，但仍想听听你的意见。”

刘秀听完刘縯的话后，沉稳地回应道：“大哥与诸位兄长的商议，三弟不敢轻易苟同。我们在长安求学时，都深知王莽的发迹历程。我们学习经书，关注时事，深知王莽之所以能自立新政，并非完全依赖他的权术，更因汉室失政，天下人心生寒意。

“王莽在此过程中巧妙伪装，赢得了贤名，使得朝廷内外对他深信不疑。两相比较，王莽才敢瞅准时机代汉自立。他自立之初并未立即遭到天下人的反对。如今，王莽日益骄横暴虐，才引发天人共愤。新朝虽已显露败象，但尚未到必死之地。若我们贸然起事，成败尚未可知。大家都看到了，安众侯刘崇、翟义、刘快等人先后举兵，均告失败。他们为何失败？我们必须深思。我们作为汉室子孙，要推翻王莽、复兴汉室，必须谨慎行事。我们不举事则已，一举必须成功，绝不能功败垂成，为他人作嫁衣！”

刘秀的一席话，合情合理，切中要害。与刚从长安游学归来、略显狼狈的刘縯以及在乡里练兵的诸位兄长相比，刘秀显得尤为稳重。刘縯凝视着刘秀，心中赞叹他的冷静与聪慧，觉得他比自己更有出息，于是不由自主地赞同了刘秀的观点。

然而，刘仲和刘稷却对刘秀的态度表示反对，认为他过于保守。他们质问刘秀：“难道我们要等到王莽死了，再把他从宝座上拉下来吗？”

刘秀微笑着回应道：“若能如此，自然是最佳。那就让我们静候时机吧，或许是一年半载，或许是三年五载。你们所练的武艺总会派上用场。我要去种田了，但我也会一边种田，一边读书习武。”

言罢，刘秀拿起锄头，径自走向白水河对岸，去耕耘他的那几亩田地。

刘縯目睹刘秀再次走向田间，心中虽有疑虑，却未再呼唤他。因为刘秀的那番话，让他看到了刘秀的成长与变化。

于是，刘缜带领其他家族子弟和宾客们，在白水河边继续练兵。为了他们共同的理想，他们听从了刘秀的建议，一边加强练兵，一边等待时机。

刘良与樊娴都深知这些刘氏子弟的意图，他们竭尽全力想要阻止。刘崇、翟义和刘快的起义结局，令他们深感恐惧。他们害怕这些年轻气盛的孩子们，一旦冲动行事，会给刘家带来灭族之灾。他们并不畏惧死亡，也不反对孩子们起义，但担忧的是这一群兄弟过于鲁莽，最终可能难以成就大事，反而白白牺牲刘家的性命。

如今，他们看到刘秀行事稳重，有刘秀在，其他兄弟也逐渐变得稳重和谨慎。这让樊娴都稍微安心了一些。然而，时局动荡不安，风声鹤唳，四处都有农民起义。刘秀和刘缜他们又能保持安分多久呢？他们的内心充满了担忧和不安。

第二章　星星之火，可以燎原

一、王莽失政，义军四起

西汉末年，土地兼并现象严重，大量农民沦为奴隶，民众反抗斗争愈演愈烈。在哀帝时期，大司马师丹曾提出“限田限奴”的建议，旨在缓和社会矛盾，然而并未实现。王莽上台后，他的改制可以被视为师丹建议的延伸和扩展。然而，这一改革触犯了大地主和中小地主的利益，因此未能广泛推广，并遭到了从诸侯大夫到普通庶民的全面反对。

王莽为了赢得百姓的支持和拥护，着手改革了当时社会最为关注且难以处理的土地和奴婢问题。他推行了所谓的“王田”和“私属”制度，这成为新朝改制的核心内容。

具体改革措施如下：土地归国家所有，禁止私自买卖。家庭中有八个男丁的，可分配九百亩土地；若家中男丁不足八个但土地超过九百亩，超出部分需分给宗族乡邻或无地者。无地者则按规定从政府处获取土地。家中的奴婢不得私自买卖，改称“私属”。对于不服从这一制度的人，将流放至边境。

那么，为何这一改革内容会遭到社会的全面反对呢？

首先，土地私有制在民众心中根深蒂固，与当时的生产力水平相适应，仅凭一纸法令难以废除。

其次，尽管土地私有制的受害者主要是农民，但他们已接受了土地买卖的观念，从未怀疑过私有制对自己的迫害。他们对土地怀有深厚的情感，期望通过买卖获得土地。因此，废除土地私有制意味着他们失去了拥有土地的机会。

王莽的土地改革旨在确保政权的土地税收收入，以维持新朝的财政开支。这一改革并未顾及地主的利益，导致地主的不满。那些希望通过努力购买土地的农民也感到失望，因此他们将不满情绪转向了王莽政权，使王莽陷入两面夹击的困境。

然而，王莽并未因此受挫，他仍坚持自己的空想改制。在土地和奴婢制度改革宣告失败后，他又着手进行币制改革。早在王莽新朝建立之前，为了增加财政收入，他就曾尝试改革币制。作为摄皇帝时，他以“凋钱有子母相权”为理由，下令新增错刀、契刀、大钱三种货币，与西汉的五铢钱共同流通。

但这些新货币的质量却远不及预期，王莽政权甚至巧取豪夺，用劣质钱币兑换百姓手中的五铢钱，导致流通秩序混乱。老百姓对新货币产生抵触情绪，拒绝使用，王莽却强制推行，使得民众痛苦不堪，站在街头哭泣。

在这种情况下，王莽仍未醒悟。他异想天开地想要抹去汉朝在人们心中的印记。尽管“刘”字与货币并无直接关系，但“劉”字中的“金刀”却是五铢钱、大钱、契刀、错刀等货币的代称。

王莽认为，如果人们不再使用这些钱币，就等于抹去了汉朝的印记。

因此，他不断进行币制改革，结果导致社会经济陷入混乱，农民和商人失业，社会经济基础受到严重破坏，社会矛盾愈发尖锐。

除了经济改革，王莽还进行了政治改革。其中最重要的是官爵制度的变更。由于他深受儒家礼制的影响，每次议事都必依据《周礼》。他期望臣民百姓都能视他为唐虞再世的圣君。因此，他以《周礼》为蓝本，改革典章制度，并在西汉制度的基础上，大幅更改官名和秩禄之号，增减官职，从而建立了新莽官爵体系。

王莽曾依照哀章的符命，封辅拜臣十一人，后来又增设“新室十四公”。此外，王莽还将历史上一些有功业的人物，如黄帝、少昊、颛顼、帝喾、尧、舜、夏、商、周以及皋陶、伊尹、周公、孔子等的后代封为公、侯，以此来加强自己的统治。

王莽始建国四年（12），他并未根据实际情况进行充分准备，便急于以周制对诸侯进行土地分封。然而，由于图册尚未完备，这一计划根本无法实施，导致当时被封的二千多人滞留在京城。由于物价飞涨，朝廷发放的微薄钱财远不够用，这些人陷入了长安的困境。

王莽不仅对国内进行了大刀阔斧的改革，还擅自将匈奴单于更名为“降奴服于”，这一举动充满了轻视与侮辱。尽管匈奴与汉人语言不通，但他们仍深切体会到了其中的敌意。于是，匈奴联合周边部落，扬言要起兵反抗。正值王莽新政初立，他急需通过对外用兵来树立威望和展现才能，以征服国内。

匈奴的反抗为他提供了绝佳的机会，他随即在国内大量征兵，准备进攻匈奴。这场战争不仅是历史上耗时最长、规模最大的一次，更使王莽消耗了大量的人力和财力。

王莽的托古改制，无一成功，他的政治和经济改革反而引发了政治、经济、外交、军事等各方面的混乱。

王莽改革之所以失败，原因有以下几点。

首先，王莽的改革方案是违背历史潮流的反动空想，现实中难以实行。他的改革政策层出不穷，各种新政策频繁出台，缺乏持续性和稳定性。在还未登基为帝时，摄政当朝，试图将儒家学说中的为政理论付诸实践。一旦掌握最高权力，他更是肆无忌惮，毫无顾忌地推进自己的改革。他革新币制，希望建立一个前无古人、后无来者的新局面，结果却造成了新的纷乱。

其次，经济改革随心所欲、朝令夕改，让人无所适从。由于用人不当，政局也愈发混乱，百姓生活更加艰难，社会矛盾进一步激化。

最后，王莽为人阴险、心狠手辣。为了政治目的，他不惜陷害和排除异己，甚至连至亲骨肉和亲信下属都不放过。这种做法使他越来越失去人心，最终成为了一个真正的孤家寡人。

他的改制方案，无论是王公大臣还是平民百姓，都难以理解其真正意图。为了推行新法，他斩杀了对他改制不满的大臣，导致朝堂上的官员们除了沉默，只能称赞他的改革。然而，在朝廷之外，全国民众对王莽充满了愤怒的声讨。

王莽的改制不仅让天下人苦不堪言，还让边境地区动荡不安。在他的暴政下，各种民族关系冲突频发，战争一触即发。为了显示自己的威风，王莽立刻调兵遣将。他东征匈奴，西南讨句町，一时间百姓家破人亡、苦不堪言。战场上战死或病死者十之七八，而战争带来的负担则全部落在老百姓的肩上。全国上下的百姓在改制和战争的双重压迫下，纷纷破产沦为奴隶。

在这样的时代背景下，刘秀的兄弟们还在等待时机，然而一些被逼至绝境的百姓已经揭竿而起。

天凤四年（17），王莽再度实施“复明六筦之令”，并“置羲和命士，以督五均、六筦”。他这些空想的改制举措，无疑加剧了农民阶层的反莽武装斗争。瓜田仪、吕母及王匡、王凤领导的绿林军等起义队伍纷纷崭露头角。

琅邪海曲人吕母，为报子仇，聚集了千人起事，自封为将军。她率领这千余人攻破海曲城，斩杀海曲城县宰。吕母不仅为流离失所的百姓提供食宿，还因此吸引了众多走投无路的穷苦百姓，使得她的起义队伍迅速壮大。

与此同时，在南方荆州地区，饥荒肆虐。许多百姓因饥饿进入沼泽之地，争夺水草根时死伤惨重。早有反莽之心的王凤和王匡趁机自立为渠帅，聚集百人起事。逃亡在外的王常、马武、成丹等英雄也投奔了他们。这些人共同攻打四周的乡村，平时藏身于绿林山中。短短数月间，他们的队伍就发展到七八千人。

地皇二年（21），荆州牧调集两万大军进攻剿灭起义军。然而，王匡等领兵迎战，杀敌数千人，官军大败。王匡缴获大量军备辎重，并进而攻克竟陵。随后，这支起义军转战于云杜、安陆，打了胜仗后又回归绿林之中，被称为“绿林好汉”。

一年之后，琅邪人樊崇因贫困无法生活而沦为盗贼。他聚集了一百多人，在营地起义。当时正值灾民劫掠富户之际，樊崇身怀武艺，专门打劫官宦之家。他劫富济贫，得到了众人的拥护。在短短一年内，他的义军就达到了万人规模。与此同时，东莞的逄安，临沂的徐宣、谢禄、杨音等人也纷纷起义，与樊崇形成呼应。为了与新军相区别，樊崇的部队将眉毛染成红色，因此被称为“赤眉军”。

此时，在冀幽之地，还有铜马军在活动。

另外，瓜田仪领导的一支农民起义军，自临淮起事后，一路向南发展，直至会稽的长州之苑，与王莽新政抗争。

此时的起义军已由最初的几百人发展到五万多人，王莽政权已束手无策。

与王匡同时起义的，还有湖北的张霸、江夏的羊牧等人，他们各自统领着万人左右的队伍。王莽面对这些起义军无可奈何，只好派遣使者前去赦免他们。然而，使者回来后传达了起义军的原话，大意是：“法禁繁多严苛，百姓连基本的生活都难以维持。即使努力劳作，所得也不足以支付贡税。若闭门自守，又因邻居铸钱挟铜而获罪。奸诈的官吏借此欺压百姓，导致民不聊生，最终都起来反抗！”王莽听后勃然大怒，立刻将这位使者免官。

一些善于察言观色的人，为了迎合王莽，便说些他喜欢听的话，并一同痛骂起义军。王莽听后心情愉悦，便给这些人加官晋爵。然而，各地起义军风起云涌，王莽的天下岌岌可危，不得不调兵遣将，四处镇压义军。

此刻，在南阳舂陵，刘縯等汉朝宗室的族人目睹王莽新朝天下大乱，内心激动不已。然而，为了谨慎行事，他们并未轻举妄动。他们抑制住内心的激动，耐心等待时机，暗中谋划，默默地为匡扶汉朝天下积蓄力量。

某日，刘縯等人练完武艺回到家中，看门的家人慌张地跑进来说官府又来征用马匹了。刘縯闻讯后大为震惊，因为家中的马匹都是他为将来起事而准备的，他绝不愿意将其交给官府。

话说，官府为何会缺少马匹呢？

原来，王莽挑起了与敌国的战争，导致边境战火连天。中原的马匹原本是通过与游牧民族交换茶和盐来获得的，但自王莽挑起战争后，边境战乱频繁，马匹无法顺利进入中原市场，从而造成中原地区马匹匮乏。为了弥补这一短缺，王莽新朝开始在民间强制征收马匹。

刘縯得知这一消息后，坚决不愿意将自己家的马匹征给官兵。他对家里的下人说：“你去告诉官兵，我们府上没有马匹，能否用银两来替代？”

家人回答道：“小人已经这样说了，但官兵只要马匹，不要金银。他们还特别强调，我们府上要交出五十匹马，一匹也不能少。”

刘縯听后气得直挥拳：“这些王莽的走狗！我府上明明没有那么多马，他们能奈我何？”

站在一旁的刘秀见状，连忙劝道："大哥，想要成就大事，必须谨慎谋划，保持低调。我们不能因一时冲动而坏了大局。依我看，不如先将府中的那些年老体弱的马匹送出去应付一下，能拖一时是一时。"

刘縯听了刘秀的话，意识到自己的冲动，立刻冷静下来："三弟说的是，我差点因小失大。来人，速将府中的那些老马送出去几匹。"

在这段对话中，通过描绘刘縯和刘秀的不同反应和内心情绪，展现了刘縯的冲动和愤怒以及刘秀的冷静和睿智。这种对比不仅突出了两人的性格特点，还为后续的情节发展埋下了伏笔。

刘縯与他的三个弟弟在客厅中激烈地议论着王莽新政的暴虐无道。正当他们说得兴起，樊娴都在儿媳的搀扶下走了进来。四人见状，立刻上前行礼。樊娴都看着这些充满朝气的孩子们，知道他们心中都怀揣着复兴汉室的梦想。她坦言自己年事已高，无法为他们提供帮助，只愿在春陵安度晚年，期待着有朝一日能看到儿子们实现复兴汉室的大业。

刘縯打断了母亲的话，坚定地表示，他一定会在母亲的有生之年复兴汉室，让母亲享受到应有的荣华富贵。然而，樊娴都却表示不敢有此奢望，她深知复兴汉室并非易事。她希望孩子们能有长远的打算和充足的准备，这样才能增加成功的可能性。同时，她也表示自己会安心在春陵等待，期待孩子们的好消息。此时的樊娴都似乎预感到了即将到来的起义。

刘縯等人心中明白，忠孝难以两全，即使是古代的贤人也难以做到。他们只是一群普通的百姓，想要实现复兴汉室的大业更是难上加难。这意味着他们可能需要抛家舍业，甚至面临生离死别的困境。

就在他们谈论之际，那个被派去送马的下人回来了。他一脸得意地告诉樊娴都和其他人："老夫人、诸位公子，小人刚才把十几匹马送到门外给官家的人，他们竟然嫌少，非要五十匹不可。于是，我就带了家仆，拿着棍棒出去把官兵给吓跑了。"

刘縯听后大为高兴，但刘秀却深知这样做会给官府留下刁难刘家的借口。为了平息事端，他只好决定将刘府的五十匹马全部捐给官府，甚至连自己的马也一并捐出。这样一来，事情才算得以平息。

刘秀回到客厅后，继续与兄长们讨论起义反莽的事宜。然而，他们深知起义之难，尤其是要发起一场大规模的起义更是困难重重。众人议论纷纷，却无从下手。刘縯无奈地叹息道："如果我们宗室子弟都能像我们这几个人一样齐心协力，起义反莽或许并不难。但如今宗室子弟中有很多人胆小怕事、苟且偷生，这种态度真是令人气愤又无奈。"

刘稷附和道："伯升兄说得没错，宗室子弟中像刘玄这样的人就不想反莽。我每次劝他，他都说我是自寻死路。"

刘仲气愤地说："这些不明事理的人，非要等到王莽的钢刀架到他们的脖子上才明白！"

刘嘉也说道："等到那个时候就迟了！脑袋都搬家了！我就不懂，赤眉军和绿林军怎么说起事就起事了？他们就不怕掉脑袋吗？看他们把王莽老贼打得落花流水，我们宗室子弟却眼睁睁看着自己的宗庙被毁，还不敢起事！"

刘秀听到这里，沉声说道："绿林军和赤眉军都是穷人出身，他们一无所有，因此可以毫无顾忌地全力反莽。而我们宗室子弟虽然痛恨王莽，但大多数家中有薄产，生活上还有一线生机，所以不愿意冒着生命危险去起义。如果我们想要成就大事，就必须想办法唤醒宗室子弟的反莽之心，让他们一呼百应，迅速拉起一支队伍来灭莽复汉！"

兄弟几人听了刘秀的话，深觉有理，纷纷点头表示赞同。他们继续讨论如何激发宗室子弟的反莽复汉之心，然而苦思冥想，却始终没有找到合适的办法。毕竟，要说服那些过着安逸生活的宗室子弟去冒险送命，这本身就不是一件容易的事。

就在他们一筹莫展之际，院子里突然传来悲痛的哭喊声："伯升兄，快帮小弟报仇啊！我父亲被杀害了！"

刘縯等人立刻起身，向外看去，只见浑身是血的刘玄跌跌撞撞地跑了进来，他的脸上写满了惊恐和悲痛。几人见状，无不惊愕，纷纷询问发生了什么事。

刘玄哭诉道：“是征收马匹的官吏王新贵杀害了我父亲！”

原来，因为刘縯兄弟经常宣传要反莽复汉，刘玄的父亲刘子张担心牵连到家族，便劝说刘玄不要与刘縯兄弟来往。刘玄自己也不想受到刘縯的约束，便听从了父亲的话，与刘縯断了联系。然而，这天王新贵从刘秀家征收了马匹后，又来到了刘玄家，想要牵走刘玄家仅剩的马匹。刘子张坚决不同意，结果激怒了王新贵，王新贵竟然下令手下将刘子张杀害。

刘縯等人听完刘玄的叙述后，愤怒不已。他们意识到这是一个唤醒刘氏子弟反莽的绝佳机会。

几天后，刘秀想出了一个计策。刘縯将王新贵和一些有影响力的刘氏名人召集到酒楼，设宴款待王新贵。席间，刘縯趁机除掉了王新贵。这一举动赢得了百姓们的欢呼和拥护。刘秀趁机向百姓们宣讲起义之事，由于百姓们早已对新朝的暴政苦不堪言，纷纷响应刘秀兄弟的号召。

王新贵被刘家兄弟所杀，官府很快派兵包围了刘府。然而，官兵根本不是刘縯的对手，最终败退而去。

二、先打出好名声

这年秋天，刘秀和刘稷驾着牛车前往宛城去售卖谷子。刘秀目睹了沿途随处可见的饥民和一片荒凉的田野，心中充满了沉痛。当他们抵达宛城的谷市时，却发现由于谷价高昂，几乎无人问津。一个小女孩用两枚五铢钱向刘秀乞求买些谷子，刘秀望着手中的钱币，对王莽的新朝充满了痛恨。于是，他决定将部分谷子赠送给小女孩，并对周围因价格高昂而买不起谷子的人们说：“我是舂陵刘氏，刘縯刘伯升府上的人。我刘氏家族心系百姓，乐善好施。今日特来施舍谷子，请大家排好队，人人有份！”

百姓们感激刘秀的善举，纷纷跪下道谢。当一车谷子分发完毕后，百姓们满意地离去，口中念叨着刘縯的好。

刘稷虽然心疼送出去的谷子，但刘秀却认为今日虽然没有赚到钱，却赢得了民心。两人回想起百姓们对刘氏和刘縯的赞美，心中舒畅无比，便驾车返回。途中，有人追了上来，刘秀一看是旧相识李轶，便停下了车。在李轶的邀请下，刘秀兄弟二人跟随他来到李府，与李轶的兄长李通见面。

历史上，李通与刘秀的会面充满了故事性。在刘秀遇见李通之前，天下起义军如雨后春笋般涌现。在刘氏宗室中，亦不乏密谋起兵的行动。除了春陵的刘縯兄弟在暗中筹备，还有安众侯刘崇。刘崇早在王莽居摄时期，便与张绍一同密谋，他们从王莽的所作所为中得出了结论：“安汉公专制朝政，必危刘氏。天下非之者，乃莫敢先举，此宗室耻也。吾帅宗族为先，海内必和。”因此，刘崇率领百人攻打宛城，尽管迅速失败，却打响了武装反莽的第一枪。

次年，翟义发动反莽武装起义，并拥立严乡侯刘信为天子，号召天下共诛王莽。这次起义声势浩大，拥众达十余万人。刘氏的反莽行为令王莽惶恐不安，他调集重兵进行镇压，同时又仿照《尚书》，颁布策文于天下，意在安抚人心：“谕以摄位当反政孺子之意。”三辅地区的人们听闻翟义起事，槐里男子赵明和霍鸿亦响应起义，一时之间，陕西大地上有 23 个县起义响应。然而，那年冬天，翟义起义军最终失败。第二年春天，赵明和霍鸿也壮烈战死。

王莽镇压了翟义起义军后，得意洋洋，对起义首领实施了残酷的惩罚，包括挖祖坟、诛族嗣、灭三族等。他甚至将所有参加起义的三辅人的尸体摆放在大道旁，竖立木牌，列出罪名，以此来威吓天下人。

尽管王莽的暴行令人胆寒，但天下人并未被其吓倒。朝中期门郎张充等六人曾密谋劫持王莽，拥立楚王刘纡为皇帝。然而，因计划不周，风声走漏，此事还未开始便宣告失败。这恰恰表明，人们对王莽的残暴并不畏惧，反而随着他的镇压，反抗之声愈发强烈。

自王莽登上皇位以来，反抗之声便不绝于耳。新朝刚建立的那年夏天，徐乡侯刘快便集结数千人，在自己的封地起事反莽。刘快起事声势浩大，他率领军队进攻了即墨，即今山东平度东。同年冬天，真定的刘都也密谋反莽，但最终未能成功。

朝堂内外，反莽事件接连不断，使得王莽的新政处于极不稳定的状态。民间更有一些人借题发挥，对王莽新政冷嘲热讽。例如，有一名叫碧的女子，竟站在长安大街上，高声呼喊反莽之言。

新莽政权的立国将军孙建，在始建国二年（10）十一月的奏疏中，详尽地揭示了当时的真实状况。一则奏报记载："九月辛巳之日，戊己校尉史陈良与贼人勾结，杀害校尉刁护，劫掠官吏士兵，自称为废汉大将军，投奔大匈奴。"另一则奏报描述："有男子拦孙建之车驾，自称汉室后裔刘子舆，系成帝之子，声称刘氏将复兴，催促入宫。捉拿此男子后，方知其名为武仲，长安人氏。"

这些事件充分表明了当时民间反莽情绪的空前高涨和反莽活动的广泛蔓延。虽然这些反莽活动与后来的绿林、赤眉农民起义活动在本质上有所不同，但他们的反莽目标是一致的。这些反莽武装斗争大多由刘氏宗族或官宦人家发起，如刘崇与刘秀同宗；再如翟义系成帝朝翟方进之子。他们的反莽行动均带有浓厚的政治色彩。特别是刘氏宗族，因受王莽暴政打击最为严重，故率先举起反莽旗帜。在刘氏宗族起义后，王莽对刘家进行了残酷的报复。

因此，王莽新政与刘氏宗族的矛盾愈演愈烈，最终导致了刘玄、刘𬙂、刘秀等人的起义，其根源正是王莽对刘氏宗族的打压。据《后汉书·刘盆子传》记载，当赤眉军逼近长安时，军中竟有七十余人自称城阳王后，竞相寻求拥立刘姓为尊。这一切都深刻揭示了刘氏与王莽之间矛盾的尖锐程度。

对于刘秀而言，他在新野和宛城贩卖粮食的过程中，不仅时刻关注着时局的变化，更在寻找为春陵刘氏谋取更大势力的机会。即便姐夫邓晨多次鼓励他，他也总是以微笑回应，不轻易表露自己的意图。然而，在宛城散谷时遇见李通，却成为了他人生中的一个重要转折点。

关于刘秀和李通的会面，确实经历了一些波折。尽管李通一直有意结交刘秀，但刘秀心中却保持着警惕。这其中的原因，是李通有一个同母的兄弟，名叫公孙臣，他擅长医术，在当地颇有名气。

有一次，刘秀的兄长刘縯邀请公孙臣，然而，公孙臣却对刘縯百般刁难。刘縯性格暴躁，一气之下竟然杀了公孙臣。这件事让刘秀心生芥蒂，对李通产生了提防之心。他担心李通会伺机报复，因此婉拒了李通的邀请。然而，李通并未放弃，他耐心再三邀请。这一次，在宛城，李通甚至追出城门，追了半里多路，刘秀这才勉强同意相见。

刘秀和刘稷随后跟随李轶来到李家。李通一见刘秀，便热情地表达了自己的仰慕之情，并握住刘秀的手，表示一直想要与刘秀结交。然而，就在两人握手之际，刘秀袖筒中的短刀不慎掉落在地，发出“哐当”一声，打断了两人的对话。看着地上不合时宜出现的刀，刘秀顿时感到尴尬，但李通却毫不在意，他笑着称赞刘秀是个有抱负的人。

李通的坦荡和信任让刘秀感到更加尴尬，于是他只好搪塞说身上带刀是为了防备突发情况。这样的开场白瞬间消除了彼此的顾虑，两人的好感也迅速增加。李通坦诚相待，让刘秀感到不好意思，于是他将自己和兄长们的事情如实相告。

刘秀最后坦诚地说：“我们春陵的刘氏兄弟，其实早有反莽之心，但因为时机尚未成熟，很多事情还没有准备妥当，所以一直隐忍不发。如今新朝虽然建立不久，但暴政连连，百姓生活困苦，各地英雄豪杰纷纷起事。这正是我辈英雄大展宏图的良机。我这次来宛城卖谷，就是想打探一下宛城的官兵部署情况，为将来攻打宛城做好准备。”

两人寒暄过后，刘秀终于说出了自己的真实想法。李通聪明过人，一听便知刘秀所言非虚。他哈哈大笑道：“文叔兄，你终于说出了心里话。我可以向你保证，你这次来对了地方。你想了解的情况，我已经打探得一清二楚。我们兄弟为了这一天已经等待多时了。你的到来，让我们多年的苦心等待终于有了结果。”

刘秀听到李通的话，心中一动，忙问道：“不知贤弟有何高见？还请明示！”李通回答道：“如今天下豪杰四起，如海水滔滔。但在这河南河北之地，真正有勇有谋、能成就大事的，还是你们舂陵刘氏兄弟。你们兄弟杀官吏、败官兵，已经成为河南官府的眼中钉。然而，官府之所以没有找你们的麻烦，并非他们不想，而是因为他们现在无力对付你们。整个南阳地区动荡不安，东边有赤眉军攻城略地、大败王莽新军；南方有绿林好汉打得王莽军队溃败零散。官军自顾不暇，根本无暇顾及你们兄弟！”

“打得好！王莽的新政违背天道人心，这样的反抗正是时候，王莽的新朝覆灭也就指日可待了。”刘秀虽然关心时事，但听到李通的话也不禁拍手称快。

但就在这时，李通却长叹一声道：“本来赤眉、绿林和一些小股的起义军若联合起来南北夹击就可以灭掉王莽，但前段时间蝗灾和瘟疫流行，使得绿林军陷入困境，义军染疾，死伤惨重。王莽趁机派了严尤、陈茂合力攻击绿林军，形势对绿林军很不利。绿林军被迫下山，兵分两路，一路向西称为下江兵，一路向南阳称为新市兵。虽然他们气势依旧浩大，但已经远不如从前，王莽的军队已经占了上风。”

刘秀听着李通的分析不禁眉头紧皱，绿林军是反莽的主要力量，他的心中不禁为绿林军担忧起来。

李通继续说道：“不过平林兵陈牧加入了绿林军，他们的队伍又壮大了起来。我这么说只是想表达现在天下大乱之际，你们春陵刘氏还在等什么？现在正是天赐良机，你们可要抓住机会呀！”

两人交谈中都流露出相见恨晚的神色。李通拿出了“刘氏复兴李氏为辅”的谶文讲给刘秀听，表明刘氏的复兴就要印证在刘秀的身上，而李氏为辅则是指自己和李家。

刘秀对李通的话和李通辅助自己的态度将信将疑，所以他表露出一副无所谓的态度，说自己不敢拿谶文中的刘氏比作自己。刘秀也知道李通的父亲在图谶方面颇有研究，并且人还在长安，于是他就问李通：“我们这样做的话你父亲怎么办？”

李通说自己自有安排，然后详细阐述了自己的计划，如何筹备起兵等。

刘秀听了之后热血沸腾，随即相信了李通的话。他的眼前仿佛看到了天下风起云涌而自己正站在风口浪尖的一番景象。

刘秀对李通说道：“春陵刘氏早已万事俱备，如今若再得李家的鼎力相助，大事何愁不成？我们现在就准备放手一搏吧！”

看着刘秀激动的模样，李通冷静地劝道：“文叔兄，少安毋躁。我得到了确切消息，王莽对南阳的防范极为严密，他派了心腹甄阜、梁丘赐率领大队人马在南阳巡逻。因此，尽管天下已经大乱，但南阳仍在王莽的严密控制之下。我们的形势非常危急，稍有不慎，就可能被王莽偷袭，陷入被动。我们应尽早做好准备，以防万一。”

刘秀听完李通的话，明白了他的真正意图，于是二人再次深入商议，“遂相约结，定谋议”。

李通详细规划道：“立秋日是选拔官员考察骑士的日子，甄阜、梁丘赐必定会亲自到考场检阅骑士。我们可以利用这个机会，发动考校场事变，劫持甄阜和梁丘赐。这样，城内官兵失去将领，必将陷入混乱。届时，你们率众攻城，制造更大声势。宛城新军必将军心涣散，四处逃散。

届时，宛城将落入我们手中。有了宛城这块根据地，我们既可以进攻洛阳，夺取王莽的半壁江山；也可以退守宛城，与绿林、赤眉军连成一片。这样一来，局面就算是打开了。”

听了李通的计划，李轶亲自护送刘秀和刘稷返回舂陵组织人马，进行准备。同时，李通派遣李季前往长安，将他和刘秀的计划告知父亲李守，并请父亲回老家。就这样，刘氏兄弟的反莽运动在秘密而迅速地进行着。

刘秀和刘稷在回家的途中，刘秀甩着响鞭，催赶着老黄牛，急切地想快点回家，将今天的消息告诉大哥刘縯。

看着刘秀心急如焚的模样，刘稷笑着调侃道：“你这个人啊，平时对老黄牛那么好，给它吃上等的精料，都舍不得打它一下。如今却不停地抽打它，不过看它奔跑的样子，还真够利索的。现在家里没有马，我觉得你骑着老黄牛冲锋上阵也不是不可能的事！到时候你可就真的成了骑牛将军了！”

刘秀笑着回应道：“这有何不可？骑牛上阵在古代就有先例。黄飞虎就是骑着五色神牛冲锋陷阵的，他帮助西岐讨伐商纣。还有道家的李耳，他也是骑着牛得道成仙的。所以我说要骑牛杀敌，并不是一句玩笑话。到时候你就等着瞧吧！”

“那等到我们汉家的江山复兴，灭了王莽，这头大黄牛可是大功臣！”刘稷伸手轻拍了一下大黄牛的屁股。

两人谈笑间往回赶，却意外遭遇了官兵。这次官兵护送的是苏伯阿苏大人，他们正要去宛城见甄阜和梁丘赐。牛疯狂地奔跑着，情况十分危险。

刘秀和刘稷被甩在车厢内，刘秀一边努力拉着牛缰绳，一边想把牛赶到安全的地方躲起来。但牛跑得太快，根本停不下来。

此时，刘秀只能使劲拉缰绳，结果一不小心把牛的鼻子拉豁了。牛因疼痛而跑得更加疯狂，拉破的牛鼻子血流一路！

牛一路疯跑，冲进了官兵的队伍。官兵误以为这是起义军派来刺杀苏大人的刺客，一边喊着“保护苏大人”，一边围住了牛车。

当刘秀抬头时，官兵的刀已经架在了他的脖子上。

刘秀心知肚明，此刻绝不能反抗，他辩解道：“都是牛惊了，所以才发生了这种事。”但官兵根本不会听一个老百姓的话，只认为他是刁民要起义。二话不说，他们就要杀了刘秀和刘稷。

刘秀和刘稷明白寡不敌众，只好装作很害怕的样子，浑身发抖。随后，他们被押向路边不远的白水河边准备行刑。官兵看着两人发抖的样子，也没太在意，以为只是杀两个普通百姓。但刚到河边，刘秀和刘稷便趁机跳进河中。

“犯人逃了，赶快放箭！”官兵慌忙放箭，却已来不及，只好向苏大人报告。

苏伯阿一听此事，便说道：“在这个地界上，有这样身手和脑子的必定是春陵刘氏的人。”边上的官兵便提出要去剿灭春陵的刘氏。

但苏伯阿沉默了一会儿，说道：“剿灭刘氏吗？你们连两个人都对付不了，还去剿灭人家？真是不自量力。我曾仔细看过春陵地带，那里虽然地势平缓，但丘陵连绵不绝，龙气郁郁。再加上这条白水河，龙遇水则兴，了不得，这里有天子征兆。刘氏最终会成为新朝大患。不过眼下我是奉朝廷之命灭绿林和赤眉，至于春陵刘氏，就请朝廷另外派人去吧。剿灭刘氏的事情，我做不到。”

苏伯阿说完，一脸阴郁地坐车向宛城而去。

另一方面，刘秀和刘稷跳河逃生，安全上岸后，刘秀一脸不开心。刘稷知道刘秀心疼大黄牛，便劝说道：“文叔，你不要难过。刚才那些官兵只顾抓我们，没工夫对付一头牛。说不定老牛识途早就自己回家了。”

刘秀难过地说：“可怜的大黄牛，一天跟着我劳作，结果还被我扯破了鼻子。现在又不知去向，以后哇，汉室复兴了，我一定要给它记上一功。”

两人一路警惕，小心翼翼地回到家里，将宛城的事和李通家两兄弟说的起义计划一五一十地告诉了刘縯。

刘縯听后兴奋不已，说道：“这真是个天大的好消息！李通辞官不事新朝，是个硬汉和义士。李家又是世家，他们兄弟在南阳地界也很有声望。他们若出面召集人马，轻而易举。有他二人相助，我们匡扶汉室便指日可待，真是上天有意帮助咱们啊！”

于是，刘縯立刻召集宗室子弟和自己府上的各路英雄商议起事。从那天起，刘縯的府上人来人往。他们放开手脚，以地方治安混乱、要保护家中庄园为由，张贴告示、招兵买马、打造兵器、买马备粮，为攻打宛城忙得热火朝天。

三、刘秀起兵

刘秀和李通得知刘縯筹备起兵之事后，也开始谋定，无法抽身事外，便也积极参与其中，暗中开始准备起来。

在当时，人们的宗族观念极重，刘秀家族亦未能脱离刘氏大宗族，基本上刘氏宗族都以春陵为聚集之地。刘秀兄弟们原以为背靠家族，起事易如反掌，然而事实并非如此。因为并非所有的刘氏族人都愿意反莽，如之前提及的刘玄的父亲，他就不愿反莽，甚至不让刘玄和刘縯交往。但在王莽时期，仍有些刘氏的人追随王莽，希望在新朝做官。然而，王莽对刘氏的打压和排斥也是确凿无疑的。以春陵侯为例，刘敞和刘祉在王莽王朝的遭遇便极具代表性。刘敞，即春陵考侯刘仁之子，他谦俭好义，将父时的金宝财产尽推与昆弟，因此他的义行广受好评，地方官更是将其上报朝廷，朝廷遂授他官职庐江都尉。

然而，一年后，因族兄刘崇的起义，刘敞被免职并遣返封地。两人之间的牵扯，不过是一次在京师偶遇。刘崇私下对刘敞表达了对王莽的不满，刘敞听后心中赞同，却未敢直接表达看法。后来，刘崇起兵反莽失败，刘敞担心受到牵连，便迎娶了翟方进之子高陵侯翟宣的女儿为儿媳妇。然而，他未曾料到，两家结亲不久，翟宣的弟弟翟义也起兵反莽，导致刘家受到牵连。刘敞忙上书谢罪，表示自己忠于王莽。当时，王莽刚摄政，为了稳定政治局面，未对刘家加罪。

然而，待王莽真正坐上皇位后，他开始大力打压和削弱刘氏宗室的势力，最终导致刘氏宗室皆被夺去爵位。刘敞死后不久，其子刘祉也被废，不得再为官为吏。这些事情使得春陵刘氏与王莽新政权之间的新仇旧恨愈发难以化解。正因如此，性情刚毅、慷慨大义的刘縯才会愤愤不平，交结天下英雄，时刻准备推翻王莽的统治。而刘秀也深知哥哥有朝一日必定会举大事，因此他与李家兄弟一拍即合，决定举起武装反莽的旗帜。

时值地皇三年（22）十月，按照刘秀和李通之前商量好的计划，刘秀和哥哥在春陵起兵，李通他们在宛城呼应。然而，事情却发生了变化，一方面是刘氏内部出现了分歧，另一方面是李通家也遭遇了变故。

先说刘家内部的变化。这一天，刘縯正在吩咐给各地前来报名的人登记造册，忽然刘嘉和刘仲神色不安地回来了。刘嘉一路边走边喊着“大哥”。

刘縯一见二人神色便问：“发生什么事了？是不是官府派人来了？还是没有人来应征？”刘縯最担心的就是官府派人来找麻烦和无人应征。

刘嘉说道：“应征的人倒是很多，但是有些宗室子弟不愿意参加，说我们这样做会坑害了他们。另外还有一件事……”

刘嘉正说着，突然停了下来，似乎不知如何启齿后面的事情。

刘縯听得焦急，催促道：“嘉弟，有何事情不能直言？难道叔父大人要去官府告发我们造反吗？”

刘嘉点了点头，迟疑道：“是的，大哥。有人说叔父大人要去官府告发我们。”

刘缜瞪大了眼睛，惊讶道：“叔父要告发我们？这是从何说起？”

刘嘉回答：“是一个宗室子弟告诉我的。”

刘缜皱起眉头，沉思片刻后说：“叔父一向教导我们复兴汉室，他不可能会这么做。不过前几日，我们提及与李通兄弟联合反莽之事，叔父确实持反对意见，认为李家兄弟靠不住。自那日起，叔父便再未露面，或许真的有什么变故。你去把三弟找来，我们商量一下。此事关系重大，若是传出去，恐怕会影响人心动向。”

刘秀闻讯赶来，听完大哥刘缜的话后，立刻前往叔父刘良家。他直觉叔父不会做出告密之事，但既然传言已出，便需亲自去查明真相。他边走边对大哥说：“叔父素有复兴汉室之志，为人坦荡，绝不可能做出告密之事。定是有人恶意中伤。”

刘秀来到刘良家，见叔父正在练武。刘良对刘秀的突然来访感到奇怪，询问其来意。刘秀了解叔父的性格，因此毫不掩饰地提出了自己的疑问：“叔父，您是否支持我匡复汉室？”

刘良听后冷笑一声，转身离去。刘秀紧随其后，觉得叔父的反应十分古怪，于是大声追问：“叔父，王莽篡汉，百姓受苦，我刘氏子孙生存更是艰难。您忍心看着天下苍生受苦吗？”

虽然这些话语他们已说过无数次，但此刻在刘秀心中却显得格外有意义。刘良没有回答，直接去了祠堂，跪在祖先牌位前祈祷：“不肖子孙刘良刘次伯拜见列祖列宗，恳请祖宗保佑刘缜和刘秀起事成功，匡复汉室，拯救百姓于水火之中！”

刘秀听到叔父的祈祷，心中感动不已，但仍不解为何外界会有那样的传言。刘伯语重心长地说：“文叔，叔父不是不支持你们，只是不信李通。复汉是大事，叔父怕你们丢了性命。”

刘秀听后，详细为刘伯介绍了李通，并以自己的人格担保。最后，刘伯说："既然你已经了解李通，那么叔父就支持你们。我们一起反莽复汉！"

刘良态度的转变鼓舞了更多年轻人。与刘氏有关的亲朋好友都纷纷加入，刘黄、田牧、邓晨、樊宏等人也带着他们的亲友前来助阵。大家在刘縯的带领下，为起事做着紧锣密鼓的准备。为防止消息走漏，刘縯下令封锁春陵周围。起事的前几天，春陵刘家兵戈游走，气氛紧张而肃杀。

演武场上，刘縯屹立如山，声音如黄钟大吕，豪迈地宣讲道："诸位将士，自王莽篡汉以来，他夺我刘氏江山，毁我宗庙，使大汉蒙羞，背负奇耻大辱。如今，王莽暴政肆虐，百姓生灵涂炭，民不聊生，被逼为盗。我大汉宗室子弟，岂能坐视不理？我们必须反莽复汉，还天下一个太平盛世！今日，我们在此祭告天地祖宗，祈求他们护佑我春陵刘氏旗开得胜，攻宛城、占长安，一举推翻王莽这个逆贼！"

刘縯随后庄严宣布："我，刘縯，自任柱天都部总令义军。刘秀为将军，其余人等各有任命。春陵刘氏今日征兵八千，我们在春陵集结，等待那激动人心的时刻到来！让我们齐心协力，共赴国难，为复兴大汉而战！"

他的讲话掷地有声，激起了在场将士们的共鸣。他们热血沸腾，士气高昂，纷纷表示愿意跟随刘縯，为推翻王莽、复兴大汉而奋战到底。刘縯的英雄本色在这一刻展现得淋漓尽致，他的坚毅和决心感染了在场的每一个人。

再说李通家族所遭遇的变故。

宛城的李家遭遇了前所未有的变故。原本，李通派遣往长安送信的李季，却在途中因病离世。李守得知这一消息后，心中暗自盘算逃跑之计。他与同乡黄显素来交好，而黄显在新莽朝担任郎将一职。

黄显在得知此事后，急忙为李守出谋划策，建议他请求免去官职，返回故乡。但李守尚未采取行动，便已被王莽拘捕入狱。

黄显眼见好友遭此厄运，心中不甘，挺身而出为李守求情。他声称这一切都是李通的罪过，而且李守得知此事后，并未选择逃跑，而是坚定地站在了王莽朝廷的一边。他表示愿意以死谢罪，北向刎首以表达对王莽的忠诚。王莽听后心中大为宽慰，便准了黄显的请奏。

然而，就在这个关键时刻，南阳郡传来了李通谋反的详细报告。王莽闻讯后怒不可遏，下令立刻处斩李守和黄显。尽管两人一再求情，但最终仍难逃一死。李家在京城的族人无一幸免，全部遭到了诛杀。

在宛城这边，李通得知消息后虽然侥幸逃脱，但他的门宗兄弟却有六十四人惨遭杀害。这样一来，原本计划在宛城起事的计划彻底落空。而春陵刘氏兄弟已经准备好的起义大军，如今却成了孤军奋战。这种形势对刘氏兄弟极为不利，尤其是此时刘氏内部还存在分歧，反莽的信心严重不足。

尽管刘秀已经成功劝回了刘良，但李家迟迟没有回应，这使得刘氏兄弟感到愈发慌张。他们深知，失去了李家的支持，他们的起义之路将充满艰难险阻。

话说刘縯庄重祭告天地之后，刘秀一身绛红色将军战袍，头戴武冠，威风凛凛地走上台前。他的出现立刻在人群中引起了一阵骚动。

“哎呀，真是没想到，平日里温文尔雅的刘家三公子，如今也披挂上阵，起来造反了！”

“看他这身戎装，真是大将风范啊！”

“祖宗显灵了，我们这次起事定能成功！”

刘秀的出现，让那些原本有些动摇的子弟们的心稍稍安定下来。他登上点将台，环视台下，大声命令道：“台下汉军听令，现在开始清册点名！”

“遵命！”八千人齐声回应，声音震天响。

待各小队点兵完毕，回报说：“汉军将士八千人，全部到位。”

刘秀站在台上，儒雅而充满力量地说道："八千子弟兵将随我横扫天下，灭莽复汉。刘秀愿与诸位同仇敌忾，誓死为刘汉效命！"

他的话语激发了将士们的热血与忠诚，他们纷纷举起武器，齐声高喊："匡复汉室，为刘汉效命！"

士气如虹的刘氏子弟兵，人心统一，只等李通一声令下，便发难新野的地方官衙。但约定的材官考试骑士之日临近，却迟迟不见宛城李通的消息。直至考试前夜，刘良再也按捺不住，他责备刘縯和刘秀道："我就说这个李通靠不住，如今这般大事，竟然连个信也不派人来送。我觉得此事有变，我们得另做打算！这可是关乎八千子弟兵的安危，大意不得！"

刘秀却冷静地反驳道："李通一心匡扶汉室，我相信他。如今没有消息，定是出了什么变故。我们应该耐心等待，不可轻举妄动。"

刘縯也赞同刘秀的观点，认为应该查明情况后再做决策。樊宏也表示支持。

在这关键时刻，刘秀展现出他的冷静与智慧，成为了稳定军心的关键人物。他的坚定信念和独特魅力，让人们对他的英雄本色更加敬佩。

第二天凌晨，刘縯和刘秀等人带兵登高，望着宛城方向，期盼着城中能有所动向。然而，直到中午时分，他们仍未收到任何消息。反而是邓晨带来了一个令人震惊的消息：南阳甄阜和梁丘赐率领重兵前来围剿舂陵！这一消息令刘氏族人人心惶惶，军心也开始动摇。

刘良闻讯后大惊失色，痛斥刘縯和刘秀行事不稳，将族人置于险境。众人听后更加惊慌失措，刘縯也感到一阵慌乱。

在这关键时刻，刘秀却显得异常冷静。他坚定地说道："这必定是谣言！甄阜和梁丘赐正忙于应对新市和平林的绿林军，根本无暇顾及我们。大哥，我们的军队刚刚组建，军心尚未稳固。在这种复杂的情况下，我们越要沉着冷静，不能自乱阵脚。李通的情况尚不明朗，我亲自去宛城探明真相。请大哥坐镇军中，安抚军心，等待我的消息。"

刘良听到刘秀的话，感到羞愧难当，为自己的失态感到后悔。刘缜也逐渐冷静下来，但他仍然担心刘秀前往宛城的安全。他说道：“三弟言之有理，但宛城情况未明，吉凶难料，三弟此行凶险重重。”

刘秀毫不退缩地说道：“大哥，事已至此，如同箭在弦上，不得不发。我必须去宛城一探究竟。成大事者，应知难而上！请大哥放心，我会小心行事。”

刘缜见刘秀决心已定，便安排刘稷和朱祐与刘秀一同前往宛城打探消息。他深知刘稷和朱祐的武功高强，有他们保护刘秀，自己也能安心一些。当时情况紧急，时间紧迫，刘秀没有多说什么，只是叮嘱刘缜在自己未归之前，切勿轻举妄动。然后，三人骑着刘烨、邓晨、樊宏的马匹疾驰向宛城。

抵达宛城门口时，刘秀仔细观察了一番。他发现城门口只允许进不允许出，而且官兵数量比平日增加了一倍。他们刀剑出鞘，弓箭上弦，如临大敌般守卫在城门口。刘稷见状不禁叫道：“不好！官兵盘查如此严格，必定是李通兄弟起事失败了。我们这样进城恐怕也会有麻烦。”

刘秀沉思片刻后说道：“我们把三匹马留在城外吧，这样进去太过显眼。”朱祐和刘稷点头同意。三人将马匹藏在城外的一家客栈里后，才进城。城门口对他们这三个徒步的人并未多加盘问，简单询问几句后，便放他们进了城。

宛城之内，早已不复昔日的繁华热闹，街市之上行人稀少，冷清得让人心悸。刘秀向路人询问后，得知李家的计划已经泄露，李通全家被官府逮捕，即将斩首示众，以儆效尤。这个消息如晴天霹雳，让刘秀三人内心沉痛，热血激荡。他们没想到，一心匡扶汉室的李通，竟会落得如此下场，整个李氏家族都要遭受此等灾难。

刘稷愤怒地要劫法场，救下李氏全家，朱祐也表示不能见死不救，毕竟李家是为了匡复汉室才身陷囹圄。然而，刘秀却按住两人，示意他们冷静，随后三人一同向西市口赶去。

西市口人山人海，他们仔细地在受刑的人群中搜索着李通的身影，却始终没有找到。正当三人准备离开时，却看到了那个杀人如麻的梁丘赐，此人以“梁剃头”之名闻名，曾杀过无数百姓，百姓对他恨之入骨。

刘秀紧紧盯着梁丘赐，只听他高声宣布李氏谋逆一案的破案之功全赖宛城官民，他赞扬宛城官民尽忠陛下，恪尽职守，而李氏一家却忘恩负义，密谋反新朝，今日的下场实乃天地不容。他警告南阳的百姓，若有不轨之心，必将与李家同样下场，同时悬赏千金和官位给能提供李通、李轶下落的知情者，若有人知情不报，藏匿罪犯，便是与李氏同等的反贼，将灭其全族。

“时辰到！行刑！”随着这声令下，李家人即将被斩杀。刘稷和朱祐忍不住要冲上去拼命，却被刘秀拉住。他低声告诫两人，起义之事为重，日后必为他们报仇雪恨，此刻冲动只会坏了大事，大哥还在家中等待消息。

三人意识到必须尽快出城报信，但城门紧闭，无法出去。于是，他们只好躲在一家客栈里，直到夜深人静时才偷偷翻出城墙，骑上马连夜赶回春陵。

春陵的八千子弟兵一直在焦急等待消息，听闻李通全家被杀，无不义愤填膺。他们怒吼着请战，誓要杀向宛城为李氏报仇。之前的犹豫和怯懦在这一刻烟消云散。他们之所以如此愤怒，是因为李氏家族为了匡扶汉室付出了巨大的牺牲。在这场斗争中，牺牲的不是刘家人，而是李家人。这种牺牲让刘家人深感羞愧和愤怒。

刘良泪流满面，悲痛地呼喊着：“李通是真正的君子，李氏家族是忠义之家！我错怪了他，如今我要为李家报仇雪恨！刘縯，快下令发兵宛城，我刘良就算是拼了这条老命，也要为李家讨回公道！”

刘氏族人愤怒无比，纷纷要求立刻攻打宛城。然而，刘秀深知大局为重，他沉稳地分析道：“为了稳妥起见，我建议我们汉军与绿林军联手，共同反抗王莽。若我们孤军奋战，缺乏援手，后果将不堪设想。”

刘秀的建议得到了在场众人的广泛认同，尤其是樊宏、邓晨、朱祐、刘稷等人更是坚决支持。然而，刘縯却持反对意见：“绿林军乃是山野贼寇，被新朝所不容。我们舂陵刘氏是为了匡复汉室，怎能与这些贼人同流合污？”

刘良也认同刘縯的观点，他不愿与绿林军为伍。面对大哥和叔父的反对，刘秀耐心地解释道：“大哥、叔父，推翻新莽、匡复汉室固然是我们舂陵刘氏的起兵宗旨。但如今我们人心不稳，势单力薄。若不联合绿林军，仅凭我们自己的力量，恐怕很快就会被王莽的军队所消灭。绿林军高举反莽义旗，得到了天下百姓的响应。我们都是为了反抗王莽，有着共同的敌人，为何不能携手并肩作战呢？更何况，当前形势危急，我们刘氏与绿林军合并，力量倍增，才能共享反莽的利益。若我们分道扬镳，必将受到王莽的压制，甚至面临覆灭的危险。甄阜、梁丘赐等人绝不希望我们刘氏与绿林军联手对抗他们。如果我们不合并，他们便可逐个击破，将我们一一消灭。而我们合兵一处，既能自保，又能合力推翻王莽，这有何不可呢？”

刘秀的一席话，将刘氏与绿林军合兵与否的利弊分析得透彻明白，众人纷纷表示赞同。他们深知，在这种情况下，舂陵刘氏若再不摆脱孤立无援的困境，不寻求新的生机，便无力继续反抗王莽新朝，甚至有可能很快被王莽新朝所灭。于是，大家一致决定听从刘秀的建议，与活动在南阳地区的新市、平林两支农民起义军联手，共同推翻王莽的统治。

四、联合绿林军

经过与将领们的深入商议，刘秀已经确立了与绿林军联合对抗王莽新军的战略。他急切地想要趁热打铁，稳固这一合作，于是立即启程前往寻找绿林起义军。在这次行动中，尽管刘稷和朱祐表达了跟随的意愿，但刘秀却决定不带他们。

刘秀解释道："刘稷和朱祐都是英勇的将领，他们在战场上冲锋陷阵毫无畏惧。但此次我前往绿林军，主要是为了寻求合作，需要的是一个性格温和、能够妥善沟通的人。因此，我决定让刘嘉陪同我前往。"

刘縯也对刘秀的计划表示赞同，他急切地希望刘秀能够尽快前往随州和郢州，与那里的农民起义军达成合作。他同意让刘嘉陪同刘秀一同前往。

刘嘉性格稳重，武功高强，自然愿意与刘秀一同完成这一重要任务。于是，两人稍作乔装打扮，便骑马疾驰而去，踏上了寻求绿林军合作的关键之旅。

刘秀和刘嘉的目的地是新市、平林军的驻军处。刘秀此行意在会见他们的首领王凤和陈牧，商讨合作作战的事宜。这步棋走得既高明又正确，因为与农民起义军的联合是反抗王莽的关键，同时也符合农民起义军的需要。

经过一夜的奔波，两匹马和刘秀、刘嘉都疲惫不堪。他们抵达随州地界，尽管身心俱疲，却不敢稍作休息。只能在马背上吃着干粮，喝着凉水，强撑着继续前行。刘秀边走边张望，内心盘算着："应该已经踏入起义军的地界了，但如何找到他们呢？"

山路崎岖，两人和马匹都已疲惫不堪，他们决定放慢脚步，边走边观察。刘秀抬头望向山林，山林郁郁葱葱，密不透光，群山峻岭间仿佛隐藏着千军万马。刘嘉也小声嘀咕："这里人迹罕至，山势险峻，恐怕有土匪强盗出没，我们还是要小心。"

刘秀却平静地说："这里是平林兵的驻地，即便有人埋伏，也应该是平林军的好汉。他们若现身，我们的任务也就顺利了。"话音刚落，两人竟突然陷入了一个陷马坑。刘秀见坑深难逃，便安静等待陷马坑的设伏者前来。

过了一会儿，刘秀听到坑外有人走来，来人还谈论着抓到了奸细，可以向渠帅请功。当刘秀和刘嘉被拉出陷马坑时，刘秀仔细打量四周，心中断定自己很可能已被平林军俘虏。然而，为了稳妥起见，他试探着问：“你们是何方神圣？怎敢大白天劫道？”

一个头目审视着刘秀，冷冷地说：“奸细，闭上你的嘴！我们是专门对付你这种奸人的平林军，岂会劫道？”

刘秀在确认对方身份后，心中大喜，迅速向对方表明了自己的身份和来意，他坦诚地说：“我是春陵的刘秀，特地来此寻找王凤和陈牧两位首领，希望能与他们商讨合作事宜。”

然而，押解他们的平林军却对刘秀的话持怀疑态度。他们认为刘秀是奸细，穿着打扮与他们截然不同，一看便是王莽新朝的豪强地主。在平林军看来，像刘秀这样的人，他们的首领是绝不会轻易放过的。

刘秀看着自己身上的衣服，虽然风尘仆仆，沾满了汗渍和尘土，但相较于平林军的破衣烂衫，确实显得更为阔气。他无奈于平林军的以貌取人，决定先保持沉默，等见到他们的大首领再解释。

被押上山后，平林军打算先给他们一百军棍作为惩戒。刘秀见状心中焦急，担心因此错过与大首领见面的机会，误了大事。这时，他突然想起了刘玄。当初刘玄在杀了游徼后，刘秀曾偷偷送他离开春陵，刘玄曾表示要去投奔平林起义军。刘秀猜想刘玄可能就在此地。

于是，他挣扎着大声呼喊：“刘玄！刘圣公是否在此？我是春陵的刘秀，有紧急事务需与他商议！请速带我们见他！”

正欲动手的士兵闻言，立刻停下手来询问刘秀：“你们二人真的是来自春陵？”

刘嘉见状，也生气地说道：“我们本是有要事来找你们大头领的，可你们这样的待客之道，实在令人难以接受！”

士兵们听了他们的话，赶紧为他们松绑。这时，有人匆匆赶来问道：“刚抓的奸细在哪里？”

刘秀一听声音，立刻认出是刘玄，他激动地喊道："圣公兄，我们在这里！"

刘玄闻声赶过来，看到风尘仆仆的刘秀和刘嘉，他惊讶地问："文叔，嘉哥，你们怎么跑到这里来了？春陵是不是出了什么事？"

刘秀简要地讲述了春陵的情况，并阐述了自己此次前来的目的。他急切地说："圣公兄，请立刻带我们去见平林和新市的王凤和陈牧将军，我们必须紧急商议合军事宜，共同制定联合抗莽的大计！"

刘玄听后，也为自己宗族的事感到振奋。他表示："没想到伯升兄这么快就带领大家起事了。虽然我在平林军里只是个小头目，但我也一直在寻找机会。目前，平林和新市的兵力确实单薄，难以抵挡新军。陈、王二位将军可能也有合兵的想法。平林的陈牧将军现在就在随州，我这就带你们去找他。文叔你口才出众，说不定能够说服他与我们合兵！"

说完，刘玄立刻带着刘秀和刘嘉骑上马，疾驰至随州城外，找到了平林军的将军陈牧。巧合的是，新市的将军王凤也正好来找陈牧。于是，四人坐下来共同商讨合兵之事。

地皇三年（22）夏季，瘟疫肆虐，导致绿林军元气大伤，人心涣散。王凤、王匡、马武等人率领的起义军活动在南阳郡南部，离春陵不远。同时，平林人陈牧也带领数千人在这一带活动。尽管这两支军队前景并不明朗，但他们同样渴望联盟。因此，当刘秀和刘嘉前来寻求合作时，他们感到十分欣慰。

然而，高大威猛的陈牧对刘家的举动颇感好奇。他疑惑地问道："你们春陵刘家身为汉家皇族，俗话说'瘦死的骆驼比马大'，即使家境衰落，也不至于与我们这些草莽英雄为伍，冒死反抗王莽吧？"

刘秀微微一笑，随和地回应道："如今王莽篡位，刘家已失去皇族的尊贵。我们与天下百姓一样，饱受王莽的欺辱。祖上留下的家财也即将耗尽。为了生存，我们必须趁手头尚有家底招募兵马，与天下英雄共同反抗王莽。否则，刘家将面临绝境，无路可走。”

陈牧听后大为赞赏，认为刘秀是个痛快人。

王凤则心思缜密，他审视着刘秀，询问他身为汉室子弟是否怀有复兴汉室的雄心壮志。刘秀为了安全和不招惹是非，他并未透露内心真实的想法，只是谦虚地表示他们兄弟几人孤陋寡闻、才疏学浅，本为普通人，如今被迫反抗官兵。至于复兴汉室的大业，需要族中才智非凡的人去实现。他强调自己兄弟尚无此念，并表示自古天下为贤者所居。王莽暴虐无道，人神共愤，新朝已岌岌可危。如今英雄辈出，大将军自然可称王。至于天下最终归谁，自有天命安排，非人力可为。当前最重要的是联兵抗莽，共同对抗王莽的暴政。

王凤听完刘秀的说辞后，明白了他的意图，不再追问其他，转而讨论合兵事宜。他询问刘秀是否有好的作战方案。听到这个问题，刘秀和刘嘉长舒一口气，心中大石落地。经过一番讨论，对于合兵之事几人终于达成共识。

刘秀和刘嘉匆匆赶回家中，却正赶上樊娴都生命垂危的最后时刻。刘氏兄弟几个跪在病床前，哀悼着他们敬爱的母亲的离世。他们哭得撕心裂肺，哀伤之情难以言表。然而，就在众人的悲痛还未完全平息之际，平林军和新市军的使者便接踵而至，战事已迫在眉睫。

长聚虽是一个比乡还小的政区，却因其战略地位而成为了一个重要的军事据点。在这里坐镇指挥的是新野县的县尉。舂陵的刘氏兄弟与新市、平林军商议合军后，决定协同作战，而他们的目标便是长聚。

刘𬙂带领着众兄弟，满怀着悲愤离开了母亲的灵堂。他立刻召集了八千子弟兵集合。子弟兵们都知道刘家主母已经去世，整个刘家都笼罩在悲痛之中。然而，刘氏兄弟依然要带领他们作战。这种哀兵必胜的气势使得子弟兵们的士气瞬间高涨。刘秀深知这是哀兵必胜的道理，是母亲用自己的生命激励着他和兄长们起兵作战。

刘縯高举令旗，命令子弟兵进击长聚。八千子弟兵组成的汉军浩浩荡荡地杀向长聚。由于军资匮乏，队伍缺乏装备，尤其是战马更是稀缺。在这支人马混杂的军队中，骑着大黄牛的刘秀显得格外引人注目。

各位大将军都有自己的坐骑，实在没有坐骑的，他们就和士兵一起徒步前进。刘秀骑着大黄牛，走在队伍中间，步伐坚定，气势昂扬，一副要去参战的模样。

看到刘秀骑着大黄牛走在队伍中间，各位兄弟和将士们忍不住哈哈大笑。刘縯看着弟弟刘秀和大黄牛的组合，想着他平时的说辞，没想到真的被验证了。刘縯忍不住抿着嘴笑了起来，母亲去世的哀伤一时也减轻了许多。

刘秀明白兄弟们的笑声是善意的，他们并不是在取笑自己。于是，他说道："我这头牛啊，跟着我种地流汗，是一头命大、有福气的牛。那一天它受惊之后拉着我和刘稷冲进了苏伯阿的军队，被那些该死的莽军砍了好多刀，受了伤，都没有忘记跑回来。如今再跟着我上战场杀敌，可见这不是一头普通的牛，大家都等着看吧，老黄牛肯定能立下大功劳。"

众人都被刘秀的话逗得开怀大笑。刘稷曾目睹老黄牛的飞驰，此刻他豪情满怀地说道："黄飞虎以牛为坐骑，李耳亦乘牛逍遥，此二者皆为史书所传颂的英雄。或许我们文叔骑着这头牛征战沙场，亦能成就一番伟业，威震天下，成为名垂青史的骑牛将军。"

正当队伍士气高昂之际，一名探马急匆匆地从前方奔来，报告说前方五六里处发现了王莽的新军，人数竟达一万之众。此言一出，原本热闹的气氛瞬间凝固，众人面面相觑，不知所措。

刘秀镇定地骑着牛走到一个土坡上，远眺前方。果然，不远处尘土飞扬，军旗招展，黑压压的敌军战马嘶鸣着疾驰而来！

刘秀凝视着逼近的新军，心中疑云重重。按计划，新军不应该这么快就发动攻击。如今这般情形，难道是新市军和平林军未能挡住敌军，还是发生了其他变故？面对即将到来的大战，刘秀深知这是汉军与新军的首次交锋，长聚之战关乎重大，只能胜不能败。他迅速调整心态，环视一圈身边的兄弟，目光坚定。

刘秀转向大哥刘縯，眼中闪过一丝决然，随后转向八千子弟兵，大声吼道："我们的平林友军已将王莽新军围堵于此，此刻正是我们斩灭敌军的最佳时机！擂战鼓，冲啊！"

随着刘秀的一声令下，战鼓隆隆响起，八千子弟兵热血沸腾，如同猛虎下山般冲入新军阵营，展开了一场惊心动魄的厮杀。

王凤和陈牧率领的平林军与新市军，原本在新野与新军对峙。然而，由于莽军早有防备，临时加强了兵力，使得王凤和陈牧难以找到突破口，只能另寻对策。随着战争的演进，起义军与宛城新野附近的新军之间的决战态势愈发明显。战场也由新野转移至了长聚这一军事重镇。长聚不仅是战略要地，更囤积了大量军用物资。

时间紧迫，战事瞬息万变，新野尉冯正劲迅速调动新野官兵与游徼韩虎共同增援长聚。他的目标是在长聚一举歼灭叛军。然而，冯正劲没有想到的是，在前往长聚的途中，他并未遭遇平林军和新市军，反而与刘家兄弟率领的汉军遭遇了。

两军对峙，比拼的不仅是武力值，更是士气。刘家子弟兵怀揣推翻王莽政权的坚定信念，英勇无畏。而新军士兵则是被迫参军，心怀家中亲人，无心恋战，因此士气低落。当新军与汉军交锋时，没过多久便陷入了劣势，不断败退。

冯正劲原本以为自己兵力占优，能够压制刚刚集结起来的汉军。然而，眼前的局势突变让他措手不及。汉军展现出的勇猛让他难以分辨所面对的究竟是汉军还是平林军。面对新军的不利形势，冯正劲竭尽全力试图挽回败局。

刘家兄弟对冯正劲欺压春陵刘家的行径早已恨之入骨，此刻自然要将他置之死地而后快。两军激战正酣，生死较量在这片战场上演绎得淋漓尽致。

当刘家兄弟刘稷和朱祐围攻冯正劲时，由于他们并未骑马，而冯正劲骑在马上，其机动性大大增强，使得他轻易压制了刘家兄弟。与此同时，刘秀正在旁边骑着他的老黄牛与一名士卒激战。眼见冯正劲逐渐占据上风，刘秀决定出手相助。然而，他的老黄牛首次遭遇如此激烈的战斗，被吓得不知所措，不仅不肯前进，反而倔强地向后退缩。刘秀眼看冯正劲打压刘稷和朱祐，就要突围逃跑。

刘秀心急如焚，他知道如果让冯正劲逃脱，后果将不堪设想。在这万分紧急的关头，他毅然拔出佩刀，狠狠地刺向老黄牛的屁股。老黄牛吃痛之下，发出一声震天的哞叫，猛地向前冲去。刘秀紧紧抓住牛角，竭尽全力控制方向，转眼间便冲到了冯正劲的马旁。

此时的冯正劲正全神贯注地与刘稷和朱祐激战，老黄牛的突然出现让他措手不及。他还没来得及看清这突如其来的庞然大物，刘秀已经挥起大刀，一刀斩下了他的头颅。

“杀得好！”刘稷见状激动地大喊。然而，刘秀却根本来不及高兴，因为老黄牛已经陷入了疯狂，继续向前狂奔，完全无法控制。刘秀惊出了一身冷汗，心中焦急万分，不知所措。

就在这时，他的眼前出现了一匹无主的战马。原来马背上的新军刚刚被人斩杀。刘秀当机立断，趁着老黄牛经过这匹战马的瞬间，一跃而上，稳稳地坐在了马背上。他回头望去，只见老黄牛已经跑得无影无踪。刘秀无奈地苦笑一声，随即调转马头，杀向新军。

这场战斗不仅展现了刘秀的英勇和智慧，也让他的老黄牛在战场上立下了赫赫战功。虽然老黄牛在战斗中表现得有些失常，但在刘秀的巧妙驾驭下，它最终成为了一头战功赫赫的战牛。

刘家子弟兵虽然人数稀少，但个个精神抖擞，仿佛初生的牛犊，毫无畏惧，英勇善战。在他们的猛攻之下，新军如同被狂风暴雨席卷，节节败退，被打得落花流水。尤其冯正劲被杀后，新军的士气更是一落千丈，毫无斗志。

就在这时，忽然从远处传来更加猛烈的喊杀声，旗帜飘扬，原来是平林军和新市军赶到了战场。韩虎看到这一幕，心中大惊，意识到他们原先精心策划的围攻突破计划已经彻底失败。面对已经让他们措手不及的汉军，再加上平林军和新市军的两面夹击，他深知自己已无路可逃。

因此，他试图调转马头逃跑。然而，作为将军，他的穿着极为醒目，刚一动身就被刘縯发现。刘縯迅速截住他的去路，一边激战一边劝降。但韩虎坚决拒绝，大骂刘縯等人为反贼，并表示自己绝不会向这些刘家破落户投降。他的言辞激怒了刘縯，刘縯长枪一挥，便将韩虎刺杀于马下。

随着新军两位主帅的战死，那些本就不想打仗的新军士兵立刻选择了投降。汉军乘胜追击，战斗迅速结束。

长聚首战不仅迅速而且惨烈，极大地振奋了汉军的士气。八千子弟兵一扫之前的犹豫和胆怯，全军上下士气高昂，斗志旺盛。战斗结束后，三军首领在临时帐篷中会面。在刘秀的介绍下，汉军的刘縯与新市军的王匡、王凤、朱鲔以及平林军的陈牧、廖湛等人相见。大家互相谦让着入座，共同商讨下一步的战斗计划。这场胜利不仅巩固了汉军的地位，也为未来的战斗奠定了坚实的基础。

长聚之战大胜后，大功臣刘縯满脸兴奋，环视着在座的联军首领。这些都是他平日里敬仰的江湖英雄。他豪气干云地说道："今日一战，真是痛快！平林军和新市军的英勇，我早有耳闻，今日得见，果然名不虚传。能与诸位英雄联手抗莽，实乃我刘縯三生有幸。希望我们日后能更加同心协力，共诛王莽贼人。"

王匡听罢，立刻起身谦逊道："刘将军过奖了，我等草莽之人，还望将军多多关照。"

其他人也纷纷附和，表达了对刘縯的敬意和对未来的期待。

然而，刘縯的表情却突然变得凝重。他心中明白，虽然刚经历了一场大胜，但士兵们都需要休息。而且，新军虽败，元气未伤，随时可能反扑。更重要的是，湖阳囤积着大量军资，对于汉军来说，这是一个不能错过的目标。现在既然已经拿下长聚，湖阳更是势在必得。

但是，刘缜也清楚，自己与这些义军首领虽然相谈甚欢，但毕竟刚刚认识，他们是否会听从自己的建议，还是一个未知数。

正当刘缜犹豫不决时，陈牧的声音突然响起："刘兄，你心中的顾虑，我明白。我们打新军，就要打个彻底。现在正是拿下湖阳的好时机，我们应该趁热打铁，一举拿下湖阳。相信我，这样的决定，绝对比坐在这里闲聊要来得痛快。"

众人闻言，纷纷点头表示赞同。刘缜看着陈牧，心中感激不已。他知道，这次自己得到了这些义军首领的支持，湖阳之战必将势如破竹。

于是，刘缜不再犹豫，开始详细地布置作战计划。他的语气坚定而自信，仿佛已经看到了胜利的曙光。在场众人无不被他的气势所感染，纷纷表示愿意听从他的指挥，共同为抗击王莽而奋斗。

将士们刚打了胜仗，士气正盛，一听说还有仗要打，个个摩拳擦掌，开始积极备战，期望推翻王莽的新朝，过上太平日子。在这样的氛围下，士兵们备战作战都充满力量，就连平日里胆小怕事、畏缩不前的人，也明白了一个道理：在这困境之中，想要活下去，唯有杀出一条血路。

而刘缜、刘秀以及他们农民起义军的将领们，仍在帐篷中紧密讨论作战策略。忽然，一名士兵进来，对朱鲔低声耳语几句后，便迅速离开了。

朱鲔听完士兵的话后，神情微微一变，但很快便调整过来，以平和的语气问刘缜："刘缜兄弟，外面有传言说，这次长聚之战你们汉军出力最多，因此缴获的财物都应归你们所有，不知是否有此事？"

刘缜闻言心中一惊，大战在即，此类关于财物分配的传言最易离间人心。虽然朱鲔态度看似平和，但刘缜明白，若处理不当，这支刚联合的军队恐将因物资问题而分崩离析，后续的战斗更是无从谈起，更别说推翻王莽的新朝了。然而，事实上他们尚未决定如何处理缴获的财物，怎会有此传言？刘縯猜想，可能是汉军中有不明大局之人在私下议论，从而引发了这场不大不小的内讧。

帐篷内一片寂静，众人的目光都聚焦在刘縯身上。这支刚联合的军队，会因财物分配问题而分崩离析，还是会继续携手合作？全看刘縯如何抉择。

刘縯经过短暂的沉思，迅速整理思绪，正准备开口讲话时，站在他身旁的刘秀却先一步微笑着对朱鲔说："朱将军，您这话就客气了。既然我们三军已经合为一股，共同经历过生死，就应该不分你我。怎能再分你们我们呢？事情的原委大家都清楚，为了迎战，汉军只是提前在此设下营地，因为地方宽敞，所以暂时保留了那些物资。咱们有一个宗旨，那就是有饭一起吃，有衣一起穿，有银子一起花。各位兄弟，大家不必过于担忧。待进攻湖阳时，汉军将全体出动，战利物资交由新市军和平林军的兄弟们看管。大哥，朱将军，你们认为如何？"

刘縯立刻点头赞同道："就这样办吧！反正这些财物都是大家的，交给谁看管都一样！"

刘秀的话语展现了他的机智与大方，不仅巧妙地化解了潜在的危机，还彰显了他的领导才能和团队协作精神。他的话语中透露出一种平等和包容的态度，使得士兵们更加信服和团结。同时，他也通过实际行动展现了自己的诚意和决心，为后续的战斗奠定了坚实的基础。

朱鲔听完刘秀和刘縯的话，再看到他们兄弟俩坦荡从容、毫无私心的态度，心中不禁感到羞愧，他低下头去，心中暗自佩服。

王匡则是个聪明人，他立刻站起来，客气地解释道："刘兄，你们误会了。我们刚才也只是听士兵随口一提，并无他意。还请刘兄不要介怀。确实，多余的话不必多说，攻打湖阳才是当务之急。我们新市军和平林军定会全力以赴，打出一场漂亮的仗。至于那些物资，不过是身外之物，不值得我们为此争执。”

刘秀赞同地点点头，说道：“王将军所言极是。我们不能因小失大，为了些许物资而让王莽看笑话。我们的目标是推翻王莽的新朝，夺取天下。这样的蠢事，我们绝对不能做。”

王匡和在座的将领们听了刘秀的话，都纷纷露出会心的笑容。

刘縯一拍桌子，果断地说道：“那我们现在就出兵，攻打湖阳！”

就这样，一场因战利品分配而差点引发的冲突得以化解。为了顾全大局，出发前，刘秀让汉军的宗亲将战争中所获的财物全部交出，公平地分给其他部众。虽然刘家子弟兵中有人对此心有不甘，但最终大家都选择了服从大局。这一切都归功于刘秀的智慧和决断力。

刘秀的一番话和实际行动不仅缓和了紧张的气氛，也让全军上下感到振奋和开心。在这个基础上，大家团结一心，准备攻打湖阳城！

在这次冲突中，刘秀展示出了卓越的政治智慧。首先，他展现出了高度的包容和大气。面对朱鲔的质疑和可能的冲突，他没有采取强硬或敌对的态度，而是用平和的语气和坦诚的态度来回应，成功地化解了紧张的气氛。

其次，刘秀具有出色的洞察力和分析能力。他能够准确地识别出问题的核心，即战利品分配可能引发的内部矛盾，并迅速提出解决方案。他通过强调团结和共同目标，即推翻王莽的新朝，来引导大家把注意力放在大局上，而非个人的得失。

最后，刘秀还展现出了果断和决断的魄力。在决定如何分配战利品的问题上，他毫不犹豫地让汉军的宗亲交出财物，公平地分给其他部众。这种果断的决策避免了可能的内部冲突，也赢得了全军上下的尊敬和信任。

总的来说，刘秀在这次冲突中展现出了高超的政治智慧，包括包容、洞察力、分析力和果断决策等方面。这些品质使他能够有效地处理内部矛盾，团结全军上下，为实现共同目标而努力。

第三章　运筹帷幄，初露锋芒

一、智取湖阳

长聚一战，联军大胜，消息自然由逃跑的新军士兵传了出去，所以湖阳做了戒备。这样一来，本打算乘胜追击，打湖阳个措手不及的计划就没法实施了，到底是临时见机行事，还是不管不顾猛打猛冲？刘秀和刘縯一时无法决定。

当兄弟两个犹豫的时候，刘稷笑着说："智者千虑，必有一失；愚者千虑，必有一得。湖阳的警惕防备早已想到，有一个智取的方法你们看是否可行。"

这个方法很危险，可是禁不住刘稷反复陈说和各种保证，又加上他的过人勇气，着实让刘秀佩服，使得刘秀陷入犹豫中。

刘稷还向刘秀保证，无论在任何情况下活命要紧，最后刘秀才勉强同意他的计划和行动。如此，刘稷乔装之后，身藏刘秀送给他的保命利刃，独自先向湖阳而去。

刘秀看着刘稷先行而去，便和刘缜给全军做了安排配合，并做了严格保密。

这时候，刘稷离开联军，一个人单枪匹马向着湖阳城飞奔而去，很快他就到了湖阳城门外，他看到湖阳城大门紧闭，吊桥高高吊起，城墙上士兵全部武装，刀枪林立，弓箭上弦，戒备森严。

刘稷看到这一幕，暗自得意自己料中了湖阳的反应，心里更是对自己的计划志在必得。

虽然他满心勇气，但是也没有大意，他快马加鞭来到城下，对着城上的士兵喊说自己是江夏的使者，有军情要禀报县令，并且着急嚷嚷着要进城。

城上的士兵看他穿着就是新军，但是上级给他们下了命令要严防死守，一只鸟都不许飞进城。这时候他们一听是江夏信使，心里担心延误军情，便赶快派了士兵去给县令报告，湖阳县令一听，急忙来到城墙上，一看城外只有一人，再看向远方，四野空旷，并无联军身影，于是命人打开城门放刘稷进城。

湖阳县令本来接到的命令是死守城池，各自为战，但是这会儿又来了信使，大战当前，他也担心军情有变，就赶紧让刘稷进前递信。

这县令想着就这样一个单枪匹马的人，肯定也折腾不出来什么事，但就是这一个想法，让他丢了城。

刘稷走向县令跟前，作势掏信，却掏出匕首，一抬手就杀了县令身边的都尉，再抬手已经把利刃抵在了书生县令的脖子上。

直到这个时候，城上的守军才明白发生了什么事，但是县令在刘稷的手中，他们也不敢乱动。

但那县令也算有胆识，问道："好汉是什么人？"

刘稷心中痛快，大声说道："舂陵刘家汉军猛将刘稷！"

县令心里想，真是怕什么来什么，但是看到城外空荡无一人，这位刘稷杀了自己也夺不了城啊。

县令便说道："刘将军，果然英勇，可谓孤胆英雄，下官非常佩服，可是你杀了我，一个人也逃不脱啊，不如我们坐下来谈判，刘将军有什么条件？本县令一定满足将军。"

刘稷大笑说道："你是说我一人来攻城了？你且看城外！"

此时刘稷说着话就吹了三声响亮的口哨，哨声落，城外的草丛里、河沟下，忽然就钻出了无数汉军，喊杀声一片冲向了湖阳城。

刘稷刀压县令的脖子说道："开城投降！"

县令为了活命，开城门投了降。

刘缜和刘秀率领汉军先行进了湖阳城，紧跟着，其他两路联军也进了城。

联军一举打下湖阳之后，在当时引起了很大的震动，因为联军连连胜利的形势非常振奋起义军的心。起义军不费一兵一卒就攻下了湖阳城，刘稷功不可没，刘缜和刘秀众兄弟为刘稷高兴且骄傲。

刘秀要为刘稷向大哥请功，刘缜也高兴地说："刘稷平日里性情急躁，这一次却粗中有细，一举智取湖阳，立下大功，可以赐封为将军！"

兄弟几个又坐下来商议下一步的战略方案，不想朱祐跑了进来，惊慌说道："不好了，平林军、新市军和咱们春陵汉军打了起来！"

刘缜和刘秀大惊，忙追问原因。

朱祐便吞吞吐吐说出原委。原来是义军进城之后，冲进县衙官署，发现了很多金银财宝，联军们为了分金银财宝而打了起来，因为平林军和新市军都是农民起义军，穷苦出身，加上久居山林，日子过得穷，平日也没见过这么多金银财宝。

再说春陵汉军，虽说是宗室的子弟兵，但也是日子一般，见到银钱，哪有能把持得住的，更何况这次打湖阳，刘稷的功劳又最大，汉军士兵认为就应该给汉军多分一些，于是就争了起来，三言两语又打了起来。当然，大家都心有顾忌，没有敢动刀枪，事态还没有到一发不可收拾的地步。

不过，春陵的汉军是经过训练的正规军，平林和新市的农民起义军自然打不过，就吃了大亏。

这一下惹得朱鲔和王匡生气了，他们就撺掇陈牧和廖湛一起对付刘氏子弟兵。朱祐见状，就跑来告诉刘縯，但是，他却只说农民起义军的错，不提刘氏子弟兵的一丝不是。

刘縯本身就是个刚烈的性子，打了两场仗，都遭遇了这种事，一下就怒了，说道："新市军和平林军毕竟是草莽出身，生性恶劣，这样下去，还怎么杀王莽，匡复汉室？"

刘秀一听，立刻捂住刘縯的嘴。

刘秀说道："大哥，大敌当前，你作为统帅，千万不能轻言新市军和平林军的过错，切记要以和为贵，千万不能引起联军内部的斗争。大哥，你守在军营，我去看看外面的情形！"

刘秀急匆匆地来到了出事地点，正在打斗的春陵刘氏子弟兵一见刘秀，立刻住手，退在一边，但依旧满腔怒火地看着平林军和新市军。朱鲔和陈牧、王匡几人也手按刀柄退到一边，等着看刘秀怎么处理这件事。

刘秀走上前，看着被刘氏子弟兵打倒在地的平林军和新市军，把他们挨个儿扶起来，并且给他们道歉说自己管理不当，对部下约束的不力，得罪诸位英雄了，刘秀说话时还给大家行礼鞠躬。

平林军和新市军一见汉军主将刘秀给大家赔礼道歉，也很惭愧，低头站在边上不出声。刘秀又走到子弟兵面前，他收起温厚的神色，目光严肃又冷峻地扫视着众人，非常痛心地说道："大家是高祖的子孙，是汉室的宗族，现在王莽篡权，我们宗庙被毁，天下土地尽失，有多少城池，多少金银财宝，都被王莽强行霸占，你们怎么不去和王莽争？不去跟王莽抢？却在这里和帮助我们一起反抗王莽的穷兄弟争抢，你们就不觉得羞愧？不觉得愧对祖宗吗？”

刘秀的话无比犀利，子弟兵被训斥得抬不起头来，大家一声不响地把抢得的金银财宝，抬送到新市军和平林军的面前。

面前的联军，不管是新市军还是平林军，总之上上下下的将士，都被刘秀的宽厚大度感动，大家纷纷抱拳认错，说道：“愿意听刘将军差遣！”

刘秀的做法是朱鲔、王匡、陈牧和廖湛根本没意识到的，他们也只是和士兵们一起维护自己的利益，根本就没有想到刘秀会如此大方且大度。

朱鲔两次为财物分配表现小气，这时他非常羞愧，他说：“刘将军胸怀宽广大度，高瞻远瞩，真令朱某惭愧。是朱某浅薄了！”

刘秀温和地笑着说：“三家联军，就是一家了，就不能分彼此了，宗族子弟个别人有私心，我们就应该约束。朱帅不必放在心上，柱天都部正在想着要进军棘阳，还请诸位英雄过去一起商议进军方略。”

刘秀如和风细雨一般轻描淡写地又化解了一场纠纷，使得三方联军从心底下佩服他，也开始和汉军友好相处。

众人又安心友好地进入帐篷一起商议进军棘阳的事情。

刘缜见大家不再计较，且和好如初，也就放下心来。刘缜对进攻棘阳城说出自己的见解，说棘阳城小，守军少，联军应该一举拿下棘阳，然后进军宛城。

刘缜陈述完自己的观点后，问面前的联军将领的意见如何。

平林和新市的联军将领都同意刘缜的计划。朱鲔因为之前两次失礼，觉得很没有面子，为了在联军面前挽回自己的面子，他便主动请战，他说道：“合兵之后，汉军打长聚，又战湖阳，连战连胜，为我们联军开了好头，也鼓舞了我们联军的士气，我们新市军却是寸功未立，还享受战后功劳，真是太羞愧了。棘阳之战就让我们新市军来打吧！”

刘缜和诸位联军商议了一下，便同意了朱鲔的请战愿望。

朱鲔便带着所有的新市军攻打棘阳，联军到棘阳城外，朱鲔率新市军攻城，汉军和平林军压阵。原以为朱鲔会很快攻下棘阳城，可是没想到棘阳守军虽少，但是守将岑彭很会守城，他率领新莽军在城上严阵以待。朱鲔带着新市军的一次又一次进攻，都被岑彭打退。

就这样激烈地打了大半日，还是没有攻下棘阳，这让朱鲔很恼火，他组织了一支敢死队，搭着云梯爬上了墙头，可是没有想到，城上的新莽军却用火箭射他们，把敢死队直接压下了城墙，紧接着新莽军还用了檑木和滚沸的汁水，打得攻城的新市军不敢靠近。

这时候，刘縯同王匡、廖湛等联军的将军们在不远处观战。

刘縯看着天色渐晚，就说道："真没有想到小小的棘阳城竟然如此难攻，请把朱将军招回来吧，我等另想办法！"

朱鲔损失不小，还无功而返，他非常惭愧，刘縯安慰他："不是新市军打仗不勇敢，而是棘阳守军的将领岑彭太厉害。此人不但擅长兵法，还擅长攻守，又爱民如子，为官清正，城里的居民和官兵同仇敌忾，朱将军无功而返在情理之中，现在我们需要另外想个攻城的妙法，不能再这般硬碰硬地强攻了！"

朱鲔听了刘縯的话，心里稍微好受一些，便和大家一起回帐中商议新的攻城办法。

联军的农民起义军将领们说了半天也没有说出个有用的攻城办法，大家有些心急，这时候汉军的将军中有人站起来说道："柱天都部，各位将军，在下有一个计策，不知道可行不可行，想说出来，大家听一听！"

刘縯一看说话的是自己的大妹夫田牧，田牧是棘阳人，跟随春陵刘家起兵，留下夫人刘黄在婆家侍奉公婆，料理完母亲的丧事后又回了棘阳城，现在跟田家的宗族都在棘阳城内，也不知道此时是什么情况。

起义军的王匡和王凤一听田牧的话，赶紧询问田牧有什么好办法。

田牧便给各位将军抱拳行个礼，说道："田某是棘阳人，城中有田家族人，好友很多，我想夜里潜回棘阳城，带着田家宗族从城里突袭城门，给大军打开城门，棘阳城就为我军所有，诸位将军觉得如何？”

起义军首领王匡和王凤一听觉得此计可行，但是又对田牧一人进城比较担心。

田牧说自己自有应对之计，不用大家担心。

刘縯见大家再无好的办法，也就同意了田牧的办法。当下，田牧就准备一番，穿上夜行衣，和刘縯、刘秀告别，悄无声息地入了棘阳城。

联军的朱鲔继续率领新市军，他们马衔枚，人蹑足，悄无声息地赶到被夜色笼罩的棘阳城下，埋伏在草木间，一动不动地望着棘阳城门。

过了好几个时辰，时至夜半，忽然棘阳城上亮起来田牧约好的信号火光，紧接着城门大开，朱鲔一马当先地带着新市军冲进了城。棘阳城守军怎么都没有想到起义军会从天而降，一时间吓得四处逃窜，不辨方向，被起义军大肆斩杀，之后朱鲔和田牧族人会合，又一起杀向了棘阳的县衙。

棘阳城内，岑彭从梦里惊醒，听见城内杀声震天，就知道棘阳失守，好在自己的妻儿都在宛城。于是他单骑杀出一条血路，逃出了棘阳。

天亮，联军进棘阳城，诸位将军坐在一起为田牧请功，商议着为田牧和他的族人以及有功的新市将士们论功行赏，大家说得欢天喜地。忽然有士兵传来另一个喜讯，就是春陵的刘良，刘秀的叔父在办完樊娴都的丧事后，带着春陵的族人们来追汉军了。打了胜仗，族人团聚，刘氏子弟兵自然开心。

棘阳之战在当时引起了很大的震动，所谓“进拔棘阳”，这一仗对平林军和新市军的士气很有鼓舞。

为何这般说？

因为之前说过，绿林军和赤眉军起义，这两支起义军的顺利发展，严重威胁了新莽政权，这让王莽不安，为了扑灭这强大的起义烈火，王莽在地皇三年（22）四月，首先派了太师王匡（此人和绿林军首领王匡同名），更始将军廉丹镇压赤眉军，不久又派了纳言大将严尤，和秩宗大将军陈茂镇压绿林军。

但是，在新莽军南下时，绿林军因为遭遇了瘟疫，死亡过半，在这种情况下，绿林军分为两路，离开了绿林山。其中王匡、王凤的这支新市军北入南阳之后，与平林军相应，不久之后一起和舂陵的汉军联军。

另外一支绿林军在王常、成丹的率领下，西进到了南郡的蓝口聚，也就是今日湖北荆门东北地区。由于王常和成丹这一支从没有摆脱严尤的新莽军的追打，不久之后就被新莽军击败了，经过休整，他们又很快重振旗鼓，在舂陵与随县之间的地区同新莽荆州牧展开了激战，大破新莽军。

当刘縯和诸位起义军将军商议好乘胜追击，进攻宛城后，整个大军在棘阳稍作休息，便全部又踏上征战之途。一路上浩浩荡荡、斗志昂扬地向宛城而去。

舂陵刘家起兵，联军，整得这样凶，王莽那边有何反应？

二、王莽震惊，派兵镇压

此时正逢冬至后十天，长安的天气分外寒冷，但是天下人的心比天气还要冷。因为天下纷乱，战火连天，民不聊生，灾难频频，人的心情已经无关乎天气，而是每日生死攸关的事。

曾经繁华的长安城，如今冷冷清清，街上不多的行人也是行色匆匆，不敢在外面多待一会儿，生怕在行走中遇见泼天的灾难，街两边虽说有些店铺还开着，但也是没有生意，艰难中的店主郁闷而乏力地看着街头的冷清，不知道生计如何。

在这样冷清的长安，却有一个热闹的去处。就是未央宫，那里正鼓乐滔天、彩旗飘扬，整齐而又意气风发的御林军，从宫门口一直排到王莽登基的王路堂。百姓有好事者，忍着饥肠辘辘，站在拐角处隐蔽着身体，偷偷地张望着皇宫方向的繁华。

今天的皇宫来了一位匈奴客人，名叫须卜当。王莽一直是比较讨厌匈奴的，觉得他们反复无常地骚扰自己的边境。王莽为了打匈奴不惜耗费大量军资，多次进攻匈奴。但都没有取得大的成绩，为什么痛恨匈奴的王莽忽然礼遇匈奴？这件事别说老百姓不懂，就连站在门口的大司马严尤和和亲侯王歙也不懂这是为什么。

此时的严尤三十岁，官拜大司马，深得王莽的喜欢和信任。此时，他一脸忧郁地站在门口，他可是刚刚从打匈奴的前线才回来，现在竟然被王莽安排在宫门口迎接自己的死对头匈奴，严尤不明白这是什么反转。

匈奴须卜当虽是胡人装束，但他的相貌和中原汉人没有区别，他是王昭君的儿子，汉元帝时，元帝为了平定边境，把宫人王昭君收为义女，嫁给了单于，这样才保了汉匈四十年的边境安生。

严尤在宫门口见到匈奴使者是须卜当时，脸色变得温和，因为须卜当身上流着汉人的血，在匈奴攻打边境的时候，须卜当会把消息透露给中原，严尤的几次胜仗都是得了须卜当的消息。此时见到须卜当，严尤自然感激之情流于脸上，并以礼相待，欢迎须卜当的到来。

和亲侯王歙和须卜当是表兄弟，自然也是以礼相待。

三人一起进殿拜见王莽。须卜当对王莽三跪九叩大呼万岁，王莽开心，却说话讽刺，说匈奴终于承认自己的新朝了，早知今日，何必当初！

王莽旧事重提说的是新朝始建国元年（9），他派了使者去匈奴通报把“汉匈奴单于玺”改成“新匈奴单于章”。匈奴对玺与章的改换不接受，并对王莽新朝边境运兵挑战，王莽多次派心腹出征匈奴，收效不大，而且二十万大军驻军边郡，耗费粮草军资，边境百姓不堪重负，纷纷逃走，而且单于还明里和新朝和好，暗里又派军滋扰，所以王莽才出此言。

须卜当一听王莽提旧事，心里吃惊，忙把礼物献上，表示匈奴对新朝皇帝的敬仰之意。

王莽才收住话题，把礼物照单全收，又要留须卜当在长安多滞留几日。须卜当心思活，忙说自己还要赶回去回话，不便在长安逗留。

王莽即刻翻脸说须卜当不领情，忘了和天朝的姻亲血缘。像须卜当这样的血脉至亲来到长安逗留几日，享受这里的风土人情，本在情理之中，单于是不应该找毛病的，若是这样回去，就说明匈奴单于不通人情世故。须卜当不敢多言，随着黄门侍从下去。

此时严尤上前给王莽进言，说匈奴生于苦寒之地，一直都想占领中原，他们不断的南侵，已经说明了他们的态度。此时派了使节来，只不过是一时半会儿他们打不过新朝，所以派使者迷惑，严尤请王莽不要轻信使者的话。

王莽却说自己当然知道匈奴的本性。自己对匈奴是恨之入骨，自然不会同意求和。王莽话说到这里，又说自己有一计，说要派兵威慑匈奴，另立须卜当为匈奴的新单于，帮须卜当建立新的匈奴王朝，还说须卜当有汉人血缘，这样，匈奴就不会再对边境运兵了。

王莽的话一说出来，朝上的大臣们才明白一向对匈奴恨之入骨的王莽，为什么今天会这样做。原来心里另有图谋，五威将军王骏立刻上前吹捧王莽，说王莽英明神武，这条计策真是一劳永逸，边境就再也不用担忧了。其他大臣也跟着说王莽之计高明。

王莽的想法确实高明，可是又怎么实现呢？和匈奴打过多年大仗的严尤很清楚，这就是纸上空谈，过于理想，根本就无法实现。

严尤耐着性子问王莽：“陛下，我朝怎样让须卜当做匈奴的单于？又打算怎样帮他建立新的王朝？”

王莽看着严尤，殷切地说道：“这就要靠大司马了，大司马英名震惊边疆，你只要带兵打过去征服匈奴，强迫匈奴单于退位，另立须卜当做上单于就可以了！”

严尤一听，着急了，不顾王莽的脸色，便开始陈述边境运兵几载的事实。

严尤说："陛下，臣久在军中，最清楚边境的情况，我军将领长驻边境，根本寻找不到匈奴的主力，几载下来，军心疲惫。陛下，如今打匈奴有困难，您且听我说，首先是战线长，兵率集合难，其次打仗时运输难，边境的粮食又无法自己供应，全靠内地的支援，长途运输困难重重，更何况境内还盗贼四起，粮食根本运不到边境。还有就是在边境人畜共用粮草，根本不够百日用度，无法支撑一场大战。还有北地寒冷，疾病传染快，饮水也缺少。更严重的是边境百姓不听陛下圣言，对新朝埋怨很重，所以——"

严尤还没有说完，王莽便生气地一拍桌子，打断了他的话。

王莽说边境的情况自己很清楚，所以才想出了这个办法，想让大司马再努力一次，扶须卜当做单于，保边境永远的安宁。

可是严尤知道此事非常难办，表示不能接受王莽的这个命令，还请他另请高明。并且严尤还说王莽此时不应着急进攻匈奴，而是应该立马派兵平定赤眉军和绿林军，还质问王莽国内不安宁，何以攘匈奴，平边境。

王莽听着更加生气，下令将严尤打入天牢。王莽没有下令杀严尤，也是念他是自己的心腹，当然不能说杀就杀。严尤被押着走出朝堂的时候，心里也很庆幸王莽没有杀自己，是念了情义。

王莽的心情被严尤搞得乱糟糟的，他看着朝上群臣，很是烦躁地说道："朕也想治理出一个盛世，正为此颁布了王田令，推行保护奴婢的仁政，可是朕的这些仁政怎么执行起来就变了味道？你们这些臣子，不帮助朕找其中的原因，不为朕分忧，却为了一己私欲贪赃枉法，陷朕于不仁不义之中，放眼天下大乱，百姓为寇，盗贼四起，难道和你们都没有关系吗？"

王莽的话问得朝上重臣扑通跪地，一个个头也不敢抬，但是心底下却都不服气，都知道是王莽常常朝令夕改，颁布的法令过于多，使得官员们在执行法律的过程中无所适从。朝中官员为了保命，为了保住官位，只有不停揣测王莽的心意，根本无暇做实事，所以谁又能改天逆命，做出为天下百姓的举动。

为了不让王莽继续发怒，迁怒于众臣，将军王骏知道王莽的心思，站出来迎合王莽，表示自己愿意带兵出征匈奴，实现王莽的计划，为了边境的安宁，扶须卜当做匈奴的单于。

王莽一听王骏的话，立刻就气顺了，他语气温和地说道："将军能为朕分忧，朕确实高兴，但严尤刚才说的困难也是事实，朕担心将军上战场一旦失利，后果不堪设想！"

王莽这边话还没有说完，那个因为进献金策书帮王莽夺汉的哀章站了出来，此时这个人已经是王莽新朝的国将了。他说自己在府中收养了一个会飞的人，这个人会像鸟一样飞翔，可以一日千里，侦察地形啊，刺探敌情啊，都是很轻松的事儿，若是将这个飞人留在军中，还怕打不了胜仗吗？破匈奴那就是不费吹灰之力。

王莽听了可开心了，他想起当年周朝，西伯侯姬昌在雷震子的相助下，取得天下，如果自己也有个飞人，还用愁天下不安宁吗？

就这样，王莽让哀章带着那个会飞的人来宫里表演飞行，可是哀章带来的人不足两尺高，他并不是王莽和大家想象的那个长着翅膀的雷震子，而是一个用羽毛做了翅膀的人，他的飞行也不过是爬上高处，从高处飞向低处，最多不过百步。诸位大臣看着，不忍心直言，就看王莽的反应了，王莽很生气地问哀章："这就是你说的能够日行千里的飞人？"

哀章见王莽生气，赶紧求王莽治罪，他卑微的神态，莫名就让王莽感到轻松，便没有治罪于哀章，只是冷着脸，没再理他。

哀章还在请罪，王骏却说道："这飞人虽说不能飞千里，但毕竟也会飞，也算是奇人异事，留在军中，可以鼓舞士气，威吓敌人。"

王莽便把这飞人留在了军中。

这时有黄衣宫人报说太师府太师想请陛下移驾太师府，见一见太师。

王莽本来生气，不想去见太师王舜，可是黄衣宫人说太师病重根本无力来见陛下。太师本是王莽的心腹之臣，王莽一听，怕这就是最后一面，就让哀章和王骏两个全权处理匈奴和绿林、赤眉的事，有情况给自己汇报便好。然后王莽顾自移驾太师府去看望太师了。

王莽进入太师府，看见病重的太师形容枯槁，心中涌起一股复杂的情绪。他深知太师为国家付出的辛劳，因此亲自端起药碗，细心地喂给太师喝。

王舜看着眼前这位九五之尊，心中五味杂陈。他回想起王莽曾经为大司马王凤侍疾床前的情景，那时的王莽同样细心周到，令人感动。如今，他又亲自为自己喂药，王舜不禁热泪盈眶，连声道谢。

王莽轻声安慰王舜，让他先把药喝了，有事吃完药再说。太师听后，立刻端起药碗，一饮而尽。稍作休息后，他神情凝重地对王莽说，自己有大事相奏。说完，王舜从枕下取出一封完好的帛书，慎重地呈送给王莽。王莽接过帛书，心中明白，这封书信里所记载的，必定是关乎国家安危的大事。仔细一看，封签上是前队大夫甄阜的印信，忙拆开了帛书，一看内容又是震惊，又是生气。

“什么？南阳春陵的刘氏起兵了？他们还和绿林强盗勾结在了一起？”王莽语气有些不善了。

王舜看王莽震惊的神态，无奈地说道：“是的，南阳的刘氏起兵了，还和绿林强盗勾结在一起，他们攻城略地，正在进攻宛城，陛下您不会才知道吧！”

王莽大怒道：“这个甄阜、梁立赐怀的什么心，这般大事不上奏朕，竟然上奏给病中的太师！这是为何？”

王舜长叹气一口，说道：“这信就是直接上奏给陛下的，只是不知为何奏章没有送到陛下的御案前，朝中那些官员真是太可恶了。”

王莽大怒：“来人！”

御前黄门赶紧上前行礼。

王莽说："传旨下去给哀章，让他快速查明甄阜和梁丘赐的加急奏章为何会失落。"

御前黄门领旨而去，王舜又问王莽："天下乱贼四起，我新朝四面危机，陛下不平乱，为何还把兵力分散在边患上？"

王莽不假思索地说道："太师重病在床，还这般关心国事。青州和徐州地区几十万贼人，至今没有文告、官号、旗帜，他们之间只是泛称'巨人'，朕觉得可能是朝廷仁政得不到落实，官员失责造成的，不过是官逼民反。这些乱民，只需恩威并用才见成效，若是一味用兵，反而会逼得民变。南方的绿林，朕已经派兵过去，谅他们也成不了大事，但匈奴滋扰边境，朕必须奋力一击保边境安宁，可是如今刘氏起兵，这……"

王莽说着话就发愁地皱起了眉头，又接着说道："这南阳刘氏的这次起兵不可小瞧，他们和绿林贼人联合，实力可谓强大，朕需要全力围剿才可求得天下安宁。"

王舜又提醒道："光是派兵围追堵剿还不够，前几次刘氏宗族的起事，之所以能平复，是因为那个时候陛下还没有推行王田令，刘氏宗族中也有些人在拥戴陛下。但是这一次，今时不比往日，叛乱可以平叛，人心不好收归啊，毕竟王田令已经引起了豪强大族对朝廷的仇恨！"

王莽点头说道："太师是说要收回王田令，让朕重拾民心？"

王舜双眼无神，叹息说："只怕收回王田令已无济于事，陛下代汉自立，若是治理出一个太平盛世，自有后人为陛下记上一笔，说陛下是千古一帝。可是陛下如今治世无方，惹得天下百姓起兵，豪强纷乱，刘氏也要起兵复汉，天下人因为痛恨陛下，连刘汉天下最后的腐朽都给忘记了，他们会把所有的怨恨都归结到陛下身上，陛下就成了刘汉的替罪羊，是乱臣贼子，可悲啊，可悲！"

王莽听着王舜的话，不甘心地大声说道："不会，不是这样的，朕顺应天命，登基大位，立誓要治理出一个太平盛世，让天下人共享富足的生活。朕没有错，上天一定会护佑朕，不会让刘氏来颠覆朕的天下！”

王莽的话，吓得太师府的人都跪了下来。

王舜却不为所动，微微苦笑说道：“老臣以病入膏肓之躯直言进谏，陛下知道天意，却不知世事三分天意七分人为，陛下若能审势而为，也许还可挽救王氏家族的希望。老臣话已至此，陛下治罪吧！”

王莽听了太师的话，却拉着太师的手说道：“太师说的是金玉良言，太师自然无罪，朕今日就收回王田令，派得力大将征讨南阳刘氏。”

本来心若死灰的太师王舜，一听王莽的话，立刻就惊喜地问道：“陛下，您打算派谁去平叛刘氏的反贼？”

王莽温和地对王舜说道：“太师，你就安心养病，不要操心了，这些事我去做好便是！”

王舜感动地说道：“好，我听陛下的。愿陛下力挽狂澜，平叛刘氏，让我王氏逃过此劫，王舜死也无妨！”

王莽回宫召集群臣，立刻宣布废弃王田令。之后，又从死牢中提出严尤，他清楚自己错怪了严尤，但是，严尤之前言语逆耳，确实让他生气。可是天子又怎会向一个臣子认错，他冷漠地问严尤：“严尤，你可知道自己犯了什么罪？”

严尤是个聪明人，之前王莽没有直接杀了自己，就已经是讲情面了，现在又提自己问罪，也是在给机会，但伴君如伴虎，他也无法琢磨王莽的心思，严尤就说道：“臣知罪，不该冒犯陛下天威，请陛下治罪！”

王莽听着严尤的话，感受着他臣服的态度，心就软了，他温和地说道：“严尤，你知错便好，朕知道你南征北战，劳苦功高，就不追究你的大不敬之罪了，但是朕现在要你戴罪立功。”

严尤一听，心一下就凉了，他以为王莽坚持让自己去攻打匈奴，于是他便想着必须再次犯颜直谏，看王莽是不是舍得真杀了自己，结果他就听见王莽说道："南阳春陵刘氏，想要推翻新政复汉高祖之业，现在已揭旗而起，联和新市和平林的盗贼，攻打下了长聚、湖阳和棘阳地区，他们杀吏官、夺城池，现在正要进攻宛城。朕担心甄阜、梁丘赐守不住宛城，特封你为纳言将军，率精兵十万，会同秩宗将军陈茂合南阳之兵，平息叛逆之贼。"

严尤听了之后，震惊之余又暗自欢喜。惊的是南阳春陵竟然起兵了，还和贼人联合，势力如此凶猛，超过了以往的任何一次；欢喜的是王莽还是听了自己的话，不对匈奴采取极端政策了。于是严尤急忙说道："陛下圣明，臣一定不负圣望，誓死平叛反贼，全力效命朝廷！"

王莽一见事有所托，心里就松了口气，这仗嘛，还是要有人替自己打的。于是他又召见了陈茂，委以重任，起草圣旨，命二人出兵平叛刘氏。

三、小长安聚之战

再说刘氏汉军和新市军、平林军进兵宛城路上的情景，棘阳距离宛城并不远，但是这一路因为连年的灾荒和战争，又是冬季，所以一路寸草不生，狂风肆虐，黄沙遮天蔽日，看着犹如人间地狱。就在这样一条路上，两头各行走着一支庞大的队伍，他们将在这片天地里相遇，厮杀，拼个你死我活。

在之前小规模的接触战斗中，新军节节败退，王莽是没有想到几个地方上的乱民贼子，竟然在悄无声息中发展得不可一世，把新军都打败了，还攻城略地，真是出乎意料。

王莽接到信息后，就安排了甄阜和属正梁丘赐做主将，领南阳军十万人来攻打联军，又让千里之外长安城的纳言将军严尤和陈茂整顿了军部，带兵向南阳进军，以做后备力量。还想着要来个两面夹击，把刘氏的汉军和新市、平林联军们就地消灭，让他们不会向外扩延。

汉军、平林军和新市军的联军在战场上屡战屡胜，士兵们的士气空前高涨，他们渴望一鼓作气拿下宛城，将其作为新的根据地。这支联军在大道上浩浩荡荡地行进，每一位士兵都显得意气风发。

自从联军取得了一系列胜利后，新野宗族的子弟和当地乡勇纷纷加入汉军，使得队伍的规模迅速扩大，兵力日益增强。这支联军中出现了一种新气象，那就是女眷们同样表现出勇敢无畏的精神。她们和男兵一样骑马打仗，不甘落后，成为了军队中一道亮丽的风景线。这些勇敢的女眷们不仅为联军增添了力量，她们的存在还极大地鼓舞了士兵们的士气。

在汉军女兵队伍中，走在最前面的是刘伯姬，这位年满二十岁的英勇女子，身穿坚固的铠甲，骑着骏马，英姿飒爽。她抬头挺胸，步伐坚定，恍若一位英挺的将军，特别引人注目。坐在旁边马车上的刘元，目光不禁被这位三妹所吸引。她情不自禁地赞叹道："刘伯姬，真是才貌双全，女中豪杰。若是将来有哪个男子娶了刘伯姬，那这个男子就太有福气了。"

刘伯姬虽然说上战场打仗，也习得一身武艺，但毕竟是个女孩子，听见刘元这般说，就显得很害羞。

刘元却一点都不管妹妹的害羞，她顾自说道："你要是有喜欢的人，就告诉你三哥，让他给你主持，这样咱娘也就放心了！"

刘伯姬却义正辞严，不再害羞地说道："三哥连自己的事情都没有解决，他哪来的时间管我？我只愿三哥能够早点成家立业，我便可以了无牵挂地去安排自己的事情。"

刘元看着刘伯姬冒傻气，就说道："我的好妹妹，你怎么这般傻呢？咱们女子和男人是不同的，男人要先建功立业，再娶妻娶纳妾，他们可以不操心婚姻大事，像你三哥那样的英雄豪杰，是不缺女孩子爱慕的。但是我们女儿家就不一样了，女孩子结婚好比第二次投胎：你投好了，你这辈子都顺当；你投不好，这辈子就毁了。所以你要早早留意，我们一起替你观察着，这件事可大意不得。"

作为姐姐，刘元也是为三妹操心，毕竟母亲已经去世，三妹年纪也不小了，这婚姻大事，是应该由姐姐提醒着。

和刘元同车的是刘縯的夫人潘氏，听着两个小姑子交谈，就插言道："元妹说的对，但现在战乱中，三妹若真想为你三哥考虑，就全力帮助你三哥他们打败新军，匡扶汉室，到时候你的婚事自会有你三哥给你做主。"

队伍正在行进中，前面有探马飞驰回来，报告刘縯说在前方不远处发现了大部分的新军正向联军袭来，人数有将近十万！

刘秀一听对方的人数将近十万，心里震惊，他看向大哥刘縯，刘縯正在沉思，刘秀担心刘縯的直脾气上来要死打硬拼，那样将会造成不可挽回的损失，于是刘秀赶紧说道："大哥，新军人数超过联军一倍，军法上有明示，说人数过倍则避之，人数相当则击之。当前形势是新莽军比我军多出一倍，我军人数不足六万，敌军却有十万，即便我军有十万，也不确定能否轻易取胜，现在力量如此悬殊，是不能死拼的！"

刘縯依旧沉默着，对刘秀的话没有表态，他还想听一听其他将军的建议。

这时候，刘稷说道："文叔你言过了，兵法上还说，兵贵在士气，士气盛则可战胜，士气低则会战败，人数并不是取胜的标准，当年西楚霸王项羽不就是常常以少胜多吗？再说了，新军到底有没有十万人？他们或许连九万都不到。我军此时士气正盛，如果我们一鼓作气，大战一番，就可以抓住战机；若是我们躲过了，消磨了士气，对士兵也不好。不如我们大干一番，纵然不能赢，但也可以打新莽军一个下马威，让他们知道一下我刘氏汉军的厉害！"

刘縯本来就是一个刚烈之人，之前又连续打了胜仗，这会儿一听，可以再次打仗，他内心深处就已经非常兴奋了，他非常想痛痛快快地再杀一场，他之所以还能够保持沉默，就因为他是主帅，他还想听一听其他人的话，现在他听到刘稷用兵法反驳了刘秀，他就找到了作战的依据，同意了刘稷的说法，他也认为自己汉军士气很高，可以一鼓作气再次取胜。

此时刘縯对大家说道：“刘稷说的正确，我想那甄阜也不过是虚张十万军来吓人，想要吓得我们打退堂鼓，我们可以不轻敌，但也不能害怕敌人。如今，我汉军子弟兵士气正旺，新军不堪一击，他们主动来找死，我们岂能放过？”

所有的将军一听刘縯的演说，每个人心里也都是士气正高，所以立刻就响应了刘縯的指挥。刘秀很着急，可是却不能说什么，毕竟只有他一个人想退。到末了，他只有服从大家，心底下叹着气。刘縯看着大家再没有人说反驳的话，就长矛一举，大吼：“兵发小长安聚！”

行军至小长安聚（今河南南阳市南）时，刘縯的联军和新莽前队大夫甄阜、属正梁丘赐相遇。此时，新莽军在小长安聚之外摆开了阵势，阵前军旗猎猎。

甄阜端坐马上，指着刘縯大骂：“大胆刘氏叛贼！我新莽陛下一向宽待你刘氏，你们为何要勾结盗贼谋反，连累本官在这大冷的天气里出兵伐你？你真是不自量力，以为带着几个毛贼就可以征战天下吗？如今，朝廷发兵十万，想要活命，赶紧下马来降！”

刘縯看着眼前的甄阜，想到他杀了李通全家，这会儿还在那里叫嚣，刚烈的他火气就蹿了上来，他长枪一指，回骂过去：“你个不知廉耻的甄阜，在我汉室做官的时候，不思报效汉家，反而做了贼人王莽的走狗，你杀人灭族，连婴幼儿都不放过，像你这种禽兽不如的人，还有颜面活在世上？你有胆量的话，来和我大战一番！”

甄阜却冷笑说道：“哈哈哈，刘縯，你这叛贼，还不配和我大战！”

甄阜说完就指挥新军全面冲向刘氏汉军。

新莽军仗着自己人多势众，兵多将广，根本就没把刘縯的联军放在眼里，现在听着他们的主将一声命令就放马冲了过来。刘縯士气正盛，毫不怯懦，挥着长枪引着联军也冲杀了过去，联军气盛，对新军无所畏惧，一瞬间，冲在前面的新莽军，就被刘縯的联军挑杀在了马下。这下子，更加激发了联军的士气，他们勇猛地喊杀着，冲向了新莽军，双方杀得不可开交。就这样昏天黑地地杀了大半天，双方虽然都有伤亡，但是起义联军却把新莽军逼退了。新莽军且战且退，一直退到了小长安聚，起义联军占了上风。

甄阜看着憋气得很，于是重新调整战术，准备发起第二轮攻击。他高举令旗，发出新的指令，只见小长安聚外的新莽军迅速向两边退去，闪开一条通道。紧接着，小长安聚内冲出无数新莽骑兵，他们如狂风骤雨般冲向起义联军。

如前所述，起义联军的战略物资十分匮乏，战马更是稀少，因此他们的部队主要由步兵组成。在骑兵对阵步兵的战斗中，步兵往往处于劣势。因此，面对新莽骑兵的猛烈冲击，起义联军难以抵挡，被迫向后逃跑。

刘稷见状命弓箭手结阵，瞬间，联军万箭齐发，射得新莽军人仰马翻，落荒而逃，一时之间不敢再往前冲，甄阜也不敢再让马军有损伤，便命令步兵持盾牌向前。于是，双方的战斗进入了胶着状态，血战不休，只杀得天昏地暗，日月失色。

双方杀得无休无止，就像红了眼的猛兽，互不相让，忽然间天降大雾。大雾弥漫战场，咫尺之间，人与人难辨面目，甄阜一见，发动马军，趁势冲击，联军无法用弓箭，溃败而逃。这时刘縯的收兵令也没人听了，所有人只管往棘阳方向退去。刘縯也是边杀边退，刘秀冲杀到刘縯跟前对刘縯大叫："大哥，败局已定，赶紧退守棘阳。"刘縯忍痛含泪败退。

新莽军见起义联军败退，便士气大振，冲向了逃跑的起义联军，新莽军的刀下、铁蹄下，倒下无数的起义联军和他们的家眷。

刘仲和田牧奋力拼杀保护家眷，掩护他们逃命，刘縯和刘秀杀将过来，一起杀着潮水般的新莽军，兄弟俩奋力杀到刘仲和田牧身边，刘縯着急大喊："二弟，妹夫，你们快走，我们两个断后。"

刘秀也喊着二哥、二姐夫："你们快走！"

刘仲却红着眼吼："你们快走，我来挡住贼人！"

田牧喊："大哥，三弟，你们快走，春陵子弟兵还要靠你们，你们快走！"

刘缜和刘秀救亲人心切，当然不会先走，田牧突然举起马鞭，抽打刘秀和刘缜的战马，战马吃痛，驮着二人随从败兵奔驰而去。

刘仲和田牧互相看一眼，挥刀杀向新莽军，拦住了水流一般的新莽追兵。两人拼命砍杀，浑身上下都淌着血水，但最终还是被新莽军包围住。

梁丘赐指着被包围的二人，让二人投降，戴罪立功，以求不死。

刘仲和田牧大骂梁丘赐是杀人的梁剃头，禽兽不如，狂喊自己岂是贪生怕死之辈，两人被梁丘赐的弓箭手射杀。可怜两位英雄，还没有看到汉室的复兴，就死在了新莽军的箭矢之下。

乱军厮杀中刘秀单枪匹马地向棘阳方向冲杀，一边解救着被新莽军围住的家眷，他一边救人一边往回杀，行走间看到路边的三妹刘伯姬浑身是血地摔倒在地，几个新莽军正跳下马去调戏她，刘秀大怒，抡刀杀了过去，杀死新莽军，把刘伯姬拉上马，兄妹两人共骑一马向前逃命。一边奔跑，刘秀一边问刘伯姬可否见到大嫂和二姐。

刘伯姬哭着说被败军冲散了再没有见到，刘秀心急，四处寻找着，眼看新莽军又追了上来，刘秀又带着三妹，知道自己若再不冲出去，两个人都会有性命之忧，刘秀趁着敌人还没有围上来，打马向前冲杀而去。

浓雾渐渐散去，但联军败局已定，只有逃命而去，这样反倒利于新莽军赶尽杀绝地追杀。刘秀和刘伯姬逃命间看到一块巨石边二姐刘元披散头发，浑身是血地拉着啼哭的女儿向前艰难行走，刘秀打马赶到二姐刘元面前，喊着："二姐赶紧上马！"

求生中的刘元听见了刘秀的喊声，喜出望外，可是她抬头看见马上骑着的是刘秀和三妹，这马是驮不下四个人的，刘秀正要下马，刘元见追兵已到，她拿起石头就奋力打马屁股，马一疼，又跑。刘秀听到刘元喊："三弟，三妹，逃命要紧，不要回头！"

刘秀和刘伯姬哭喊着二姐，骑在疯马上向前奔跑而去。

刘縯率着残兵败将逃回了棘阳，清点人数后，春陵子弟兵损失过半，刘秀和刘伯姬逃回棘阳，说了二姐刘元和三个孩子，以及二哥刘仲和田牧的情况，大家忍不住声泪俱下，都知道他们已经牺牲，再无生还的可能。尤其邓晨，本是率着全家老小和家中宾客来投奔，不想妻子女儿尽皆遇难，不由得大放悲声。

刘縯是个刚烈之人，但妻子儿女生死未卜，也是泪流满面，这一战，刘氏宗族不算刘秀血脉亲人，共死去数十人，全军陷入一片哀痛之中。

四、死守棘阳议战略

小长安聚之战的失利，给起义军带来了沉重的打击。许多将领沉浸在悲伤之中，无法自拔。此时，新市军和平林军的败军也相继回到棘阳，将领王匡、王凤、朱鲔、陈牧、廖湛等人与刘稷一碰头，详细了解了损失情况。

新市军和平林军因为打的是侧翼，相对而言压力稍小，但也损失过半。而春陵汉军的损失最为惨重，不仅辎重尽失，更令人痛心的是家眷也全部遇难。随后又传来消息，刘縯的妻子儿女以及叔父刘良一家也全部遇难。这一消息如同晴天霹雳，瞬间在汉军阵营中引起了巨大的悲痛。

刘秀在哀痛中抬起头，看着悲伤的大哥，又看着众人，他说道："诸位请节哀，如今大敌当前，情势危急，我们当下要思考的是如何应对甄阜和梁丘赐。我们亲人的血不能白流，只有杀了这两条恶狗，占领宛城，我们才对得起牺牲的亲人和将士们！"

刘秀的话语如同一道闪电，瞬间划破了悲伤的沉重氛围。众人抬头望去，眼中逐渐恢复了光彩。刘秀所言极是，如果不能除掉甄阜和梁丘赐这两个敌人，那么他们的亲人、将士的牺牲都将变得毫无意义。如果大家都沉浸在悲痛之中无法自拔，那么反抗新莽的大业也将彻底失败。

刘缜默默地擦干眼泪，他知道此刻不是沉浸在悲痛之中的时候。他环顾四周，目光坚定地望着眼前的将领们，等待着他们提出各自的建议。

新市军的王凤建议说："刘将军，新莽军刚打了胜仗，士气正高，我军残败，士气尽失，这时若新莽军再来攻打，我军将没有丝毫的还击之力，肯定会全军覆没。所以我建议，我们弃城而走，退入山里，这样既可以保全实力，也可以伺机再战。"

王凤的建议是绿林军一贯的打法，避于山林，打得赢就打，打不赢就逃，官兵很难剿灭他们，这是他们的生存之道，但这也有局限性，就是他们无法攻占大城市，他们的影响力不能迅速扩散。新市军和平林军一听王凤的话，纷纷赞同，觉得这样可以保命。

刘缜听闻新市军和平林军的想法后，心中震惊不已。他明白，这些部队若真的选择逃跑，刘氏汉军将陷入极度的困境，根本无法抵挡新莽军的攻势，复兴汉室的大业也将化为泡影。然而，他深知对于这些农民起义军，自己并没有权力去强制他们留下。

面对如此棘手的局面，刘缜心中矛盾重重。他既不愿看到刘汉宗族沦为山林草寇，也不愿放弃复兴汉室的梦想。他明白，此时此刻，他必须找到一种既能鼓舞士气，又能解决眼前困境的方法。

于是，他深吸一口气，稳定情绪，对众人说道："诸位不要过于焦虑，胜败乃兵家常事。我们不妨再仔细商议一番，必定能找到破敌的良策。"他的声音坚定而有力，试图为众人注入一丝信心。

然而，他心里明白，这次商议的难度将比以往任何时候都要大。他需要找到一个既能满足新市军和平林军利益，又能确保汉军复兴大业的方案。

刘缜的话刚说完，朱鲔起身说道："刘将军，这次兵败，刘氏汉军损失最重，亲人惨遭劫难，我新市平林军和汉军同仇敌忾，我等也非常难过。但是眼前形势紧迫，我军实在没有能力再抵抗新莽军，还请将军不要因为一时义气误了我军众人性命。留得青山在，不怕没柴烧，可千万不能毁了千秋大业！"

刘缜感受到朱鲔的话发自肺腑，没有半点勉强和隔阂，一起经历了生死战斗后，大家的心贴近了一些，但刘缜不想接受这个建议，于是他沉默不语地看着汉军将领。

军帐里一片安静，平日里，平林和新市军不服刘缜，可是经过这几次战役之后，尤其最后这一次战败之后，大家对刘缜都多了一份敬仰，没有人想再勉强他。

刘秀见众人不语，就站出来说道："假设我等能够顺利撤出棘阳，平安隐入山林，这个计策倒是个好计策，可是，如果我们一出棘阳，就被新莽骑兵追杀，到时我们既不能上山入林，也不能再回棘阳，我们就只有死路一条。小长安聚兵败，就是因为我们骑兵太少，而敌人骑兵众多，所以我们无法对抗新莽骑兵，我们若弃城而去，还要带着很多的家眷，老老少少行走不便，岂不是再入狼口，哪还能顺利走脱！"

陈牧激动地站起来说道："刘三将军说的对，我打了这几年仗，还从没像这次让人家骑兵追来杀去，毫无还手之力！"

王凤问刘缜："既然如此，那可有破敌之计？"

刘缜被刘秀开导，思维也活了起来，他说道："破敌之计，确实还没有，但是正如三将军所言，我们若弃城而去，就会被新莽军的骑兵追杀，会死更多的人。既然如此，我们还是死守棘阳，这样新莽军骑兵就拿我们没办法。我思量了一下，甄阜和梁丘赐这是把南阳的所有兵力都押在这里了，他也再没有其他兵力了，长安的援兵一时也赶不到，小长安聚一战，我军虽然惨败，但是新莽军也有损伤，此时，以新莽军的兵力若和我们接战那是绰绰有余，但是若要围攻棘阳，却兵力不足。如此分析的话，棘阳还是守得住的，只要我们死守住棘阳，就可以再图破敌之计。”

刘縯和刘秀联系现实，客观公正地分析现状，打消了新市军和平林军要弃城入山的想法，大家也开始讨论守城之法。

这时候，甄阜、梁丘赐妄图一举灭了联军，他们把大批军资留在蓝乡，又带了精兵九万渡过黄淳河，在黄淳水和沘水间为营，还烧了河上浮桥，一副要把联军消灭的架势。

面对这样的形势，平林军和新市军害怕了，想要解散。

这时候，刘秀又对大家说道：“果然，如大将军推测的，甄阜和梁丘赐根本就没有兵力围困棘阳。”

刘縯冷笑道：“新莽军传言，他们有九万兵力，也不过是虚张声势在骗人罢了。如今这样布局，给蓝乡分配一部分兵力，屯于沘水之兵肯定不足六万，这甄阜和梁丘赐一贯喜欢虚张声势！”

此时，王凤听着敌人的军情，却害怕地说道：“梁丘赐这是要跟我们决一死战啊！棘阳这么小，我们抵抗得住新莽军吗？”

事已至此，大敌在城外虎视眈眈，棘阳城内联军士气低迷，王凤这样问，没人能给出一个肯定的回答。

刘秀上前揖首说道：“还请各位将军暂回各营给士兵们安排守城的事，至于破敌之计，容兄弟再商议一番，当然，诸位将军要是有破敌之计，尽请说出来！”

新市和平林的将军们站在一起，低声商讨一番，也没有个好的方法，就只好起身去安排守军了。

梁丘赐和甄阜见棘阳城联军守城不战，就派了五六千的新莽军在棘阳城外叫骂，城内士兵不理，新莽军站到城墙下，联军的士兵在城墙上只是看着也不理。新莽军骂累了，一生气就搭上云梯攻城，结果新莽军爬到半城墙的时候，城上落下石头、滚木、箭雨、沸水，新莽军就地残死一千多人，攻城无果，只好狼狈地回去。

梁丘赐气得不行了，要立刻举全军之力攻城。

甄阜却说要围而不攻，待棘阳城无粮，待长安援军到了，棘阳又能怎样？到时候还不是一个叛军都逃不了。

梁丘赐听了甄阜的话，果然命令新莽军围而不攻，一时间棘阳城表面的压力减了下来，士兵们松了一口气，得以休息。但是刘秀和刘縯知道形势的严峻，他们绞尽脑汁地想着破敌的办法，可是自己兵力少又弱小，外面又没有援军，这局根本无法可破。

当刘秀和刘縯在帐内苦于无法破敌时，刘稷忽然从外面进来，通报说李通和李轶兄弟来了，在帐外候着。

刘秀兴冲冲地跑出帐外。看到李通和李轶一身商人打扮，刘秀走过去，拉着二人的手，眼泪都下来了，刘秀说道："两位义士，想不到宛城一别，短短数日就生出这么多的变故，刘某可是日夜思念着二位！"

李通和李轶也黯然落泪，李通说道："刘兄弟不必伤感，天命如此，我李家就是有此大劫！今日能找见兄弟，也是我们弟兄二人的大幸！"

三人执手，热泪盈眶，往帐子里走，刘縯见了李通，双手抱拳很是谦虚地说道："两位义士，刘伯升在此有礼了。"

李通一脸惊讶地看着刘縯，这是他生平第一次见刘縯，李通问："您就是大名远播的柱天都部刘縯刘伯升？"

李轶在边上也是上下打量着刘縯。

刘秀忙上前介绍："李通兄弟，李轶兄弟，这位就是我大哥刘縯，刘伯升。"

李通和李轶一听，急忙抱拳行礼表达敬仰之情。

刘縯也客气地礼来尚往，刘秀看着三人客气，就说道："都是知根知底的好兄弟，咱们都不要客气了，大家坐下来详谈吧。"

刘秀一边让座，一边让人端上茶点。李通坐定了后，刘秀忍不住问道："李兄，宛城起兵之事怎么会泄露了消息使尊府遭此劫难？还有这些天你二人又藏身何处？怎么找到这里来的？"

李通听着刘秀的问话，伤心得难以自抑，他清泪长流，面对可以托生死的挚友，说出了事情的经过："当时我已经准备好了周密的布置，只需等到我们约定的日子，就可以起兵向甄阜和梁丘赐发难。可是给我父亲送信的李季走到中途生病死了，他把我请家父返回南阳的秘密信件给了普通下人，下人带着信，不知轻重把信送到了父亲的友人黄显手中，黄显看到信后就向王莽朝廷告密了，王莽不由分说将家父在京城的家眷和父亲以及有牵连的人全捉捕了，可怜父亲及在京亲人全遭杀害。父亲被杀同时，王莽又急诏南阳，让甄阜和梁丘赐抓了宛城我全部家人当即处死，而我之所以侥幸逃开，是因为我和李轶正在外联络各路英雄起事。可惜发生这般事，阻碍了我们成大事，也可怜我宗族全部被杀。所幸信中没有提及春陵刘家，所以你们才没有出事，我们也是怕连累你家，所以我们去了下江。"

李通说到这里擦一把眼泪，李轶接着说道："我们兄弟在下江奋勇杀敌，如今我大哥是下江兵的将军。"

刘縯双手一拍，说道："咦，现在这个甄阜和梁丘赐就是我们共同的敌人，小长安聚一战，我春陵刘家众多宗亲被他们所杀。现在我们恨不得将这两个畜牲杀死食肉，可是我军新败，兵少将也少，又没有帮手，棘阳小城不能久留，又无处可退，如今，大家保命都难，更不要说杀贼人报仇了！"

李通和李轶一听互相看一眼，李通赶紧说道："兄长，我们兄弟二人正是为此事来的。"

刘秀和刘縯一听，大喜过望，忙向二人询问破敌之策。

李通带来的消息是下江兵的主要领导人是王常、成丹、张印，王常是起义军的首领，打仗勇敢，为人贤明，在进军宜秋前，就曾在上唐乡打败荆州牧的新莽军队，士气正盛。

李通说道："下江兵现在有近万人在宜秋休整，大帅王常很得人心，对我们兄弟也很信任，我们听说了你们的情况，就向王常请命过来找你们。如果你们能说动王常与你们合兵，我想破甄阜和梁丘赐应该不在话下！"

刘秀和刘縯一听李通的话，一时间心中压力顿减，要是真能和下江兵联军在一起，那杀甄阜和梁丘赐真是可以实现，可是自己现在被围。下江兵愿意和自己联合吗？

刘秀便问李通："谢谢李通兄弟建议，可是我军如今在险境里，下江军可愿和我们联合？"

李通是个心细的人，他仔细思考一番，说道："大帅王常平日就很仰慕柱天大将军和刘三将军，有结识之心，合兵应该不成问题。但是成丹和张印是强盗背景，他们一直对富人和大族有偏见，对你们刘氏汉军肯定也会心里有看法，但是，你们既能和平林军、新市军合军，那么对成丹和张印只要以诚相待，应该是能达成合兵，再说也只有试了才知道。"

刘縯身为统帅，自然要为全军生死负责，如今听到这个消息，犹如在黑暗中看到了希望的火苗，刘縯立刻坚定地说道："如今棘阳守了多日，粮草也将吃完，长安新莽军说到就到，我现在就要去亲自见下江军的总帅，求他们合兵一处，一起对抗强敌！"

刘秀一看大哥要出去，立刻说道："棘阳危在旦夕间，大哥是棘阳统帅，怎可轻易离开，还是让小弟和李通将军一起去说服下江军吧。"

刘縯说道："就你一人去，怎么行？如今，我军的生死都和下江军紧密联系，我不去显得没有诚意。我们可是去求人的，三弟就不要再说了。"

事情定了下来，刘縯立刻召全体将帅说了去求下江军联合之事，众位将军一听，纷纷表示同意，李通见大家都同意了，就上前说道："既然大家都觉得此计可行，那听一下我李某还有一些小意见，我觉得去下江军说合不仅要柱天大将军刘縯去，更需要刘三将军文叔兄一起过去，因为文叔兄不但能言善辩，更是和王常大帅有旧情，他去了更便于说服下江军中各位将军答应合兵！”

刘縯一听李通的话，他看一看平林军和新市军的几位将军，说道：“李通兄弟所言有理，可是如今棘阳危在旦夕，如果我兄弟二人都离开军营，恐怕这样也不方便！”

可是刘縯的话音刚一落，快人快语的陈牧立即大声说道：“有什么不方便的？你们兄弟出去也是为了说服下江兵来救咱们大家，这一城的人都指望着你们，还等着你们回来一起破敌，难道还有人怀疑你们是要去逃命不成？我陈牧又不是没长眼，我就不信你们能抛下子弟兵和我们去而不返！”

陈牧的一句话就戳破了王匡、王凤和朱鲔的内心活动，三人很是羞愧，朱鲔抱拳说道：“两位将军尽管放心去求合兵，我新市兵也不是贪生怕死的人，有我朱某在，定让棘阳在。”

王匡说道：“还请两位将军快去快回，我平林军誓死保卫棘阳！”

其他人不管是平林军的将军，还是新市军的将军，更不用说刘氏子弟兵的首领，纷纷表示会誓死保卫棘阳，等刘縯和刘秀归来。

刘縯和刘秀很是感动，在如此困难的情况下，还被诸位将军信任，刘縯和刘秀当下对众人说，棘阳就靠诸位将军了。

说完，兄弟二人跟随李通和李轶不带一兵一卒偷偷出了棘阳南门打马而去。

新莽军的探子将棘阳城出逃四人的情况迅速上报给了甄阜。甄阜听闻后，得意地大笑起来，他认为这是棘阳城守军惧怕了他们的威力，几个人选择了逃离。他对此不以为意，甚至认为这是棘阳城的军心开始动摇的迹象，认为这将更有利于他们顺利拿下棘阳城。

甄阜的自信源于他对新莽军的强大实力和棘阳城守军状况的误判。他忽视了起义军的斗志和决心，也未能准确评估棘阳城的防御能力。因此，他对棘阳城的陷落充满了期待和自信。

然而，甄阜的这种自信和乐观情绪，却为即将到来的战斗埋下了隐患。他没有意识到，起义军虽然失去了部分力量，但他们的斗志和决心并未因此减弱。相反，他们在困境中更加团结一致，准备为保卫棘阳城而奋战到底。

五、合兵一处做抗争

在棘阳到宜秋之间，约有三百里的路程。刘縯四人顶着寒风，催马急行，终于在第二天的黎明时分抵达了宜秋的下江兵军营。

在此，我们有必要提一下下江兵的首领——王常。

王常，字颜卿，来自颍川舞阳（现河南舞阳西部）。新莽末年，他为了替弟弟报仇而杀人，之后选择逃亡至江夏地区。在那里，他与王匡、王凤等人共同组织起农民起义军，并建立了绿林军。然而，当绿林军遭遇瘟疫的侵袭后，军队分为了两支。王常与成丹、张印带领部分起义军进驻南郡蓝口聚，成为了下江兵。

王常以其英勇和智慧，在下江兵中建立了极高的威望。王常虽然领导了农民起义，但他的内心深处天命皇权的思想很重，他总是想辅助一位真命天子，想着要为这样的人成就自己，而当时天下传说的刘汉之说，说百姓思念刘汉，对王常也是很有影响的。

所以当时刘縯和刘秀到来之后，成丹和张印让王常作代表同刘秀、刘縯谈判，两兄弟的游说深得王常之心。

当刘秀、刘縯、李通和李轶一行人抵达下江兵营时正值清晨，兵营中的士兵们都已外出操练，营内空无一人。李轶见状，便安排刘縯和刘秀先用早餐，以补充体力，而他则让李通去寻找王常，通报他们的到来。

早餐期间，李轶表示兄弟二人要为刘縯和刘秀效命，刘縯想到李轶兄弟族人都为刘汉起事而死，很是感动李轶兄弟对刘家的忠心。

刘缜想到自己的处境，不解地说道："以李兄二人的本事，何愁不能建功立业，为何要投在刘某麾下，刘某如今这般败落，岂不是会委屈二位。"

刘秀也不理解李轶的心意，就问道："你们兄弟二人在下江军这般快就升为偏将军，可见你们深得下江大帅之心，正是发展得好，为何非要投奔柱天大将军？"

李轶听了刘秀兄弟的话，便低声如实相告："二位将军也知道，下江军出身不是农民便是盗贼，没有读过书，是因为生活所迫而起兵，这样的一支队伍能有什么出路？春陵刘家柱天大将军是汉室之后，有复汉之志，为推反王莽起兵，跟着您前途无量。家父善预言，曾说刘氏复汉，李氏为辅，我们兄弟一心为刘，也是要图个将来的前程。"

刘缜听了自然相信，他说道："我刘氏有你李氏辅助，必会复兴。不过此时正值与绿林军合兵之际，这些话可不能让他们听见，不然会让他们有了别心，贤弟先委屈一时半会儿，暂留在下江军中，等待日后你随时过来汉军！"

李轶听了不能即刻追随，有些难过，但依旧从命："末将听从刘将军之命，一切以将军是从！"

刘秀也鼓励李轶以大局为重，李轶才心情好转。

此时，李通回来，一脸开心地说道："二位兄长，下江兵三位统帅有请二位去大帐见面。"

刘秀和刘缜在李通和李轶的引领下，急切地前往下江统帅的营帐。当他们来到营帐口时，只见王常、成丹、张印三位统帅率领着军中各级将领整齐列队，以隆重的礼仪迎接他们。

看到这样的礼遇，刘缜心中的紧张与担忧瞬间消散。他一边向前走去，一边抱拳行礼，诚恳地说道："春陵刘伯升特来拜会各位大帅！"他的声音中透露出对各位统帅的敬意与尊重。

刘秀则是一脸温和谦恭地笑着跟在刘縯身边。

几个军中大帅握手谦让，互相说着久闻大名今日得见的话，一团友善。

王常看到了刘縯身边的刘秀，惊喜上前，躬身行礼到地，激动地说道：“恩公在上，受王常一拜！”

刘秀没想到王常作为下江军第一大帅竟然给自己行这般大礼，立刻有些惊慌，拉起王常说道：“大帅啊，行不得这般大礼，刘秀不敢当啊！”

在场的人都非常惊讶地看着他们俩，王常转身对大家说道：“当年我被王莽新军追捕，在山中避难，遇春陵刘秀赠银相助，今日恩公来了，岂敢不拜！”

成丹、张卬一听也上前给刘秀行礼，说道：“不知刘三将军是王兄的恩人，请受我俩一拜！”

刘秀又受惊拦下，说小事一桩，无须再提，若这样，自己就不安了。

如此，下江军三位大帅才聚拥着刘縯和刘秀进帐，坐下喝茶，刘縯示意刘秀求合兵之事。

刘秀心下也为棘阳着急，当下放下茶杯，起身对王常三人行礼，然后说道：“各位大帅，如今，王莽篡汉，残害天下百姓，百姓深受其害，不得不起兵反莽。三位起兵诛强权，为百姓求活路，贤名远播，我兄弟二人今日也是慕名而来，想和下江军合兵一处，共同反莽，还请三位大帅同意！我们共图大事！”

王常一听刘秀的话，面露喜色，他抱拳说道：“王莽篡弑，残暴天下万民，百姓思汉，故四方英雄豪杰起兵，今刘氏起兵兴汉，是天命真主也，王常愿意辅成大业，为自己和兄弟们一搏前程。如今刘汉合兵平林军和新市军，连战连胜，已震惊八方，威名大震，如今再与我下江合兵的话，定能天下无敌，推翻王莽暴政！”

王常说得兴起，刘縯和刘秀听得很合心意，但是成丹和张卬并没有立刻跟随复议。

张印冷漠地看着刘縯和刘秀说道："合兵也不是只会打胜仗。你们和平林、新市联兵，还不是败给甄阜和梁丘赐，以张某看还是各自为战，保存实力的好！"

刘秀听着张印的话，他慢条斯理地对张印讲道说理。

刘秀说："张将军，如果我们起义军只为保存实力，那您说的各自为战，这样机动灵活倒是非常可行，可是，张将军和成将军既然高举义旗，起义军打着为天下百姓除暴安良的口号，想为天下人做一番事业，那怎么能这般轻描淡写呢。更何况，这样小打小闹，各自为战，也不利于做号令天下的大事业。而且各自为战会很容易被官军逐一吃掉，这种经历想必三位大帅都已经深有体会，所以，我们合兵并不是简单地追求个兵力相同，合并的力量可以有无限种可能。比如，我汉军若不和平林军、新市军合兵，我们别说打胜仗，就是败仗，我们这会儿也不可能还有棘阳可守，我们说不定早就没有了。但就因为合兵，所以我们还有棘阳可守，但我们三军若是在重创之后，得不到外援，而被彻底消灭，那新莽军的下一个目标应该就是你们下江军了，所以合兵有生机还有可能取胜破敌，而不合兵，就只能被逐一吃掉。"

王常一直非常认真地听着刘秀的话，他一边听一边点着头，待刘秀说完，王常赶紧说道："刘三将军说得非常在理！"

成丹和张印当然也仔细听了，张印又问道："你们舂陵汉军要干的大事情是什么？"

刘縯听到此刻，他站起来说道："我刘家是汉室的后代，我们起兵反莽，当然是要复汉。我们复汉也是为了天下百姓能够安居乐业，难道三位大帅的愿望不是这样吗？你们不希望天下太平，人人安居乐业吗？如果三位大帅与我舂陵汉军共破王莽，复兴汉室，我刘縯又岂敢忘记三位，那太平天下当然要与各位英雄豪杰共享。"

刘縯的一番话，算是说到了三位大帅的心上。

王常也站起来说道："柱天大将军的话说得我等服气，两位大将军请到侧帐喝茶，容我等商议！"

帐里只剩王常和成丹、张印时，王常很坦荡地问成丹和张印："两位兄弟，现在没有其他人，你们就说说心里话吧！"

张印很是郁闷地说道："合兵的好处不用多说，大家都知道，可是春陵刘家和我们不是一路人，他们起兵是为了光复汉室，他们的野心很大，如果合并一处，我等粗人肯定要受他们的指挥，日后，我们若助他光复汉室，他拿我等怎么办？"

成丹也跟着说道："是的，我也是这样想的！"

王常微微摇头说道："刚才柱天大将军说得很清楚，事成不敢独享富贵，如今天下动荡，各路英雄都有纷争天下之心，我们兄弟要看清形势，顺势而为。王莽能篡汉是因为汉成帝和哀帝无后，但王莽苛政伤了天下人的心，使得天下人思汉，人心如此，我们起兵也是为此。再说了，想要建功立业，一定要顺民心，顺天意，如果只是起兵占个山头倚强恃勇，就算是侥幸得了天下，还是要失去的。眼前的王莽就是例子，秦皇和西楚霸王，那样的英雄都是转眼泯灭，更别说我等草莽在这山林草泽，岂能长久？春陵刘氏起兵，刘縯和刘秀是有大志气的人，他们的心胸不是我们能比的，我们跟着这样的英雄豪杰，肯定能成大事，这可是上天给我们的机会，希望两位兄弟还是仔细思量，千万不要错过！"

张印为王常一席话说得心花怒放，心服口服，他点着头说道："颜卿到底是读书人，看得长远，道理也能说透彻，张印今儿就听你的，跟姓刘的合伙儿干大事情去！"

成丹也拍掌同意，说道："你们都要跟着干大事情，我为什么不跟着！"

三人商议定了之后，派人请刘縯和刘秀进来慷慨地告知了三人商议同意合兵的结果，刘縯一听万分高兴，赶紧表示感谢，又要立刻商议给棘阳破敌之事。

此时张印已经是满心情愿，他慷慨地说道：“既然我们已经合并，破棘阳的王莽新军还有什么难的。咱们里应外合，打他便是！”

王常和成丹同张印的意见一致。

刘秀此时用稳妥的语气说道：“张帅里应外合的计谋自然很好，可是我们合并之后的人数和新莽军大致相当，这样打还是会给我军造成损失。在下有一条计谋，又可以防我军损失，又可以解决缺少粮草的困境，还可以让新军顾此失彼。”

张印一听竟然还有这般妙计，忙催促刘秀说出来。刘秀便说：“当下新莽军死咬棘阳，他们所有的兵力都在棘阳四周，蓝乡是他们放物资的地方，此时定是空虚兵力少，他们现在打了胜仗，再加上临近过年，这些新莽军肯定没有防备，你们带着下江军去偷袭蓝乡，抢了他们的军备，一定会一举而成。新莽军丢了物资，军心必乱，这个时候，下江军再和我们棘阳起义军里应外合，甄阜和梁丘赐必败。”

在场的人听了刘秀的计谋个个叫好，都觉得可以一举取胜，但是有个现实问题，就是下江军不知道蓝乡的地理位置。

刘縯是个爱打仗的，当他一听下江军不知蓝乡位置，便说道：“三位大帅若是不在意，刘某可以为三位指挥大军偷袭蓝乡！”

王常和成丹、张印三人交换眼色，三人同时点头，王常便说道：“我们三人愿听柱天大将军指挥！”

刘縯明白这份信任的分量，便很是感激地说道：“谢谢三位深明大义，刘縯代表棘阳军感谢三位了！”

可是刘秀着急了，刘秀问刘縯：“大哥，你乃军中主帅，不在棘阳坐镇，棘阳军怎么办？”

刘縯坦荡地说道：“三弟智勇过人，兵法娴熟，带兵有度，军中将令对三弟也是满怀钦佩，三弟你回去代理汉军主帅。再有新市和平林各位将帅的相助，大哥相信你定能打好这场仗！”

如此，别无他法，刘秀应下，破敌之计已有，刘秀当下赶回晋阳去做战前准备，五个人约好破敌日期。

年三十的晚上，棘阳城联军中军大帐里，士兵们搭起灵堂，一起祭拜死于战争中的刘氏子弟兵以及起义军的将士们，刘秀带着众人，哭拜在亲人们的灵牌前。

祭拜完亲人和将士们之后，刘秀起身环顾众位将士，沉痛而又慷慨地说道：“王莽新军杀死了我们的亲人和兄弟，他们的血不能白白流掉，我们一定要为我们死去的将士和亲人们报仇雪恨，同甄阜、梁丘赐一决生死。”

悲伤而又被逼迫生命的军士以及刘氏子弟兵们咬牙切齿地喊着，要杀死甄阜和梁丘赐，为他们的亲人和朋友报仇。

五万起义军的声音如雷声滚过，将士们义愤填膺，又一起喊着杀莽。在这高声的怒吼中，棘阳义军的活力又恢复了过来。

而此时，蓝乡的新莽军是死活都想不到在除夕的晚上，会有一支起义军偷袭他们，那些怀着美梦的蓝乡新莽军，被下江军杀的杀，虏的虏，他们的所有军备物资，都被起义军劫走了。

正月初一的早上，棘阳城中，准备了一夜的联军士兵们，一个个精神抖擞，满腔热情，他们在城墙上登高远望，当他们看到对方的军营中人马慌乱，不断地奔跑时，刘秀明白大哥刘缜应该是得手了。刘秀便一声令下，率着诸位将军出城杀敌。

当刘秀带着汉军和新市军、平林军冲出棘阳城时，甄阜和梁丘赐认为蓝乡被偷袭并没有对他们造成困扰，他们一心要灭棘阳起义军，他们都一致认为棘阳兵力所剩不多，一定要一举灭去这股棘阳汉军和起义军，然后再回头全力围打蓝乡的下江兵。所以，对于棘阳联军的出城作战，他们甚至觉得太合心意了。

梁丘赐轻蔑地说道："这帮乌合之众，终于出来了，咱们就待他们冲过来，来个以静制动，将他们一网打尽。"

但是狂妄的梁丘赐和甄阜却不知刘秀的运兵特点就是从容不迫，深藏不露，稳打稳进。

两军交战，喊杀声连天，恍若天空大变，闪电、狂风、飞沙走石，刀光剑影，鲜血飞溅，汉军和新莽军实力相当，厮杀起来就是一场大恶战，激战中的人谁都没有发现，此时，天色竟突然变了。大片的乌云从天际压了过来，笼罩在战场的上方，战场上光线变暗，正在打斗的士兵们，不由得抬头看，他们不知道这是发生了什么事。

刘秀骑着战马站在高处，把战场上的变化和天空的变化都看得一清二楚。他知道此仗必须全神贯注地去打，若是分心，对作战不利。但是乌云虽然低压，却没有下雨，在这样阴森的天空下，刘秀大喊命令士兵们向前猛攻，不许回头。

刘秀的决断很正确，早在出城前，刘秀就了解到，起义军之前占领棘阳时对棘阳四周百里地形十分清楚，别说乌云低压，就是夜里摸黑行军也不在话下，而且这次刘秀在前卫布置的骑兵较多，在这种双方都被老天分散注意力的情况下，汉军骑兵冲出，一下就把新莽步兵打得无法抵抗，在这次大战中甄阜、梁丘赐被杀，斩首或者在沘水溺死者有二万多人，这就是历史上有名的沘水大捷。

这一战打赢的原因在于反莽武装力量的全面大联合。

从整个过程就可以看清楚，若不是下江军和春陵汉军、新市军、平林军的合兵共同对抗，单靠任何一方，都不可能有沘水大捷。

第四章　更始政权初立

一、刘縯成为联军统帅

新莽军在泚水的大败，甄阜和梁丘赐的阵亡，这一震撼的消息如狂风骤雨般传遍了四方。不仅刘汉军和起义军的威名远播，连远在南方的王莽派将领严尤和陈茂也听到了这一消息。他们对甄阜和梁丘赐的惨败感到震惊，更对这两位朝廷命官的命丧黄泉感到惋惜。

严尤和陈茂深知，这场败仗不仅意味着朝廷在泚水的军事失利，更对他们在南方的统治构成了严重威胁。为了挽回败局并稳固南方的统治，两人经过商议，决定率领大军迅速向宛城进军。

宛城地理位置特殊，是军事上的重镇。此时，宛城的郡守和郡尉双双丧命，城中无军镇守，形势告急。

严尤和陈茂急于赶往宛城，一方面是为了保卫这座空城，防止起义军乘虚而入；另一方面，他们也看到了占领宛城对于与反莽联军的决战具有重要的战略意义。

大军迅速向宛城集结，严尤和陈茂亲自率军前行，力求在最短的时间内稳定宛城的局势。他们明白，只有占领了宛城，才能有效地对抗起义军，并逐步挽回朝廷在南方的败局。

当严尤和陈茂率领大批急行军赶往宛城之际，棘阳城外的起义联军却迎来了一丝难得的宁静。他们刚刚取得了一场胜利，成功扭转了之前的败局，使得士气大振。在明媚的阳光下，士兵们纷纷走出营地，享受着温暖的阳光，同时打扫战场，整理战利品。

然而，就在大家稍微放松警惕的时候，前方的探马却带来了一个令人不安的消息：长安方面已经派出了新的援军前来支援新莽军。

探马向刘縯急报："禀报柱天大将军，王莽新朝的纳言将军严尤和秩宗将军陈茂带十万精兵，从长安赶来，现在兵至清阳，还请将军早作准备！"

王莽新朝派军过来，本来是大家都知道的事情，但是忽然一听大军逼近了，大家的心都悬了起来，空气异常紧张。因为各位将领都听说过严尤这个人，知道他镇守边关，讨伐匈奴，对于打仗很有一套，而且大家都知道，既然严尤是王莽派来支援宛城的，那肯定是兵强马壮，战备充分，于是起义军个个如临大敌，他们一会儿围在一起讨论，一会儿又到主将的营帐外，想要探听将军们的意思。

而此时，在主将的营帐内，因为刚打败甄阜和梁丘赐，春陵汉军与下江军才迅速地完成合兵，正在重新进行领导编制。

各路军马的将帅们，在营帐里互相介绍着，互相认识着，为了庆祝大战的胜利，他们摆了简单的宴席，聚在一起，开始为下一步的战事计划做准备，他们正在讨论应该进军哪里，应该如何进军，总之，他们此时在刘家兄弟的引领下，不再想占山为王，而是志在攻城略地，复兴汉室。将帅们热议进军方向，有人主张北上中原，有人提议南下荆州。刘秀和刘縯倾听各方意见后，决定先巩固胜利果实，稳定防线，再视形势决定下一步行动。

这时听到探马的消息，刘縯兴奋地一拍桌子，说道："来得好，我军打了胜仗，士气正高，正需要趁着意气风发再打一仗，既然严尤自己找来了，我们就拿他开刀吧！"

刘縯也是怕众将一听严尤而泄气，所以这般说道。

紧接着刘縯又说道："关于严尤，大家一定都很清楚，他是王莽的宠臣，曾经为王莽新朝镇压过赤眉军，征服过高句丽和句町等边部军，也打败过匈奴，他不是浪得虚名的人，对于作战很有经验。如今又被派来打我们，所以我们要慎重小心地与此人作战，但不能怯战，你们想，如果我们集中精力打赢了严尤，我们联军的威名是不是就更加有影响力？这一仗如果赢了，对我们的发展将非常有助力，说不定就凭这一战，我们能把王莽的家底都给动摇了，这对于我们推翻王莽新政，是个事半功倍的好机会。"

本来还有些怯懦和犹豫的诸位将领，一听刘縯的话，纷纷点头，承认刘縯说的有理。

这时候一直坐在边上倾听的刘秀接着大哥刘縯的话说道："现在大家也清楚了，严尤既是我们要面对的挑战，也是我们的机遇，我们必须慎重地做出一个全面的保证赢的计划。严尤此来，就是为援助甄阜和梁丘赐的，现在他行军半路，肯定是已经听到了甄阜和梁丘赐大败的情况，但是他肯定也不知道我们的虚实，在这种情况下，他不会贸然挺进，他最有可能的是占据宛城，先安定下来，据守宛城再打我们。如果他如愿占据了宛城，新莽军的势力大增，加上严尤的作战经验丰富，我们自己的实力又一般，那么他对我们的威胁和压力是相当大的，但是，我们如果派一支队伍在严尤到达宛城之前，扼制了宛城的残存兵力，就能不让严尤有机会稳定，我们再派另外一支军队，追着严尤打，在途中消灭他，或者创伤他，让他心惊胆战，没有机会安心和我们作战，就是说我们要先下手为强，打严尤个措手不及。”

刘秀和刘縯将敌人的情况一一分析一遍，说得又实在，又有解决的办法，诸位将领听了都很服气，尤其王常非常欣赏刘秀，他大声说道：“刘三将军分析中肯，真不愧是太学子弟啊！”其他人也跟着王常夸赞刘秀。这让刘秀很不好意思。

这时候刘縯见大家都支持刘秀的主意，就朗声说道：“既然大家都同意文叔的建议，那我们就这样依计行事，但是还有一件事，我觉得当前应该讲一下，如果大家听了不愿意，就当我没说。我军接连大胜新莽军，兵力也增强了，人数也多了，各种事务很多，以后我们要打的仗肯定也很多，我们要管的人事也会越来越繁杂，所以我觉得我们不能再分成这个军，那个军的，我们应该尽快推荐一位主帅，来统领全军，军中只有有了统帅，凝聚力才会更强，发号施令执行起来才更快，这样办事也就有效率，各位想一想我的建议如何？”

刘縯的建议提得非常及时，这也是很多人心里的想法，只是别人没好意思说出口，刘縯能说出口，足以证明刘縯有统率全军的气魄。起义联军现在是近十万人的大军，确实事务繁多，没有一个全军的统帅，也不是长久之计，尤其现在这么多的将领，做事情各行其是，各自发表意见，不但会引起矛盾，而且还会耽误战机，打小仗还行，要是面对大战，肯定会被耽误。

刘縯的这个提议，虽然符合大家的想法，但是由他的嘴里一说出来，新市军的王凤和朱鲔一听就心理不适了，他们首先觉得是刘縯的狐狸尾巴露出来了。因为这几次大战，刘家兄弟俩的战功显赫，在士兵中的威信非常高，如果说非要推个主帅的话，肯定首选是刘家兄弟。这要是刘家兄弟当了主帅，就会把他们新市兵和平林兵的权力吞并了，这两位认为，王莽的新政还没有推翻，刘縯就想在军中称王了。

虽然他们两个非常不同意刘縯做老大，可刘縯提出的事情是必须做的，而且早做早对稳定军心有好处，于是王凤和朱鲔等人也就没有出声，他们表面装得很平静，仿佛这件事与他们无关，但他们心底下却在想着，怎样防备刘縯夺权？

王凤心中一动，提出了一个关键的议题。他转向刘将军，声音坚定："刘将军，关于选拔一位统帅，您的建议十分及时。我们如今拥有十万大军，确实需要一个能够引领我们走向胜利的统帅。在我看来，下江的王常将军是个绝佳的人选。他有丰富的带兵经验，多次取得胜利，对新莽政权构成了严重威胁，且在外享有崇高的声望。若他能担任统帅，我坚信我们的起义军会发展得更加迅速，吸引更多志同道合的义军加入，加速我们推翻王莽新朝的进程。当然，这只是我个人的看法，大家可以继续讨论，共同商议。"

王凤的话虽说表明是他自己的意见，却圆滑至极，他没有表现自己对权力的热衷，又把刘家兄弟撇了个干净，还拉拢了才新加进来的王常。王常不过是一个脚跟还没站稳的人，如果让王常做了主帅，说话算数的还得是他们这帮人，他们享受的是实在利益，而且还不担虚名。

他的这个建议一说出来，原来的新市军和平林军自然支持，因为不管是平林军还是新市军，他们同王常的下江军都是绿林军，士兵们也都熟悉。并且王常在绿林军中确实威信挺高，所以，在刘家兄弟风评很高的时候，他们心底下还是愿意选王常的，说白了就是怕被汉军吞并。

本来这些人都怀着同样的心思，现在听着王凤提出来了，便一个个跟着说好，很是夸张地抬举王常，想用王常打压和排挤刘縯，尤其王凤和朱鲔几人，看见刘家兄弟不语，就心底下暗自得意，觉得刘家兄弟还是计谋不够，让自己轻而易举地就给打压了，既然如此，他们刘家想要争权的想法便不能实现了。就当大家认为这个事情已经成了定局的时候，却出了一个大反转，王凤推举的王常竟自己打破了这个局。

前面已经说了，王常这个人虽然是绿林军，但他读的书多，行事谦恭，讲求公正。经过这段时间和刘家汉军的并肩作战，仔细观察了刘縯和刘秀，他把自己和这两兄弟做比较，觉得自己不管是行军打仗还是待人处事，都远远不及刘秀和刘縯，而且他心底下也有点私心，他觉得联军才开始，后面的大战恶战还很多，这内斗才拉开序幕，他可不想被人推到风口浪尖上利用。

鉴于内心的这个想法，王常赶紧对大家说道："谢谢诸位兄弟的抬爱，但是做统帅，请大家见谅，我王常可没有这个才学，这副重担我挑不起。我给大家推荐一个人，就是刘縯刘将军，刚才王将军也说了，要选一个有能力的主帅，说得非常好，常言道，一帅无能万军折损，我要是做了主帅，就是那个无能的主帅，我们十万大军，可不能因为我而坏了大事，若真到了那一步，我这条命也不够挽回损失的。王某非常感谢诸位的信任，但是王某确实不比刘縯有勇有谋。我这不是谦让，我们打过的仗足以证明我说的是事实。所以我们推荐刘将军做我们的统帅吧，我只想为绿林军尽我的力量，能做到不亏心就已经很好了。"

绿林军的将领中，大多数是英雄豪杰，他们都是直爽的人，感性而又真挚，听了王常的话，被他的谦虚感动，更是佩服他的为人了，他们再联系实际，顿时觉得王常说得非常正确。自从他们在绿林山起义以来，虽然声势很大，但终是占山为王，影响力小，脱不了贼寇的名声。

直到和春陵汉军合兵之后，才打开局面，又是和新莽军正面对抗，又勇于大张旗鼓地进攻新莽军，高举义旗，深得百姓之心。这样的殊荣在占山为王的日子里是没有感受到的，而且刘縯和刘秀领兵打仗的才能确实令大家佩服，考虑到这些之后，在场的众位将军转身对刘縯说道："请伯升做联军统帅！"

瞬间，刘縯深感王常如同知己，内心充满感激。他明白了王常对自己的坚定支持，同时也体会到了王凤等人的反对立场。当刘縯考虑到接受王常的推荐可能会给联军带来麻烦时，他准备起身推辞。然而，王常坚决地按住他，让他坐正，以严肃的口吻说道："刘将军，此时大敌当前，请您以大局为重，不要推辞。"

刘縯自然明白眼下的局势，又想到自己想要复汉，并不是很容易，自己带着一帮春陵子弟兵，肩上有责任，想要实现春陵刘家的抱负，就得有魄力，敢于担当，若是当断不断就会失去机会，刘縯想到这里，心意已决，他站起来说道："感谢诸位将军的信任，既然大家都认为刘縯可以，刘縯就不推辞了，刘縯愿意和大家一起共生死，推翻王莽，共富贵。为了统一领导，从今日起，我军统称汉军，以复兴汉室为宗旨，大家再不用分彼此，以后共进退，一切行动以统帅号令为准！"

刘縯的一席话，让王凤等人意识到大局已定，无法再反驳。他们纷纷表示赞同，并与众人高兴地拥戴刘縯为汉军的大统帅。刘縯肩负重任，成为了起义联军的领袖，肩负着推翻王莽新朝的使命。

二、育阳大捷

刘縯的大统帅位置定下来之后，王凤、朱鲔几个满心沮丧，心怀不满，他们出了大帐，一边走一边长吁短叹，看着四周没有人了，朱鲔非常气愤地说道："这个王常真是个猪脑子，我们费心推荐他，他却让大权落在刘縯手中，弄得我里外不是人，这不是显得绿林军不和吗。"

王凤听着朱鲔的叨唠，情绪也不好，但他还是说道："如今形势危急，咱们是一帮草莽，势单力薄，能怎样？兄弟们就听我的，以大局为重，先抬举着刘縯这个主帅，让他带着大家打严尤，等着度过了眼前的困境，我们再对付这心高气傲的刘家兄弟！"

几个人说着话，回到了自己的帐下，王凤心烦，想着要说一会儿私密话，便打发了周围看守的士兵，就他们几个首领坐在一起发牢骚。王凤说话虽然含蓄一些，但他心里很恼火，回想着自己推举王常的过程，更是生气，他问陈牧："老弟，咱们的军队就让姓刘的不声不响地吞掉了，人家还做了主帅，你有什么看法？"

陈牧是个直爽人，他想也不想就说道："刘伯升武艺超群，英勇善战，为人也好，品德也不错，他做主帅，我没意见！"

王凤听了陈牧的话，恨不得站起来打他两拳，王凤骂道："你就是个榆木疙瘩，别人把你的军权都抢走了，你还在帮别人说话。咱们是什么人？刘家兄弟又是什么人？你心里没数吗？我们和刘家兄弟就不是一路人，将来打了天下，他就是皇帝，他做了皇帝，咱们算哪根葱？到时候他一道圣旨下来，你这浴血奋战的大半生，狗屁不是，说不定连小命都得丢了，这些事你想过没有？"

陈牧让王凤这样一说，打了个激灵，他说道："哎呀，这每天打仗，我怎么把这茬给忘了？可不是嘛，这要是打完王莽之后，我们做什么呢？"

王凤便拉着朱鲔和陈牧坐在一起商量办法，说什么现在不能来硬的翻脸，还要打江山，等着江山打下来，就要实施一个让刘縯和刘秀哑口无言的办法，而且王凤还说，这个办法得几个人团结才能完成，还必须让陈牧帮忙。

陈牧是个直性子，听着王凤的话，怎么都想不到让自己帮什么，他就着急地说："大哥，你到底让我做什么你就直说，只要你的方法好，我肯定支持！"

王凤就说道："你手下不是有一个将佐叫刘玄吗，你回去之后就重用他，一定要特别重用他，到时候咱们就以刘制刘，把这水搅浑了，我们兄弟也就可以翻身了。"

陈牧想了想，说道："我手上那个刘玄很没出息，一点主见都没有，你让我怎么重用他？就现在那个小职位都够他忙活的了，虽然他也是春陵刘家的，但是刘秀兄弟俩都没有提出要重用他，我们提拔他做什么？"

王凤看着陈牧不能理解自己，就说道："你只管按我说的做，到时候有你好戏看。”

陈牧想了想就说：“那小弟就提他做更始将军吧，大哥觉得可以了吗？”陈牧也想不通，王凤葫芦里卖的什么药，他也懒得想。

王凤点头对陈牧说：“今天这事儿要保密，目前先这个样子，我们还不能窝里斗，要一致反对王莽，你自己也不要有什么行动，以后做事我们三个一起商量着做！”三个人这样商定就各自散去。

再说严尤和陈茂奉旨率十万精兵往南阳而来，目的是和甄阜、梁丘赐合兵，共同剿灭起义军。可是他们一路走来，总是有沿徒官员迎来送往，这些人又是王莽的心腹，面对这些官场权力，严尤即便想不顾礼仪直抵南阳，他也做不到，因为他也不敢得罪王莽的这些心腹家人，所以这一路行军走得极慢。

等他们十万大军好不容易走到南阳地界，他收到的消息却是刘縯和刘秀联合下江兵杀了甄阜和梁丘赐，严尤吃惊，忙命部队向宛城退去。陈茂不解严尤的举动，问严尤：“将军为何如此小心？这些叛贼刚打过大战，还来不及休整，我十万精兵压过去，正好痛击他们，将军为何不进反而要退？”

严尤白眼一瞪陈茂：“你懂什么？叛军打了胜仗，军资丰富，士气正高，我军长途跋涉而来，行中正累。此时若作战则不堪一击，我军一败，宛城不保，宛城可是长安的门户，门户大开的话，长安也不保。”

陈茂一听，严尤有理，便不再说话，跟着严尤急速向宛城行进。

刘縯这边也在疾疾向宛城行进，山路崎岖不平，沟壑幽深，汉军在山岭间艰难行进，一路搬石垫路，拉马行走攀爬。当刘縯他们翻过一个山口时，探马来报：“禀柱天大将军，刘三将军已率队赶到严尤的前面，正在往宛城赶。”

刘縯一听，心下欢喜：“好，如此，打败严尤不在话下，我军离严尤还有多远？”

“将军，严尤他们走的是大路，我们只要翻过这座山头，就可以咬住新军的尾巴！”

刘縯便鼓励士兵们：“兄弟们，大家加把劲儿，我们去咬断新军的脖子！”

汉军听了统帅的鼓舞，走得飞快。

大道上十万新军行军，严尤看着队伍行进缓慢，就问探马：“这是何处？去宛城有近路吗？”

探马说这是育阳，又说自己对此处山路不熟。

严尤气得不知说什么好，他看着驿道边上耸立的山峰，对探马说道：“你先骑马去宛城，命守城的岑彭率军来接应！”

探马领命而去。

陈茂见严尤如此，心底下嘲笑他胆子小，带着十万大军，还这样小心，陈茂问严尤：“将军，难道是怕贼军追来？”

严尤担忧地说道：“我军初到，地形不熟，这山路危险，就怕有敌军埋伏，若遇伏，我军定吃败仗！”

陈茂看着眼前的崇山峻岭，笑着说道：“大人太小心了，这崇山峻岭的，难道叛贼还能飞过来不成？”

陈茂的话刚一说完，就听见山岭间锣鼓声响起，正在行军的新莽军，都站住了，惊慌地四处张望着，只见两边的山坡上突然出现无数汉军，大旗招展，写着“刘”字。新莽军还在发愣，汉军的箭雨就扑了下来，射杀得新莽军人仰马翻，汉兵杀声冲天，跟着刘縯冲入新莽军队中，疯狂砍杀，顷刻间，新莽十万大军被杀得七零八落，四处逃窜。

严尤慌忙收缩队伍，组织士兵抵抗，无奈队伍太长，山路又窄，士兵们被吓得四处逃命，命令无法传下去，新莽军将士和士兵被冲散到各处，争相逃命。严尤只好组织身边亲兵抵抗，一边打一边喊着让新莽军不要乱，稳住阵脚，眼前不过是小股叛军在偷袭，还喊着宛城援军很快就到。

严尤却不知道此时刘秀、王常、李通已经赶到宛城，围住宛城，并在驿道的远处让马拖着树木来回奔驰，造成千军万马的假象，而刘秀自己则带兵在宛城外叫阵。

守在宛城的岑彭和严悦一听汉军来攻宛城，忙去城墙上观看，一看外面的气势，似乎山野中有无数汉军在埋伏，严悦就惊慌地说道："汉军人数众多，我们要死守宛城，千万不能开城门应战！"

岑彭听着严悦的话，很是疑惑，说道："叛军在棘阳，怎么会出现在这里，是不是小队人马的疑军之计？"

严悦一听，惊慌地又说："前队甄大人和梁大人已经死在刘縯、刘秀手上，我们只有五千军，可千万不能出城迎战！"

岑彭很是为难地说道："严将军派了人来，要我等出城接应，若城外是刘秀的疑兵之计，我们岂不是坐失良机！"

严悦很严肃地说道："大人，宛城是长安的门户，兵家必争之地，若是宛城失落，长安便有险！这样的危险大人担当得起吗？您的家人还拘禁在太守府后院呢！"

岑彭一听严悦的话，瞬间心凉，棘阳失守后，他拼命逃回宛城，被甄阜重责，并关押了他的妻母老小，让他戴罪立功，严尤也曾责备他守城不力。如今，甄阜虽死，但严尤还在，若宛城有失，自己一家老小可就难活了！

于是，岑彭发出命令："严守宛城，任何人不得出城迎敌！"

严尤和陈茂一边打一边盼着宛城接应，可是不见宛城兵来，眼见十万大军，跑的跑，伤的伤，损失惨重，陈茂心慌，大声对严尤说道："将军，援军是不会到了，趁着没有被包围，我们撤吧。"

严尤也想走，可是主将若撤，全军就会没了军心，失去战斗力，沦为敌军的刀下鬼。

严尤此时特别痛苦，自己征战四方，大小战事历经无数，虽说不是百战百胜，但从不像眼前这般窝囊。

陈茂见严尤在犹豫，就说道："大人，再不走就走不脱了！"

陈茂话音没落，一支箭就射穿了他的额头，陈茂真的没走脱。

此时，严尤才意识到危险，再不走，真会丧命于此，再也不顾皇恩浩荡，他大喊道："众将士听令，快速撤退宛城！"

新莽军一听主将要逃走，便没了斗志，跟着便跑，只恨爹娘给自己生了两条腿，一路向宛城奔逃，连严尤都顾不上保护了。保护严尤的只有他的一些亲兵。

刘縯纵马追杀，喊着降者不杀，拒者立斩，凡近身的新莽军立刻投降。

严尤拼命带着部分士兵向宛城狂奔，一口气跑出几十里，见甩掉了身后汉军，才放心，只见十万大军所剩无几，不由对天长叹，要拔剑自杀。亲兵忙拦下，说："胜败乃兵家常事。还请将军回京奏请陛下再发大兵，以报仇雪恨，若这样死去，反招贼人笑话，我等又怎么办？"

严尤听着，放下剑，这时探马来报说前边有汉军。严尤举目一看，前面果然汉旗招展，惊叹刘縯用兵如神，便决定不去宛城了。

严尤看到的这支汉军其实就是用来迷惑宛城守将岑彭的，刘縯大败严尤，刘秀得知后，便命令自己的部队丢下帐篷、旗子，悄悄撤兵与主力会合去了。因为宛城城坚墙高，防守严密，不易攻打。况且汉军连日打仗，也无力攻城。

岑彭和严悦死守宛城，遥望汉军军营，不敢出城，待大半日后，听不到汉军的动静，才知道自己上当受骗了，岑彭叹息："刘氏兄弟这般会用兵，以后必是朝廷大患！"

反莽联军大获全胜，严尤弃军而逃，这样，刘縯便挥师宛城，包围了宛城。这一次刘縯作为全军统帅再次让全军佩服，育阳之战又一次打出了联军的威风。

农民起义军在最开始的时候，发展虽然十分迅速，而且在极短时间内就拥有了十万人的军队，但是农民起义军起点低，他们“讫无文书、号令、旌旗、部曲”，是一种原始的、低级的武装斗争，所以王莽的新王政权并不把农民起义军放在眼里。但是自从舂陵刘家起兵后，而且和各路的起义军联兵一处，军中将领，皆称将军，一起攻城略地，移书称说，让起义联军改头换面，整个抗莽的力量升级到了一个较高的层次。

刘縯自号柱天大将军，又做了联军统帅，带着联军打了一场又一场的胜仗，这让王莽很是紧张，一听到他的名字就有些震惊害怕。他用高额悬赏刘縯的人头，还让人画了刘縯的头像，让长安中官署及天下乡亭都挂在门侧堂，早上起来就用箭射刘縯的画像，他希望用这种压胜之术来诅咒刘縯。王莽觉得自己这个办法非常好，但是他却没有想到他的这个方法给刘縯做了宣传，让他的名声大振，有时候一天内投奔他的就有十万多人。

三、密谋更始

随着反莽起义军的迅速发展，各路军队意识到统一领导的重要性。他们担忧兵力分散、无法统一指挥，可能导致内部矛盾和问题。因此，公推一个最高首领成为了当务之急，以协调各方事宜、统一领导体系。

在当时社会，王莽的统治引起了各阶层的广泛厌恶，人们怀念着刘汉的辉煌。起义军中的农民领袖们也同样尊崇汉家皇权，认为选择一个刘氏宗亲作为皇帝是众望所归。然而，刘氏宗亲人数众多，到底选谁却成了军中的分歧点。

舂陵兵的首领和下江军首领倾向于拥立刘縯为皇帝，认为他有能力、有威望，能够带领起义军走向胜利。而新市、平林的军中首领王凤等人则主张拥立刘玄为皇帝。他们认为刘玄性格温和、易于控制，更适合作为众人的领袖。

这也是之前立统帅时，王凤和陈牧、朱鲔等人商议的目的，因为王凤、陈牧、朱鲔等人平时喜欢放纵，怕刘縯做了皇帝对他们严加要求，而刘玄这个人要是做了皇帝，就可以任由他们拿捏。当然所谓惧怕刘縯，一方面是刘縯优秀，一方面是刘縯在军中有威望，难以驾驭，而刘玄是难中只身投奔的农民军，也确实能力不及刘縯，更容易让他们继续放纵。

那么事情的经过具体是怎样的呢？

之前，陈牧遵循王凤的建议，将刘玄提升为更始将军，并决定先共同对抗严尤，其他事情稍后再议。现在，随着严尤被成功对抗，公推皇帝的事宜确实成为了紧迫的议题。

这里先说一下刘玄，字圣公，出身于舂陵宗室，与刘秀同为舂陵侯的子孙。由于担忧刘縯反抗王莽会牵连到自己，他和父亲刘子张都避免与刘縯交往。然而，一次意外的事件改变了他的命运。当时，刘玄的父亲刘子张被游徼所杀，为了报仇，刘玄找到了刘縯和刘秀，三人在街市上饮酒，并约见了游徼。在酒宴上，他们趁机杀了游徼。事后，刘玄选择了逃跑，并加入了陈牧等人领导的农民起义军，担任了“安集掾”的职务。

刘玄在沘水大捷后，被晋升为更始将军，这本应是他事业的一个高峰。然而，这一晚，他在自己的帐内焦虑地走来走去，无法入眠。这种不安的情绪也引起了士兵的注意，他们好奇为何新上任的更始将军会如此焦虑。

当士兵上前询问刘玄为何不睡时，刘玄并没有直接回答，只是叹了口气，表示自己的担忧。士兵见状，安慰他并提醒他应该休息，因为天亮后还要商议军情。这一刻，刘玄感受到了士兵的关心和尊重，这与他平日里的境遇形成了鲜明的对比。

士兵之所以如此关心刘玄，确实是因为他现在的身份和地位。作为更始将军，刘玄在起义军中的地位举足轻重。

刘玄心下明白，自然也要摆威风，刘玄威严地说道：“不要打扰本大人的思绪，你下去吧，这里不用伺候了！”

士兵赶紧行礼，说道：“谢将军！”

士兵退下去之后，刘玄的夫人韩夫人披着衣服走上前，娇声问候刘玄怎么还不休息。

刘玄试图让韩夫人先去休息，表示自己还需要时间来思考。然而，韩夫人却对此表现出了明显的不满和骄蛮。她认为刘玄做了更始大将军，对自己有些怠慢轻视了，就生气地说道：“你才当上更始将军几天就傲得睡不着了，要是将来做了大司马，你还要怎样？”

刘玄被夫人逗笑，但他是苦笑，他说道：“夫人啊，你真会开玩笑，在这样的乱世，谁不是随便就自称将军？我这有什么可说的！再说，你也知道我的那点本事，明日会怎样还不知道呢！”

“别哄骗我，你肯定想纳小妾了，男人不都这样！”

刘玄和韩氏也算是患难夫妻，一听韩氏的话，便赌咒发誓说：“我刘玄此生只喜欢夫人一人，日月可鉴！”

韩夫人这才满足了，便问：“那你半夜不睡觉，在这里走来走去的，想什么？”

“夫人，最近发生的事情让我很不安，陈牧忽然提升我做更始将军，王匡、王凤、朱鲔等人也忽然变得对我客气，联想起他们平日对我的态度，我觉得可能有什么大事要发生。”

韩夫人一听就笑了，说道：“就这点事，你就睡不着觉了，他们对你好，看重你，还不是因为想利用刘汉的招牌号令天下，维护他们自己的利益。”

刘玄听着，似乎明白了一点，他说道：“夫人说的有道理，可是我汉室中最有能力的要数伯升和文叔，他们战功卓著，威名震四方，你说王凤等人为何偏对我厚待，再说，我看他们对伯升似乎有意见！”

韩夫人便说道：“你看不出来吗？王凤他们和伯升、文叔不是一路人，他们是想借着刘汉的牌子成就自己的富贵，而伯升和文叔是一心要推倒王莽、复汉室做汉家的皇帝，王凤不愿意伯升管辖自己，所以推个你出来挤对伯升！”

刘玄一听傻眼了，半晌说道：“我怎么能和伯升他们争权夺利，我们可是同一宗室的子弟！”

韩夫人推他一下，说道：“既然你知道自己也是宗室子弟，凭什么你就不能匡扶汉室？如今，这样的大好事落在你头上，你不高兴，倒发愁了？”

刘玄无力地说道：“我哪能和伯升、文叔比，要复汉，得靠他们两个！”

韩夫人道：“谁说你不能，还不是事在人为，你听妾身的话，你以后肯定会有大出息！”

刘玄问韩夫人：“夫人有这般本事？”

韩夫人笑着说：“机会即将来了，你到时听我的便好！”

两人正说着，就听到帐外有士兵说道：“禀将军，陈帅到！”

刘玄一听，不知道陈牧半夜来访是为了什么，只得对夫人说：“快点更衣，迎接陈帅！”

说话间陈牧已走了进来，陈牧笑着说：“刘将军和夫人还没休息啊？”

刘玄连忙施礼，韩夫人施完礼，又赶紧奉茶。

韩夫人奉完茶退下，陈牧看着刘玄说道：“刘将军也是汉宗室之后，难道不想恢复先祖大业？”

刘玄虽然从韩夫人那里得到了一些启发，但陈牧的直白之问，还是让他有些慌乱。

刘玄有些紧张地说道：“王莽篡汉，宗庙被毁，我们宗室子弟个个痛心气愤，刘玄自然也不例外，希望能匡复汉室，可是刘玄能力有限。”

陈牧一听大笑：“圣公有匡复汉室之志便好，我今日来就是来说一下，我和王帅、朱帅想扶圣公南面称尊，匡复汉室，不知将军意下如何？”

刘玄一听吓傻了，半天吞吞吐吐地说道：“大人不要开玩笑！”

“这不是玩笑，这是我和王帅、朱帅商议的结果，你快快起身，日后你便是大汉的天子，我可不敢受你这样的大礼。”

刘玄还是唯唯诺诺地不敢接受：“可是伯升和文叔是宗室最贤能的人，大人为何不扶立他二人？”

陈牧一听生气：“你可真是烂泥扶不上墙，这样的好事，你为何还要推辞？”

刘玄：“我是担心军中不服！”

“放心，我们这么多的大帅支持你，有什么可担心的！更始将军这事儿就这么定了，你可要好自为之，先不要泄密，告辞！”

陈牧甩袖子离开。

陈牧刚离开，韩夫人就跑了进来，躬身就给刘玄行礼，说道：“陛下，臣妾恭喜了！”

刘玄生气地说道：“不要胡说，皇帝就那么好当吗？这话传出去，小心掉脑袋！”

韩夫人一听也生气了：“有那么多大帅扶着你，你也不敢当，你算什么男人？你如果不听他们的话，你才会真的掉脑袋！”

刘玄苦恼：“可是，伯升、文叔为匡复汉室付出那么多，我怎么能和他们相比，以后我们可怎么相见？”

韩夫人：“刘縯和刘秀拼命打仗，不就是为了复兴汉室做皇帝？你也是刘家子孙，如今还有人推荐你，你为什么不抓在手里？难道你非要受制于人？再说做皇帝何等威仪，何等荣华富贵？难道你就要放手？你放手可以，立刻掉脑袋的事你敢吗？”

刘玄本来胆小，也贪图享受，听着韩夫人的话，就动了心，但还是有些害怕，他说道：“他们非要我当皇帝，不会出事吧！”

韩夫人说道："刘縯、刘秀大权在握，王凤他们也做不出事，他们不过是想推你当皇帝抵制刘縯，你以后做事小心一些。"

刘玄："可我和伯升、文叔岂不成了冤家对头，我们可是宗室兄弟啊！"

韩夫人："什么宗室兄弟？他们两人野心勃勃，要是他们得了天下，他们能看得到你吗？他们一路当大将军，做大统帅，可有提升过你？他们讲究过你是宗氏兄弟吗？可是你现在的性命掌握在王凤他们手里，你若违背他们的意志，就会丢命！"

刘玄听着害怕，前思后想，最后说道："为了活命，为了荣华富贵，我只有对不起伯升和文叔了！"

韩夫人一听，忙取了酒来，夫妻俩彻夜长饮，暗自祝贺。

王凤他们都行事到如此地步了，刘縯和刘秀在做什么？他们对这些异动有察觉吗？

话说连日的征战，让刘縯很是疲惫，如今休整期间，刘縯自然要好好休息。这一日已经日上三竿，刘縯还在帐内大睡。守卫的士兵跑到他的床前大声喊他："柱天大将军！"

刘縯惊醒，以为有军情。

士兵说是刘秀求见。

刘縯无奈说道："是文叔来了，何须这般通报？"

刘縯问刘秀："三弟，是有军情要说吗？"

刘秀一听便笑着说道："大哥心里只有军务，不管其他，三弟来是有家事相告！"

"哦？咱家有何事？"刘縯不解。

"大哥，我是来说三妹的事，我们常年在外征战，三妹一个女儿家，随兵不便！小弟觉得应该给三妹找个人家把她嫁了，这样我们也放心，也了却了母亲大人的遗愿！"

刘縯听着刘秀的话，脸上全是歉意，想到自己一心只为打仗，如今，只剩下兄妹三人，家中亲人逝去众多，自己这大哥确实不称职，刘縯说道："三弟说的对，可这兵荒马乱的，到哪里找一个合适的男子？"

"小弟相中了一个人，就不知大哥中意不？"

"你先说是谁？"

"李通，他和我相约举事起兵，一大家族因我刘氏惨遭杀害，把伯姬嫁给他，是报恩，也是为了伯姬有人可靠，三来是郎舅之亲，还有就是'刘氏复兴，李氏为辅'，李通是将佐大才，可以为我们所用！"

刘縯同意刘秀的建议。

刘縯说道："三弟说的对，李通是个英雄，为兄我也中意，伯姬能嫁给李通，也是好事，只是不知李通愿不愿意，我们是不是找人问一下？"

刘秀一听刘縯没意见，就说道："大哥只要中意，三弟就去找小妹说，至于李通那里，我会请王常去说媒！"

刘縯听了许可。刘秀却又对刘縯说道："这几日王匡、王凤等人行事诡秘，不知在做什么。"

刘縯想起王凤对自己的态度，说道："我刘伯升做事坦荡，还怕这些小人不成！"

刘秀还是提醒刘縯小心，然后就去找小妹刘伯姬。

刘秀在河边找到一个人的刘伯姬，言说要给她说门亲，刘伯姬却推辞说刘秀未娶，自己不嫁。可是当刘秀说出李通时，伯姬却脸红了，答应让刘秀做主。

刘秀看出刘伯姬愿意，便回去找王常，前去找李通说媒的王常正好也回来，大笑着说李通很喜欢刘伯姬的才貌，已经应下了这门亲事。

二人又去找刘縯汇报说亲的结果，刘縯当下就表示要趁着休整给三妹刘伯姬和李通完婚。

王常开心地说刘縯有气魄，真正是非常时期行非常之事。

刘秀也说要宴请全军将帅，请大家明日喝酒。

当三位坦荡的英雄商量着在劫杀重重的日子里办一场婚事时，他们却不知王凤等人已开始先下手立皇帝了。

刘縯的军帐外有一名士兵走了进来，说道："禀柱天大将军，王帅和朱帅、陈帅请您即刻升帐，有要事相谈。"

刘縯一听，愣怔一下，王凤这也太不合常理了，全军在休整，即便有军情，也应该先禀明自己，怎么颠倒主次，要求自己升帐议事。

刘秀在那名士兵走后对刘縯说道："平林军、新市军恐怕有事瞒着我们！"

王常却说道："背后莫论他人非，我们以大局为重，既然王凤有事相谈，我们且过去看看，一问便知！"

刘縯认真思考后，意识到在王莽政权尚未推翻、大战接踵而至的关键时刻，起义军内部绝不能出现矛盾。为了维护团结和稳定，他立即下令召集众人进行议事。这一举措展现了刘縯对大局的把握和对起义军未来的深思熟虑。

四、纷争立刘玄

在庄重的议事大帐内，汉军的各级将领身着鲜明的服饰，肃然立于两旁。刘縯端坐于主位之上，目光巡视着在场的每一位将领。在众人的注视下，他转向王凤，询问他有何事情需要向大家传达。这一刻，大帐内的气氛紧张而庄重，每个人都期待着接下来的话题和决策。

王凤也是筹备了几天了，一点都不慌，他起身说道："王莽篡政，暴苛天下，天下人深受新政之苦。柱天大将军率我等反莽，一路战，一路胜，如今我起义军队伍壮大，威名远播，但是推翻王莽政权任重道远，一时还无法做到。在下认为，我等应该顺应天下思汉之心，推立汉室之后做新皇帝，复兴汉室，从此号令天下。”

刘縯一听，想起王凤、朱鲔等人一向和刘氏宗室有隔阂，这次忽然拥汉，肯定有什么幺蛾子，于是刘縯内心非常谨慎，表面故作感激地问道：“王帅要推刘氏复汉室，我刘室感激不尽，可是，以刘某之见，此时还不是推立天子的时候。如今赤眉军在青徐两州，兵有十万之众，比我军强大得多，如果他们听说我们在南阳立了个天子，他们肯定也会自己立个天子。那样一来，这里一个天子，那里一个天子，到时候必然会引起宗室内的内斗，到时候王莽没有灭掉，宗室刘汉却打起了内斗，岂不惹天下人笑话？再说自古以来，率先称帝的，往往功败垂成，难以成功，陈胜和项羽就是例子。宛城就在眼前，我军尚未攻克，还在这里自立天子，耽搁了推莽的时日，岂不是让王莽有了喘息的机会？在下觉得不如暂时称王，号令军中便可，如果赤眉军立的宗皇贤德，我们便率部归之，如果他们没立，那我们就灭王莽，收赤眉，再推立天子，如此也不迟。”

刘縯的话说得合情合理，他不提自己的功劳，只是说明天下的形势，大家听了纷纷赞成，就连王凤也不知如何应对了。

但是朱鲔却手握剑柄说道：“立天子，可是天下大事，刘大将军是要一言堂吗？在下建议立更始将军为天子，诸位觉得怎样？”

新市军和平林军的所有将领早就商量好了，现在朱鲔一说出来，他们立刻随声附和喊道：“我等愿意立更始将军为帝！”

躲在人群后面的刘玄听到前面的人说到了自己的名字，他吓得头都不敢抬一下。

刘縯和刘秀感到焦虑和无奈。他们明白，众人希望拥立的是自家刘氏的人为皇帝，这是符合众人期望的。如果他们兄弟二人公开反对，很可能会被指责为口是心非，甚至被认为是他们自己想当皇帝而未遂，如今才试图阻止别人。这样的指责不仅会损害他们的声誉，还可能破坏起义军的团结和稳定。

春陵的所有将军，平时就佩服刘縯，从起兵前的操练，到起兵，再到经历了一路的打打杀杀，在他们的心中，刘縯就是第一，要选皇帝，那肯定也是选刘縯。但是，他们怎么都没想到，朱鲔、王凤等人竟然要立刘玄为皇帝，所以春陵的将军们一听，就炸锅了，气冲冲地站起来，由邓晨起头，问道："柱天大将军战功累累，为众人拥护，他的贤名威名可服天下，为何不立他为帝？"

刘稷从来都是耿直火爆的脾气，平日里就对胆小自私的刘玄看不上，现在明白他就是心甘情愿被王凤等利用，想因此自己谋利，刘稷冲着躲在角落里发抖的刘玄说道："刘玄，你哪里比得上柱天大将军，你自己说，你如今这样，岂不是要让我汉室天下又被人篡夺！"

朱鲔一听大怒："刘稷，你休要无礼，我们今天只是在议立皇帝！"

刘稷平日就瞧不上朱鲔，正要上前理论，却被刘秀拽住。

正在春陵和平林新市两边将军们吵得不可开交的时候，下江军的王常突然开口说道："诸位，安静一下，我等舍命起兵反王莽新朝，就是想要天下太平，老百姓们都过上好日子，议立天子是为天下众生着想的大事情，要立一个心怀天下、为苍生着想的人，希望我们每个人都放下自己的一己私欲，慎重思考，选出一个好皇帝！"

王常是下江兵的大帅，在平林军、新市军和春陵军之间，他不会偏向任何一人，平时他做事公正，所以他一说话大家都安静了下来。

陈牧本来怒气冲冲的，但他还是平复了一下情绪，问王常："王常大哥，说了这半天你也没说个明确的意思，你到底愿意立谁为皇帝？"

王常一听，便坦荡严肃地说道："天子，是天下人的主子，当然要贤德的人来做，柱天大将军为天下而战，立丰功伟绩，是众望所归，他的厚德威仪岂是更始所能比拟的？复兴汉室这样的大业，我们当然要拥立柱天大将军来做我们的天子！这样也对得起浴血而战的将士们！"

"对，我们喋血沙场，就服柱天大将军，柱天大将军贤德远扬，应当立柱天大将军为皇帝！”下江兵将领李通、李轶表示赞同，整个形势瞬间转为对刘縯和春陵诸将有利。

朱鲔和陈牧等人立刻上前争吵，刘縯生气大怒，“啪”一掌拍在桌子上，大声斥责道：“统帅大帐之内，这般争吵，成何体统，天子没有立，先有分歧，如此，我汉军还怎么灭王莽！”

刘秀也毫无惧色，说道：“有话有理，一个一个说，不要争吵，再有人喧闹大帐，军法从事！”

刘縯环视着新市、平林兵，见他们一个个怒视自己，就知道今日议立皇帝之事若没有个明确结里，定会让义军内部纷争分裂，就压住内心的怒火，问王凤：“王帅，诸将意见不一，你说怎么办？”

王凤冷笑说道：“我等满心情愿立你刘氏为天子，帮刘氏复汉，不管立谁为天子，都是你们刘家的人。柱天大将军阻拦，难道是你自己想要做天子不成！”

刘縯被将，又不能说自己要当皇帝，便表明自己一心只为恢复高祖之业，没有当皇帝的想法。

王凤就等的是刘縯这句话，他立刻接着说道：“柱天大将军真是好情怀，王凤非常钦佩，在下有个想法，既可以立汉室的天子，又可以让大家都信服！”

刘縯这就上了王凤的套，刘縯问王凤有什么好想法。

王凤说道：“很简单，我们就请在座各位举手表决，少数服从多数，决定立谁为尊！”

王凤的提议貌似公平，可是他敢这样提，是因为早就做了安排。

刘縯不便反对，只有说：“就依你的方法！”

结果，王凤立刻问：“诸位兄弟，谁想立更始将军刘玄为皇帝，就请站出来！”

平林和新市的人立刻站了出去，结果还有一些和他们关系好的下江的将军也站了出去，如此一来，春陵军一脉人数不多，而支持刘玄的人数众多。

王凤非常得意地说道："大将军，更始将军众望所归，你不会还要阻止他做皇帝吧。"

刘縯没想到会是这样的结局，他心里骂道：山贼草寇，无非是使用奸计，想着立了懦弱的刘玄，然后再篡夺汉室！春陵的将军们个个气愤难当，自然和刘縯是一样的想法，刚烈的刘稷站出来骂王凤："姓王的，你早就串通好了，还假装什么公正！"

王凤根本不承认，反倒说刘家兄弟也是早就串通好了，只不过这会儿没有吃到葡萄，就说葡萄酸。

刘稷大怒，死活不答应刘玄做帝。新市的朱鲔掏出剑，一剑砍断了座椅，怒喊："今日之议不得有变，谁若不从，当如此椅！"

瞬间，在座的将军们纷纷拔刀，春陵下江和平林新市分成了对立的两拨，眼看着就要起义军内讧，空气变得沉重。

一直沉默不语的刘秀此时站了出来，上前拦住刘稷，说道："刘稷不得失礼，春陵诸将先行退下！"刘秀一边说，一边看刘縯。刘縯本来也被气恼了，也正要跟着发火，忽然见刘秀阻止，他立刻冷静了下来，才意识到，如果稍有不慎，这支起义队伍就会四分五裂，而春陵兵就会遭到灭顶之灾。刘縯忙向刘稷等人斥责："胡闹，我们和绿林诸将是出生入死的兄弟，是为了一起反莽复汉才走到一块儿，怎么能刀剑相向？退下。不听命者，军法伺候！"

刘稷看着刘縯和刘秀，听从他二人的命令，默默收回剑，其他春陵将领也收回刀。王凤等人见春陵诸将收刀，也就收起了刀。

看着大家都收起刀，刘縯不动声色地说道："恢复汉室是我们共同的心愿，也是天下人的心愿。今日之议已有结果，就立圣公为帝，择日登基。"

王凤等人大喜，一起向刘縯行礼说道："柱天大将军英明！"

等着众人退帐散去，刘縯又让人找来刘秀，问刘秀有何见解。

刘秀便说透了，言清是王凤等人串通了绿林诸将，所以才会立圣公。绿林立圣公无非是圣公软弱，好让他们把持朝政，刘秀说到这里，又说道："可惜大哥一腔热血复汉，英名远播，如今这汉室竟与大哥无缘！"

刘縯自然伤感，但他不愧是个英雄，他说道："大哥担心的是圣公软弱，被盗匪掌控，还怎么复汉？"

刘秀点头说："大哥所言甚是，圣公软弱，虽然被王凤等人拥立成汉帝，但他自己却无力真正复汉，王凤这些人也是忌惮大哥的能力，所以才这样排挤大哥，一起推立圣公，也不过是为了他们的眼前利益。所以大哥以后要藏起锋芒，免遭绿林迫害，等我们合力推翻王莽的时候，绿林军和我刘汉军，肯定还有一番较量，眼下我们要做的就是和他们一起反抗王莽，我们同时还要拉拢各位将军，之前我们在收拢人心这一方面做得太少，所以今天输给了他们。以后李通、王常可以做大哥的心腹，绿林军中也有些心思单纯的将军，我们也可以笼络过来，从现在起我们要为以后努力，拉拢一切可以拉拢的力量，而不是一味阵前冲锋！"

刘縯听着刘秀的话，觉得此事还有机会，便转忧为喜。刘縯又问刘秀："三弟说得对，这事就依三弟所言，三妹的事怎么办？"

"大哥说过明日给小妹和李通完婚，那我们明天照旧进行，这样既可以拉拢李通，也可以迷惑那些绿林将军，让他们以为我们并不介意刘玄称帝。"刘秀说道。

刘縯听着刘秀的话点头，两人正说着，门外士兵报刘稷求见。刘縯一听，笑着说道："刘稷兄弟直脾气，最恨奸人使奸，这会儿来，肯定是有怨言，快请进！"

果然刘稷一进来就说起事、打仗、复汉都是刘縯兄弟俩人的功劳最大，凭什么是刘玄做皇帝，这样的人何德何能！

刘秀和刘縯拉着刘稷坐下，对刘稷说明今日这个事也不能全怪刘玄，刘玄不过是被王凤等人逼迫所用，如今大事是推翻王莽，还请刘稷以大局为重，不要和王凤争，以免激起军队内部的分裂。

刘稷气得问刘縯："你这柱天大将军的威风哪里去了？"说完又生气离去。

刘秀很是无奈地说道："刘稷兄长这样会招来祸事的。"

五、刘玄称帝

地皇四年（23）二月初一，在春风的吹拂下，汉军将士们戎装整齐地列队，在一座高坛前，"汉"字大旗迎风招展、猎猎作响。

在礼乐司仪的指挥下，雄宏的鼓角响起来，王凤、朱鲔、陈牧、王常、刘縯等人簇拥着刘玄登上高坛，典仪官宣读了告天下臣民恢复汉室的檄书。然后，朱鲔为刘玄戴上冠冕，穿上衮服。刘玄在众人的陪同下祭告了天地，登上高坛正中的皇帝御座，义军诸将和各位大帅一齐跪伏在地，高呼："万岁！"

高台下的义军，将士们呼啦啦跪倒一片，朝贺的声音响彻清水岸边。

刘玄看着台下万众士兵，和身边的将军们，一时间不知所处，因为平日就懦弱，此时竟然紧张得不会说话了，甚至慌张得大汗淋漓，不知所措。张印看他紧张，便提醒他："陛下，该您说话了！"

刘玄紧张得根本就没有听见张印的话，直到张印多次催促，刘玄才回过神来问道："让我说什么？"

张印无奈便说："顺天应人，恢复汉室！"

但即便张印把这句话教了出来，刘玄也是紧张得语无伦次，连朕也忘了称。

张印着急地又提醒他称朕。

看着高台扶不起的刘玄，高坛下的军队里突然发出一阵嘲讽的笑声。

张印只好严肃地咳嗽一声，待台下安静，他对着众将士庄重地说道："汉室复兴，新皇登基，建元曰更始元年，陛下皇恩浩荡，大赦天下，分封诸将！"

张印说完话，又从刘玄案前拿过分封诏书开始宣读，此次分封拜刘良为国老，王匡为定国上公，王凤为成国上公，朱鲔为大司马，陈牧为司空，刘縯为大司徒，王常为廷尉，李通为柱天大将军，李轶为五威将军，刘秀为太常偏将军。

显然，这份诏书是刘玄在王凤等绿林将军的授意下拟定的，刘稷战功卓著，却被封在王匡、王凤、朱鲔、陈牧之下，刘秀也仅仅是太常偏将军。这样的分封让绿林诸将喜笑欢颜，却令春陵诸将愤怒不语。张印还没有读完诏书，春陵诸将有人挺身而出高呼："且慢！"

张印吃惊地停下宣读，往坛下一看，却是刘稷疾步走上高坛，怒视刘玄说道："抱歉，我刘稷不想做什么抗威将军，只想做刘伯升名下的一个校尉，只听从刘伯升的号令！"

刘縯跪下，低声斥责刘稷："刘稷，休要无礼！"

朱鲔大怒，目瞪刘玄说道："陛下，刘稷无礼，请陛下立即治罪！"朱鲔一边说，一边示意张印、陈牧。张印明白朱鲔的意思，立刻拔剑走向刘稷，可是他还没有走到跟前，被刘稷吓坏了的更始帝刘玄连连点头说道："好，刘稷兄就归于伯升兄名下，抗威将军之职收回！"

九五之尊的刘玄开了口，便不能有人违背，尤其张印也不能在新皇登基的第一天面对台下的所有将士无视刘玄的权威，他收剑退后，朱鲔也再无法反驳，看着刘稷走下高坛。

更始帝一立，反莽的各处势力更加统一，南阳的反莽势力纷纷来归附，汉军势力日益强大，整个反莽斗争进入了新的阶段。

刘縯看着汉室力量增强，上奏给更始帝，说："宛城地处隘口，自古是兵家必争之地，如今新莽军占据宛城，阻拦我军向外扩张，陛下宜早图之。”

刘玄一直敬畏刘缜，如今做了更始帝，也不敢直视刘缜，自己又不懂军事，不知如何判断，所以坐在上面有些着急。刘良做为国老，也想为刘缜着想，他便要求刘玄把兵权交给刘缜，说刘缜自起兵以来，领兵有方，打仗也是屡战屡胜，让刘缜领兵打下宛城，也是为了让汉室站稳脚跟。

刘玄内心也希望把军权交给刘缜，让刘缜为自己巩固汉室江山，可是他却不敢一下答应，他眼角扫视朱鲔、陈牧几人，说道：“国老的话说得有道理，只是……”

刘玄欲言又止，说不出心中所想，刘缜明白更始帝的苦衷，就怒视朱鲔，不料朱鲔却上奏说：“陛下，大司徒自起兵以来，就统率三军，大败新莽军，如今想要谋取宛城，非大司徒莫属。臣附议把军权交给大司徒！”

朱鲔的态度让更始帝意外，但既然如此，更始帝自然也愿意，就顺手把军权给了刘缜，并说道：“希望大司徒早日攻下宛城！”

刘缜跪下接过兵符，说：“臣一定不负众望。”

如此，兵权重新回到刘缜手中。罢朝后，群臣退出御帐，陈牧问朱鲔：“大司马，你怎么让陛下把军权给了刘缜？”

朱鲔得意地说道：“给了他就是让他为汉朝卖命打王莽，他若敢大逆不道，就会失去人心，他若吃了败仗，我们就可要了他的命！”

陈牧：“朱兄真是厉害，只是太阴损了！”

朱鲔尴尬地说道：“我也佩服刘伯升的英雄气概和人品，可惜他和我们不是一路的，等到我们灭了王莽，刘伯升就是我们的劲敌，我不得不有所防备。”

陈牧听了无语走开。

汉军打败了严尤和陈茂，又立了新帝更始帝，全军上下志气勃勃。刘缜升军帐和诸将讨论攻夺宛城的事。诸位将军讨论得兴致高昂，每个人都觉得宛城很容易拿下，但是太常偏将军刘秀却与众人有着不同的见解，刘秀说："汉军因为休整和拥立新帝，耽搁了进攻宛城的最佳时间，如今宛城的岑彭、严悦有了充分防备，宛城墙高城坚，不易攻取。"

刘缜叹口气说道："太常偏将军说得在理，但是宛城拦住了我军进攻长安，怎能不攻夺？所以诸位将军要做好打恶仗的准备，宛城这块骨头，不论有多硬，我们都得啃下来！"

商议的部署结果是：刘缜指挥主力大部队围攻宛城，王凤、王常和刘秀等率部队向东北扩张，另有一队人马去南攻新野。

更始朝汉军开始扩张战时，王莽顿时心慌，这一切都让他出乎意料，面对刘汉新立，王莽不管有多心乱，还是打起精神认真面对。但此时的王莽因为正在对匈奴和高句丽等地方用兵，并且战争属于胶着状态，大量的兵力分散，不能有效利用，此事让王莽很是焦虑。

起义军在各地打了胜仗的消息传到了长安，王莽一件又一件地接听，他心急如焚，不明白自己派出去的精兵强将为什么都打了败仗，不就是一些山贼吗？为何会这么厉害？

王莽召集大臣商量对策，惊慌之意尽在言语中："众爱卿，目前的形势，大家也都清楚，想当初，朕登大宝，也是为了让天下百姓安享大国荣耀，可是刁民们不理解朕的苦心，反而起兵和朕过不去。此时，新朝有难，我大新朝江山有难保的可能。这些刁民中最可恶的要数南阳刘氏，他们本是先朝贵先，朕对他们也是照顾有加了，他们却不感恩，竟然和绿林盗贼勾结，杀我朝忠勇将士，攻城略地，还立了一个更始帝！自古以来，天无二日，国无二君，他们如此狂妄，必须先斩而后快，请诸位爱卿说说灭刘之计。"

王莽一番话说完之后，满含迫切的目光看着朝上的众臣，可是自严尤十万大军被灭之后，满朝皆惊，此刻，朝上的大臣们竟然没有人出声，更有甚者，还低下了头，生怕王莽点名问自己。

王莽看着满朝大臣一个字都不说，顿时生气了，怒火冲天地说道：“朝廷养着你们，供你们荣华富贵，现在朝廷有难，让你们出良策，你们一个个都成了缩头乌龟，既然这样，要你们有何用？”

王莽愤怒的声音震耳欲聋，满朝文武一动也不敢动，他们知道王莽一言不合就杀人，但总是沉默着，也不是办法。过了一会儿，国师刘歆向前，因他生过病，体弱，所以声音低弱，他说道：“陛下，先莫动怒，以臣看天下形势还没到不可逆转的地步。大江南北的城池和百姓都还在新朝的管理下，就那么几个山贼只不过是一不小心钻了空子，就打了那么几仗，故意造出这么大的声势，其实他们的力量并不强大。陛下只要选出良将，在各地征集兵马，集中打掉最嚣张的那一支山贼，用不了几日，其他的自然也就没有气焰了，甚至可以不战而平息！”

刘歆的话，让王莽内心的怒火和焦虑平息了下来，他很不好意思自己露出的胆怯和焦虑，他微微一笑，缓缓说道：“国师说的有道理，朕也是这么想的，朕并不怕那几个毛贼，这些毛贼，在广袤的新朝大地上，不过几只蝼蚁而已，朕是想让你们借此机会历练一番，既然说到贼首，当然是南阳的更始。大家都想想，此次派谁出征合适？”

朝上众臣听着王莽的怒火熄了，才敢站直了身子，活动手脚，但他们并没有合适的人选，就又看向了刘歆。

刘歆说道：“陛下，带兵打仗的严尤将军，征战四方、战功累累，他上一次兵败，是因为行军速度慢，再加上大军长途跋涉，兵困马乏，被贼人打了伏击。这次出兵，臣认为，当总结上次经验，兵贵在神速，这次一定要打他个措手不及。至于领兵的人，臣建议，让王邑将军担任首帅，必定能够将盗贼消灭殆尽，这样定确保社稷无伤，还请陛下斟酌一下老臣的建议！”

刘歆的话，让王莽心头一亮，王邑是自己的本家，从这层关系来说信得过，另外，王邑不但善练兵，还善练兽兵，在他的手中，还真有一批奇兵异兽。王莽想，若是这样的一支军队上了战场，单凭气势和场面，一定会战无不胜，吓也能把对方吓个半死，让王邑去攻打刘氏，必定胜券在握。

如此一想，王莽就恢复了平和的心态，和大臣们谈笑几句，散了朝。

但事关新朝命运，上次严尤的失败历历在目，为了稳妥，王莽又单独召见了王邑。他亲热地拉住王邑，请他坐下，认真地看着王邑，又微笑说道："爱卿，朕一心要建一个旷古未有的新朝，可是总有刁民作乱阻碍，朕早就知道，凡大事不易做，刁民作乱也正常。朕也视你为虎牙将军，上次让严尤打头阵探山贼虚实，现在贼人的底细已经摸清楚了，他们听起来声势浩大，但不过是集中在南阳一处的散兵，这些势力互不连接，各自为战，很容易击破，朕觉得现在是虎牙将军该出马的时候了，不知将军能否替朕分忧？"

王邑听着王莽的话，再看王莽似温和却又威严的神色，王邑想想自己的怪兽阵法，他也想知道效果如何，若是打了胜仗，那自己以后的荣华富贵真是不可限量，于是他起身给王莽行礼，说道："谢陛下对臣委以重任，臣定当万死不辞！"

王莽一听大笑："好，有你这样的忠义之臣，新朝无虑，你平叛归来，朕必重赏！"说着也起身，拍拍王邑而去。而王邑心思神驰，已经开始憧憬自己胜仗归来，坐享荣华富贵的情景。

正在王莽准备出兵的时候，刘縯已经带领汉军的主力军来到了宛城城下，刘縯亲自带着军队攻打宛城，和宛城守将岑彭城上城下地对骂，你攻我挡，厮杀阵阵，双方伤亡皆重。汉军虽说攻城猛烈，但是新军守城很充分，各种战具拿上城墙，防守非常严密，汉军久攻不下。

正在双方对峙的时候，忽然传来一个消息说朝廷派了大将军王邑率精兵百万来灭刘汉，还配了巨无霸的猛兽队伍，正向南阳杀奔而来。

这个消息让汉军顿时慌乱，刘縯的心里也很不安。刘縯知道自己前有坚城，后有重兵，即将被敌人前后夹击，想要王凤派兵来解救自己，纯属幻想，还有其他人的兵也不多，而且大家已经是面和心不和，又怎么会来解救自己？王凤他们巴不得自己早点战死，刘縯心乱如麻。

第五章　昆阳之战

一、兵不血刃克昆阳

自地皇四年（23）三月份以来，刘秀不断展现出了卓越的军事才能和战略眼光。特别是他深知刘縯在宛城的战斗异常艰苦，因此决定亲自率领部队前往支援。

当刘縯正在担心王邑的大兵即将到来时，帐外有士兵进来报说："司徒大将军，太常偏将军刘秀求见！"

正忧思满心的刘縯一听见刘秀来了，就像是一个身处黑暗中的人看见了一丝光明，他一下就舒展开紧锁的眉头，说道："快，快快请进来！"

刘縯一见刘秀，立刻拉住刘秀的手说道："三弟，你来得正好，你快来说说，眼下这情况，宛城久攻不下，而长安又有强敌压了过来，这该怎么办啊？"

刘縯来不及跟刘秀寒暄，直接问目前的困境。

刘秀深吸了一口气，缓缓走到刘縯身旁，双手搭在他的肩上，目光坚定地说："大哥，对于目前的局势，我经过一番深思熟虑，我认为我们不能继续这样死盯着宛城，白白损耗兵力。我们必须兵分两路，一方面攻取宛城四周的城池，切断他们的支援，同时补充我们的军需；另一方面，我们要积极扰乱敌军，让他们防不胜防，寻找机会在王邑大军到来之前攻下宛城。这样一来，我们不仅能够扩大活动范围，还能让敌人陷入被动。只要我们能够紧密配合，灵活应对，我相信我们一定能够战胜敌人，实现我们的目标。即使王邑的大军到了，我们也有足够的准备应对。我们可以在宛城内坚守，利用地形和资源与他们进行消耗战。毕竟，他们长途跋涉，疲惫不堪，而我们则占据了有利地形，有着充足的准备。只要我们齐心协力，一定能够取得最终的胜利！大哥，你觉得我这样筹谋可以吗？"

刘秀的计划让刘縯心中豁然开朗，仿佛迷雾被拨开，前景变得清晰明朗。他深感刘秀的智慧和胆识，不禁对这位三弟刮目相看。当刘秀询问自己的意见时，刘縯毫不犹豫地表示赞同，并说道："三弟，你真是深谋远虑，我完全同意。你的到来，就像是带来了明灯，照亮了我们前进的道路。我相信，只要我们按照你的计划行事，一定能够取得胜利。"

说罢，刘縯忽然意识到，自己一直拉着刘秀站在门口，紧张地讨论计谋，竟然连一杯茶都没有让刘秀喝。他心中有些愧疚，于是赶紧请刘秀入座，并亲手为他倒上一杯热茶。

刘縯说道："三弟，赶紧坐下喝茶。三弟奔波而来，肯定饿了，等大哥给三弟准备宴席！"

刘秀喝一口茶，忙说道："大哥，不用准备，这一次，王邑带军赶来，肯定总结了上次严尤失败的经验，上次严尤行军慢，败给我军，这次王邑绝不会拖延，所以大哥先去准备军队，我们即刻就开始，我在这里随便吃点就好。"

"好的，三弟，你就随意吃喝一些，我就按三弟说的去分配任务。"

刘縯吩咐亲兵给刘秀端吃喝，而他自己却命士兵擂鼓升帐，要安排作战事宜。

汉军将领心里正没底，听见擂鼓升帐的声音就跑了过来。

刘縯见大家到齐，也不绕弯，把刘秀的计谋给大家说了一遍。

各位将士一听，立刻同意，大家多日攻打宛城，没有结果，清楚这样死打硬拼下去也不是办法，对于目前的战况，每个人都很清楚，所以刘秀的方法得到了大家的普遍同意。

刘縯见大家都同意了，就立刻给大家分工，又在战前鼓舞将士们的士气，刘縯大声地说道："诸位将军，诸位兄弟，今日聚首一堂，共谋大计。宛城，作为我们的下一个目标，不仅是一座城池，更是通往胜利的咽喉要道。我希望我们能够同心协力，一举拿下宛城，为复兴汉室再添辉煌！我知道，前方的道路充满了艰难险阻，但只要我们坚定信念，勇往直前，就没有什么能够阻挡我们前进的步伐。"

刘縯的话得到众位将军的热烈响应，大家纷纷表示，要一举拿下宛城。

接下来，刘縯站在众人面前，目光坚定，开始部署任务。他清晰地给每位将领分派了职责，确保每个人都明确自己的目标和责任。

"王凤、王常、刘秀、李轶、邓晨，你们几位将领带领各自的部队迅速行动，夺取宛城以北的大小城镇。你们的任务是切断宛城的北部支援，并为我们扩大战略纵深。"

接着，他又转向另一边，命令道："陈牧、李通、朱鲔，你们则负责南下，占领宛城以南的城镇。你们的行动将牵制宛城的南部，使其无法集中力量对抗我们。"

最后，他环视众人，沉声说道："至于宛城的正面攻击，将由我亲自带领部队进行。我们的目标是让敌军顾此失彼，分散他们的兵力，从而找到突破口。"

刘縯通过巧妙的部署，使得各个部队能够互相配合，形成一道坚不可摧的铁壁。这样的布局不仅能够分散敌军的注意力，还能够互相牵制，确保他们在面对宛城守军时能够保持优势。

刘縯果断地分配了任务之后，诸位将军领命，即刻带兵而去，对宛城开始进行另一种方法的进攻。

这个方法的效果立竿见影，宛城周围的战局迅速发生了变化。好消息接连传来，陈牧和朱鲔的军队凭借出色的战术和敌军的不备，迅速占领了新野。新野位于宛城的南边，是一座重要的战略要地，同时也是宛城粮草转运的关键节点。新野的失守意味着宛城守军失去了重要的粮草供应路线，这对他们的士气造成了沉重打击。

宛城的守将岑彭深感失去新野如同断了一条胳膊，宛城的守军也因为没有粮食而感到沮丧和恐慌。这一系列的打击严重削弱了宛城守军的战斗力，为刘縯正面攻击宛城创造了有利的条件。这也说明了刘秀分而攻之的方法是正确且有力的。

在北路汉军的英勇奋战下，王凤、王常等人率领的部队势如破竹，所向披靡。他们面对新莽守军，毫不畏惧，奋力激战，展现出了出色的战斗技巧和坚定的意志。在刘秀和李轶等人的带领下，汉军一路高歌猛进，势不可挡。

随着大军的推进，定陵、郾城等城市纷纷被汉军占领，这些城市的失守对于新莽政权来说无疑是沉重的打击。汉军的胜利不仅彰显了他们的军事实力，更体现了他们为复兴汉室而战的坚定信念。

刘秀的目标并未止步于此，他的目光更远，直指昆阳。

昆阳城作为宛城以北的军事重镇，不仅是新军粮草的重要聚集地，更是宛城的定心丸。刘秀深知其战略价值，对昆阳志在必得，极为重视。

事情的发展出乎意料的顺利。还未等刘秀大军发起大规模的攻城行动，昆阳城内的守将中便有人因仰慕刘秀的威名，主动派人与其联络。最终，在刘秀的巧妙策动下，这些守将里应外合，成功斩杀了守将傅锐，使得昆阳城得以轻松攻下。更令人欣喜的是，昆阳的新莽军守军几乎没有损失就全体归顺到了刘秀旗下。

攻下昆阳城后，刘秀立即将所得的大量军资和粮食运送到了刘缜正面攻城的队伍中，以支援他们继续进攻宛城。

可是，当粮食刚给刘缜运走一大批后，正当汉军沉浸在各路胜利的消息中时，那个令人害怕的军情传来了，王邑和他的心腹大将军王寻，率百万大军距昆阳仅仅不到二十里地。

当这个消息传来时，刘秀和其他将军正在满怀期待地展望宛城被攻下的美好前景。然而，这突如其来的消息却如同一道晴天霹雳，令在场的每一个人都惊呆了。

“这下怎么办？来的可是百万大军！”过了好一会儿，才有人打破了沉默，语气中充满了担忧和不安。

“是啊，这么多人还不把昆阳踩平了。这仗可如何打？”

“咱们人又少，还偏偏处在王邑的刀尖上，搬救兵也来不及了，更何况也没有救兵可搬！”

“是啊，我们的兵力总共也不多啊！”

刘秀深吸一口气，努力平静自己的心情。他知道，这个消息对于整个战局来说无疑是一个巨大的打击，但他们不能因此而放弃。他迅速扫视了一眼在场的将军们，发现他们的脸上都写满了紧张和忧虑。

“诸位，请冷静！”刘秀声音坚定地说，打破了现场惊慌的气氛。

所有将领的目光都看向了刘秀，这时候，压力给到了刘秀。

刘秀此时展现出了超一流的胆识和胸襟。他镇定自若地对众将军说道：“在未了解敌人真实情况之前，我们不可自乱阵脚。新莽军同样不清楚我们的实际状况，因此人数的多少并非决定胜负的关键。昔日的育阳之战，我们以少胜多，击败了严尤。如今，敌军虽人数众多，却同样是长途跋涉，士兵疲惫。这对我们来说，是一个有利的机会。”

刘秀进一步分析道：“王邑远道而来，目标直指宛城，对昆阳未必重视。我们不必与他们硬拼，只需在昆阳拖住他们，便是对宛城的最大帮助。若我们惊慌失措，让新莽军越过昆阳，那么围攻宛城的主力军将陷入腹背受敌的境地。届时，我们的主力部队或被敌军歼灭，我们这些人也将无处可逃。因此，我们必须坚守昆阳，为主力部队争取时间，让他们能够顺利攻下宛城。这样，我们既有退路，也救了主力部队，等于救了我们自己！”

刘秀很果断地说出自己的见解。李轶因为李通和刘伯姬结亲，在他心里和刘秀就是亲戚，上了战场，他们当然是自家人，所以他立刻随着刘秀的话说道：“在下觉得刘将军的话说得很有道理，不过现在我们必须先看清楚，王邑到底带了多少人来，只有知己知彼，才能做出正确的决断，我看就让我去探听新莽军的虚实吧！”

诸位将军听了二人的话，联想到育阳的胜利，大家有了信心，纷纷赞同。

王凤虽然自刘秀一开口说话就不爽，觉得他抢了自己的领导风头，但是他自己又没有好办法，所以也就说道：“大家都同意刘将军的观点，那么就有劳李将军去城外打探敌军的消息。但是我们现在城中兵少，李将军只能带五千人出去，记住，千万不要和敌人硬拼，打探清楚后就赶紧往回撤，一定要保存实力，千万不要出现危险！”

这王凤说得很是关心李轶，以此表现自己比刘秀的权力大，自己才是军中领袖。

李轶恭敬地领命而去，王凤很是享受这种感觉。

可是，李轶率领五千人马刚出城不久，就与王邑率领的新莽大军正面相遇。王邑的大军实力强大，李轶的部队无法抵挡，很快就被击败。只有李轶和少数将领成功逃脱，逃回了昆阳城。

这一消息传回城内，原本稍微安定的更始将领们再次感到惊慌失措。王邑大军的强大实力已经成为无法忽视的事实，这使得更始将领们对未来的战斗充满了担忧和恐惧。

再说王邑和李轶的接触战一打，分分钟灭了李轶，让他刀锋见血，士气顿时高涨。在前往昆阳城的途中，王邑的军队不断吸收沿途的残兵游勇，其中包括严尤的散兵，人数逐渐膨胀至四十三万多。此外，王邑还拥有一支由他亲自培训的巨无霸兽军，这支特殊的部队无疑为他增添了更多的底气和信心。随着队伍的不断壮大和士气的持续高涨，王邑对攻下昆阳城充满了信心。

此时的王邑骑在马上，气势如虹，仿佛已经是一位得胜归来的将军。他并没有意识到自己的军队虽然庞大，但内部却杂乱无章。他骄傲地指挥着军队如同洪水般涌向宛城外围，意图一举将其拿下。

这种迅猛的攻势给汉军带来了前所未有的惊恐。他们原本陶醉于之前的胜利之中，但李轶的大败像一记重锤击打在他们的心上，让他们瞬间失去了信心。王邑的新莽军推进到昆阳郊外时，昆阳城内的汉军将士已经陷入了一片混乱和恐慌之中。

在昆阳城内，守军们陷入了激烈讨论。面对新莽军强大的攻势，他们心中充满了疑惑和不安。选择逃离还是坚守阵地，成为了摆在他们面前的一大难题。

如果选择逃离，那么必须立刻行动，趁着敌军还未完全包围昆阳城时撤离。否则，一旦敌军完成了包围，他们将插翅难逃。如果选择坚守，那么他们必须面对王邑庞大而强大的军队。汉军将士们深知自己的兵力与敌军相比相差悬殊，这让他们感到无比恐惧。他们开始怀疑自己是否能够守住昆阳城，是否能够抵御住敌军的进攻。

在这种困境下，李轶也动摇了。他亲身经历了与敌军正面交锋的惨烈，深深感受到了双方的兵力差距。李轶的退缩在汉军中引起了巨大的震动，使得原本就不稳定的军心更加动摇。王凤一心扶持更始帝，原本期望能在更始帝身边享受大权在握的滋味，然而此刻却被困在昆阳城中，生死未卜。他开始后悔随军出征，更后悔听了刘秀的建议，因为这导致他失去了原本可以享受的安逸生活。

在城墙上，王凤望着远处黑压压的敌军，心中充满了慌乱和忐忑。他内心想着如果能够躲过这一劫，他再也不愿意出征了，只想乖乖地待在更始帝身边，享受被众人簇拥和保护的生活。

二、大兵压境，刘秀献策

王凤想不出丝毫办法，更是没有了主意，他长吁短叹走下墙头，转身走在空无一人的街上，向着军营而行。迎面遇见了一些原在绿林军中的将士，这些人远远一见王凤，就像见到了救星，围着王凤抢着发表意见。

“王将军，在昆阳属将军权力最大，趁着还来得及，我们赶紧撤离吧，不要说新莽军的四十三万大军能把我们碾平，就光那些兽军，都能把我们撕碎，我们留在这里，无疑就是在等死！”

“就是，自古打仗，哪有鸡蛋碰石头的？人不跟兽战，明摆着吃亏还要硬撑，不是送死吗！”

“是的，见机而行，留得青山在，不怕没柴烧。这才是真英雄！”

“王将军，现在最好的出路就是我们丢弃昆阳城，去宛城找大部队，到时候人多了，点子也多！”

“对，我们这样不是怕死，是为了保存实力，昆阳的粮草，我们都运得差不多了，我们即便是在这里坚守，最多也只能坚守一个月，一个月后，我们外无援兵，内无粮食，待在这里不就是送命吗？”

几个将军叽叽喳喳地说了一遍，不外乎就是要放弃昆阳城逃跑。

这几人一边说，一边观察着王凤的表情，心里都谋算着，只要王凤稍微动摇，他们就会逃命而去。

王凤静静地站在路上，目光深沉地扫过人群，尽管表面上他看起来平静，但内心深处，他其实赞同那些想要逃离的人的想法。他暗自思忖，如今终于有人愿意承担弃城而逃的罪名，法不责众，如果大家都选择逃跑，那么即便事后追究责任，也不会只落到他一个人头上。

生死关头，王凤觉得自己没有必要在这里冒险送命。他心中权衡着利弊，如果真的丧命于此，那么他将失去前半生所积累的一切福报和利益。这样的牺牲在他看来毫无意义，他不禁自问：我们这样冒险到底是为了什么？名利都得不到，何苦来哉！

正当王凤下定决心准备跟随众人逃离时，刘秀急匆匆地跑了过来。刘秀的出现让王凤心底一沉，他明白刘秀是来阻止他们逃跑的。同时，他也察觉到其他人已经坚定了逃跑的决心，他们不会听从刘秀的劝阻。

刘秀赶到众人面前，神色凝重，准备发表自己的观点。然而，他还没开口，就被王凤不客气地打断。王凤面带嘲讽，声音中带着不满："刘秀，你何时养成了听墙根的毛病？这样偷听别人的谈话，可不像是正人君子所为。"

王凤的话语立刻引起了一些将军们的共鸣，他们开始附和着王凤，对刘秀投以不满和冷嘲的目光。一些将士甚至窃窃私语，讨论着刘秀的不当行为。

面对这样的指责和嘲讽，刘秀并没有发火或激动，他保持着冷静和理智。他深深吸了一口气，目光坚定地看着众人，行礼说道："各位将军，请听我一言。我并非有意偷听，此事纯属巧合。刚才我巡逻时，遇见一位士兵，他提及了你们正在讨论走与守的问题，我觉得事关重大，不能置身事外，因此匆匆赶来。我心中已有明确的想法，希望能与大家共同商议。"

刘秀在大家孤立自己的情况下，平静地说了这一番话，打消了众人对他的排斥之心，刘秀见大家神色缓和了下来，就又说道："各位将军，大家是走是留，当然各有各的想法，我的想法是，这就不是个问题，根本不用去考虑，也不用讨论。”

刘秀解释完后，王凤却嗤之以鼻，他嘲讽道：“生死攸关的时候，刘文叔你倒是看得很开啊。敌军刀锋已经架在我们脖子上了，你居然说这不是个大问题？”他的语气充满了不屑和轻蔑，显然对刘秀的话不以为然。

众人之前虽然支持王凤，但是现在，大家都想听一听刘秀到底有什么见解，所以就都没有附和，毕竟每次到了关键的时刻，刘秀都能拿出和别人不同的见解，他们都期望刘秀能拿出一个好的主意来。

刘秀从大家的眼神中看到了这种期许，他声音洪亮地说道：“我所谓的去留不是问题，其实大家稍加思考就能明白。假设我们现在选择撤离，逃往宛城，那又能怎样呢？王邑的大军难道不会紧随其后追击而至吗？到时候，王邑因为占领了昆阳城而兵强马壮，而我们即便与主力部队会合，也依然处于弱势。那时候，我们将无处可逃，无城可守。更糟糕的是，宛城还在敌人的控制之下，他们若是从内部和外部同时夹击我们，我们岂不是陷入了绝境？各位，请仔细思考一下，我们辛辛苦苦建立起来的更始国，难道就这样轻易地覆灭了吗？我们自身的安危尚且难保，更何况是我们的妻儿老小呢？你们说，这去留的问题，真的是一个可以轻易做出的决定吗？”

刘秀说到这里，环视大家，很动情地说道：“因此，我们不能考虑逃跑，唯有坚守昆阳，才是我们唯一的活路。王邑的军队虽然强大，但他们长途跋涉，疲惫不堪。他们的军队庞大而杂乱，人兽混杂，虽然看起来凶猛，但实际上缺乏战斗经验。当这样一支庞大的队伍来到城下时，他们不可能全军都发起冲锋，必然会有一部分士兵旁观。他们无城可依，冲锋之后还需退回，而我们只要坚守昆阳，拖住王邑的军队，就可以为我们的主力部队争取攻打宛城的时间。”

刘秀的话语中充满了智慧和策略，他通过分析敌我双方的形势和优劣势，让众人明白坚守昆阳的重要性，也明确地分析了王邑的军队，否定了兽军的作用。

王凤以嘲讽的口吻回应道：“刘将军，你之前也是这样说的，我们大家信了你的话。现在你又重复相同的论调，还要我们再次相信你。那么，请你解释一下，如果王邑的军队真的徒有虚名，为什么李轶会被打得大败？你怎么就不肯承认我们兵力不足，到底是谁在这里徒有虚名、不堪一击呢？”

听着王凤的话，刚刚有了一些希望的将领，又灰心沮丧了，甚至觉得连逃跑的希望都没有了。

王凤的反驳让刘秀陷入了短暂的沉默。他明白王凤的质疑并非无理取闹，而是基于之前战败的事实。这要求刘秀不仅要有理有据地阐述坚守昆阳的战略价值，还要解释为何之前的战斗会失利。

深吸一口气后，刘秀平静地回应道：“王凤将军，你提出的问题非常关键。李轶之所以战败，并非因为王邑的军队强大无比，而是因为我们之前的战术有误，李轶吃败仗，这是显而易见的事。李轶是去探听消息的，他们轻装出发，有的人连长刀长枪都没有带，根本就没有准备要跟他们打正面仗，就这样猛然相遇，能不吃亏吗？昆阳城不同于其他战场，这里地形险要，易守难攻，城内有充分的粮食，只要我们坚守不出，利用城墙之利消耗敌军的锐气，最终胜利将属于我们。”

刘秀顿了顿，继续说道：“至于兵力问题，我承认我们目前的人数确实不多，但这并不意味着我们没有一战之力。王邑的军队虽然庞大，但长途跋涉、疲惫不堪，战斗力会大打折扣。而我们则可以利用这段时间加强训练、提升士气，以弥补兵力的不足。此外，我们还可以寻求其他盟友的支持和协助，共同对抗敌军。”

在刘秀的话语中，他并没有回避问题或逃避责任，而是坦诚地分析了之前战败的原因，并提出了相应的解决方案。他的回答既有力又具说服力，让一些原本持怀疑态度的将军开始重新考虑自己的立场。

这时候将领中有人说道："不错！与其丢了这道防线，被敌人残害了妻儿，不如守在这里，为家人而战！"

"是的，刘将军说得非常对，如果我们现在弃城而去，不但保不住我们的妻儿老小，就连我们自身也很难保，不如我们留下来奋力一战，拖住王邑，助刘縯将军打下宛城，到时候他肯定会再来给我们助战，我们就可以和刘縯将军一起夹击攻打王邑。王邑败了，王莽的新朝也就完了，这可是我们推莽的大好时机，我们的成败在此一举，大家可不能做错事，把大好的机会失去！"王常站在人群后面朗声说道。

王常的威望在整个绿林军中很高，所以他一出面，大家本来就觉得刘秀说的有道理，现在听了他的话，就更加信任刘秀了。反正跑也跑不掉，不如留下来一战，就这样，想要逃亡的人不逃了，坚定了守城的信念，大家一心一意准备拼死守城。

之前，王凤一直坚定地主张逃跑，将个人的安危置于首位。然而，随着形势的变化，他逐渐意识到逃跑不仅会危及整个军队的士气，更会导致他个人威信的彻底丧失。王凤明白，现在是拉拢人心、树立威望的关键时刻。如果他选择逃跑，之前所建立的威信将荡然无存，他的形象也会受到严重损害。更糟糕的是，逃跑将使他失去独掌大权的机会，未来再难有施展才华的舞台。

因此，尽管王凤内心仍存有逃跑的念头，但他开始权衡利弊，思考如何既能保全自己，又能维护军队的士气和个人形象，于是他立刻说道："我王凤虽然是个粗人，但是刘将军和王将军的话我还是听懂了，真可谓苦口良心，为我更始军安挽军心，而这些话正是我想说的，两位能这样说出来真是太难得了，既然大家都说清楚了，就快点行动，我们一起奋力而战，誓与昆阳共存亡。"

王常惊讶地看着王凤，王常从来没有见过王凤如今天这样慷慨陈词，以往的王凤，让他觉得自私自利、狡黠、不顾大局，可是此刻，王凤居然说要和昆阳共存亡。王常觉得自己以前可能误会了王凤，在危难时刻，王凤才显出了他的真性情，王常认为，王凤是个好兄弟，于是他心里一释前嫌，就拉着王凤的手，而刘秀站在边上，也是激动而又真诚地说道：“有了王将军的支持，昆阳肯定能守住！”

正当大家一团和气的时候，一个士兵跑了过来，他慌慌张张地报告：“报禀成国上公，新莽军已到城外，大军一眼望不到头！”

王凤一听，心里恶狠狠地说道：“刘秀，这下如你的愿了吧？我们想逃都逃不走了，这么多的敌人，这仗你怎么打？既然你坚持打，那你就来指挥吧，到时候你战死了，爷爷给你收尸！”

王凤狠狠地诅咒着，一脸临战前的激动，他大声说道：“诸位将军，大战在即，我们需要一位优秀的指挥，刘将军胸中有韬略，而且他刚说对守城已经有了一套成熟的计划，那么本将就让贤刘将军指挥守昆阳，大家一定听刘将军的命令，守住昆阳，打败王邑，我们每个人记大功！”

“好，王将军真是英明之人！我们就听刘将军的指挥！”许多将领明白，守城一战，只有听刘秀的指挥，再加王凤让贤，让大家又意外又更加团结，对城外的敌军压境不是那么恐惧了。

大战在即，刘秀也不推让，他大声说道：“谢上公看得起在下，在下一定不辱使命，一定让大家满意！”

刘秀不推让也是为自己和士兵们的安危负责，刘秀很清楚，自从立了更始帝，他们兄弟就很被动，如今面临困境，若再推辞，那就是不顾生死，太危险了，与其让别人束手束脚，不如把这权力拿过来，好好打完这仗再说。

所以刘秀当仁不让地接过了指挥权。

王凤看着刘秀当仁不让的气势，心里狠狠骂刘秀逞能，但是他的脸上还是很负责任地叮嘱了几句，然后他才慢慢离开了现场，回自己的营帐。

等他走出几步，他的嘴角一扯就露出冷笑来，在他的心里，昆阳守城战肯定会失败，指挥权让给了刘秀，那么失败的责任就应该也让他背起来，到时候有他顶罪，自己能有什么错？就让他们打去吧，我还是抽个机会逃到城外去，刘秀啊刘秀，你不是很聪明吗？到最后还不是为我卖命，替我顶罪！

王凤得意地走了，其他的将军却没有走，他们相信刘秀的能力，大战在即，他们需要刘秀带着他们，打胜仗，求生机。每一个将军都满怀期望地看着刘秀，催促着说道："刘将军，你说这仗怎么打？我们听你的！"

刘秀看着眼前诸将如此相信自己，也就不再耽搁时间，他拉着大家走到议事厅，站在地图面前，指着昆阳城四周的地形，说道："眼前局势很严酷，我也没有什么很好的办法，但是昆阳城坚固，便于我等坚守，我们八九千的兄弟死守城池，倒是可以和新军一战！"

诸位将军本来以为刘秀有高明的破敌之计，没想到，刘秀却说出这样的话，一时间，大家都沉默了。

张印忍不住吼道："刘将军，我们本来以为你有什么好的办法，你却说一个死守，王邑大军号称百万，我们八九千能守几时？怎么守？"

刘秀耐心地说道："我们多守一天，就多一分胜算，就为主力部队争取一天！"刘秀语气坚定地说道。

刘秀继续说道："纵观天下大局，王莽新朝已呈现败象，这次能够大军来临，也不过是孤注一掷，拼凑而来几十万人而已，貌似强大，实际军心不一，士气不振，将帅离心。这样的军队，一旦咱们舍命抵抗，他们就会像一盘散沙而溃散，而且新莽军处处受到打压。东有赤眉，北有铜马和青犊义军，所以，从全国战场来看，新莽军是被动的。我们不能只看昆阳受到了压制，我们只要齐心协力地抵抗，顽强地拖住他们，给我们主力部队争取到时间，我们就能够打赢这场仗。而且打赢这场仗的效果，就等于是打败了王莽王朝最有力的一支军队，我们将功不可没！"

刘秀慷慨陈词，鼓励诸位将军，说到这里，他稍作停顿，又继续说："当然，我们不能长期坚守，最多坚持一个月，最好的办法就是我们派人前往郾城、定陵，招集援军，里应外合奋力一战，才有希望解昆阳之围。现在我们这些人，到底谁来坚守昆阳，谁去突围求援，大家还请快速商量决定。"

刘秀的话问出之后，面前的人都沉默不语了，大家都很清楚，出城突围求援，面对的可是百万大军和兽军，不是战死就是被野兽吃掉，根本没有活路可逃，更别说顺利完成任务了，坚守在城里，说不定还能多活一会儿，所以每个人都不说话。

刘秀再问："昆阳的安危在于外援，谁人去求援？"

众人还是继续保持沉默。眼看着刘秀的话在诸位将军中激不起一丝波澜，王常憋不住了，他挺身而起，说道："刘将军，本公愿意亲自去征调援兵，解昆阳之围。"

刘秀连忙说道："昆阳城中，谁都可以出城求援，唯大将军不可以！"

"此话怎讲？"王常感到奇怪，便问刘秀。

"坚守昆阳城和去城外求援，都一样重要，大将军位高权重，品德卓越，唯有你可以号召昆阳军民坚守城池。"

刘秀的意思，此时此刻，王常对于坚守昆阳城至关重要，其他人内心都有弃城而逃的念头，只有王常最坚定。他担心，如果王常不在这里，其他将领的守城意志可能会进一步动摇。

三、刘秀突围寻外援

王常听着刘秀的话外之音，看着他的眼色，忽然就明白了过来，便说道："就依刘将军的话，王常将带着大家死守昆阳城，等待援军的到来！"

听了王常的话，刘秀环视面前的诸位将军，朗声说道："既然诸位将军都愿意死守昆阳，就请协同成国上公一起坚守。守住昆阳，将是奇功一件。刘秀愿意独自突围，前去调兵。诸位保重，来日相会昆阳城，一起庆祝胜利！”刘秀说完，大步往外走。

“刘将军且慢！”刘秀身后有人大喊。

刘秀回头一看，是王霸在喊自己，王霸说道：“刘将军不畏生死，临危不乱，元伯佩服，元伯愿意跟随将军一起突围，为昆阳求得援军！”

王霸的话音刚落，议事厅内呼应声又响起。

“末将愿往！”

“末将也愿往！”

一时间站出十二人，分别是骠骑大将军宋佻，偏将军邓晨、任光等人，就连刚吃了败仗的李轶也愿意一同前去。

刘秀看着面前的十二名勇士，感慨地说道：“若我汉军将士都像诸位一样，王邑、王寻能拿我汉军如何？来，现在我们大家商量一下如何突围，如何坚守。”

十三名勇士坐在一起，商讨突围的办法，李轶因为已经打了遭遇战，他心有余悸地说道：“巨无霸和兽军凶猛无敌，我们要避开它们。最好等到晚上，我们趁着夜色出去。”诸将点头同意。

刘秀却说道：“李将军所言有理，可以避开巨无霸和猛兽军，可我们不能等到晚上，这一会儿，新莽军没有攻城，是因为他们人多，还没有形成合围，他们正忙着安营扎寨，我们只有抓住时机，趁他们立足未稳无暇顾及几个出城之人，才有可能突出重围！”

其他诸将和十二位勇士纷纷点头，同意刘秀的观点。

刘秀先对王常抱拳说道：“昆阳城就拜托给上公了！”

话毕，刘秀对十二位勇士说道：“出发！”

十三人披挂整齐，手持兵刃，牵着战马来到南城门。王常率诸将互道珍重。

王常内心感慨，对刘秀说道：“《汉官仪》中曰：欲令国家盛大，社稷常存，故称太常。汉室恢复，刘将军得封太常偏将军，虽然官位低，但却应了社稷昌盛之运，将军今日举动，莫非也是天意？”

刘秀听了王常的话，很是感动地说道：“借上公之言，我等今日必突围成功，搬来援军，打败新莽军。开城门，我等去了！”

王常走到城门口，亲自打开城门，刘秀等十三人翻身上马，刘秀一马当先，冲出城门，其余人跟在他的后面，冲向南门外的新莽军。

南城门外，新莽军士兵们由于长途跋涉，刚到昆阳城外就显得疲惫不堪，饥肠辘辘。有些士兵没有分配到休息营帐，只能三三两两地坐在地上，有的忙着埋锅造饭，有的则在生火。整个新莽军营地显得杂乱无章，毫无军纪可言。

就在这种混乱的时刻，刘秀率领的十三人突然冲出昆阳城的城门，迅速冲向新莽军。他们的出现让新莽军士兵们措手不及，一时间惊慌失措。直到有人高喊：“敌人来袭！”才使得新莽军士兵们意识到敌军的到来。

但是话还没有喊完，就被刘秀一刀劈成了两半。刘秀十三人策骑冲入，就像是十三只猛虎，杀进了新莽军宿营地。而新莽军没想到居然有人敢闯营，所以还没有反应过来，刘秀十三人已经骑着马冲了过去。

刘秀和他的十三名勇士继续向前冲锋，这次他们遭遇了已经有所准备的新莽军。新莽军士兵们手持刀枪，试图阻拦和围截刘秀他们。然而，刘秀毫不畏惧，他骑着马冲在最前面，挥舞着大刀横扫敌军。只要敌人沾上他的刀刃，便立刻倒地身亡；碰上他的刀锋，便身受重伤。新莽军在刘秀的勇猛攻击下纷纷倒下，战场上血流成河。

邓晨紧随刘秀之后，他的大砍刀上下飞舞，寒光闪闪，每一次挥刀都伴随着新莽军士兵的惨叫声。其他人也跟在刘秀和邓晨的后面拼命冲杀，他们的勇猛和决心让新莽军无法抵挡。

转眼间，刘秀等十三名勇士已经杀到了新莽军的营地中间。

军营中一片混乱，喊杀声震耳欲聋，连北门都能清晰地听到。王邑和王寻两人身处中军大营，原本打算好好休息一夜，以缓解随军劳累。然而，他们还没有来得及睡下，就被严尤急匆匆的禀报声惊醒。

“禀大司徒大司空，南城门有汉军闯营，来势汹汹！”严尤的声音充满了紧张与焦虑。

王邑和王寻闻言立刻坐起身来，脸上露出了惊讶的表情。他们原本以为昆阳城已经被重重包围，汉军插翅难逃，没想到竟然会有汉军如此大胆，敢在夜间闯营。

“可知是何人领兵？”王邑沉声问道。

“回禀大司徒，暂时还不清楚。但汉军来势汹汹，我军士兵已经死伤不少。”严尤回答道。

王邑问：“敌方闯营，有多少人马？”

严尤回答：“不多，有十三骑！”

王邑听了严尤的话，看也不看严尤，冷笑说道：“我大军数十万，军营座座连接，就十三个人，还能闯出去吗？南门各营地就地截杀便好，其他营地不得擅自行动。”

严尤一听王邑的话，紧张地说道：“大人，这十三骑非常勇猛，他们肯定想闯出去搬援兵，大人可不能放他们过去。”

王邑一听生气了，说严尤道：“该怎样做，还要你来指教本公吗？”

王寻也冷笑说道：“就区区十三个闯营去逃命的叛贼，有什么可怕的，严将军是打了败仗丢了胆子吗？”

严尤因被王邑和王寻的轻视和侮辱而感到愤怒和失望，他选择沉默不语，退到一旁。

南门地段，新莽军营陷入了一片混乱和恐慌之中。人声嘈杂，马匹嘶鸣，与喊杀声交织成一片。新莽军前拦后追，如潮水一般涌杀向刘秀等人。

刘秀犹如血人一般，全身染满了鲜血，但他没有丝毫停下来的意思，只是不停地挥舞着手中的武器砍杀着敌人。他的眼神坚定而冷酷，仿佛要将所有的敌人都斩尽杀绝。

王霸和任光紧紧跟在刘秀的身后，为他断后，确保他能够一路向前冲锋。他们三人配合默契，一路杀得新莽军鬼哭狼嚎，血流成河。

新莽军士兵们看着刘秀等十三人如同看见了杀神一般，心中充满了恐惧和敬畏。他们不敢上前去拦截拼杀，只能大声地喊着，脚底下却往后退去。

刘秀等十三人越杀越勇，情形犹如刘秀猜测的那样，只是部分人拦截，其他的人在忙着安营扎寨，根本没把他们放眼里，而眼前奉命拦截的，也因为怕死而后退。刘秀远望四周，看到快要冲出敌营了，就大声喊道："兄弟们，往一起靠拢，我们就要杀出去了！"

其他十二人闻听，精神为之一振，斗志昂扬地靠拢，一起奋勇杀向敌营边上。而敌营中因为只有一些士卒，根本无力拦截这突围的十三位勇士，所以刘秀等人，硬是冲出了敌人的重重包围，打马而去。

趁着夜色成功突围的刘秀等人毫不停歇地向前奔跑。直到确认后面没有追兵，刘秀才勒住马缰，疲惫不堪地喘息着。这时，他才感到腿上传来阵阵剧痛，伸手一摸，竟然插着一支箭矢。刘秀咬紧牙关，毅然拔出了箭矢，随后做了简单的包扎。

其余十二名勇士也或多或少地受了伤，但他们没有抱怨，只有庆幸。大家互相问候，互相包扎伤口，感慨万分。能够在如此激烈的战斗中全身而退，无一人丧命，这确实堪称奇迹。

刘秀对伤痕累累、精疲力竭的同伴们说道："所幸我们都已冲出来，救人如救火，我们不能再耽搁了，现在我们立刻去定陵搬救兵。"

十二位勇士齐声答应，又重新上马，打马飞奔向定陵。

在宛城之下，刘縯率领汉军发起了猛烈的攻城战。他深知昆阳城已被新莽军重重包围，但他对刘秀和王常的信任坚定无比，相信他们一定会拼死拖住敌军。因此，刘縯决心以更加凶猛的攻势为昆阳城解围。

他指挥汉军不断发动猛攻，使得宛城的守将们疲惫不堪，兵力逐渐不支。同时，宛城内的粮食储备也日益减少，守军们的士气开始低落。刘縯看在眼里，心中明白只要继续加大攻势，胜利就在眼前。

然而，就在这个关键时刻，大司马朱鲔匆匆赶到刘縯的帐前。他带来了一个令人震惊的消息：王邑和王寻已经率领大军包围了昆阳城

朱鲔对刘縯说道："大司徒，宛城久攻不下，若昆阳被破，我们将腹背受敌，还请大司徒撤兵增援昆阳！"

此时唯恐腹背受敌的不只朱鲔，护军朱禧和校尉阴识也是这个想法，两人见朱鲔建议，便也跟着劝说道："昆阳城中八九千兄弟被围，恐有不测，宛城既然攻不下来，我们为何不分兵援救昆阳，我们救下昆阳，说不定破敌有望。"他们俩说到了兄弟二字，其实就是提醒刘縯，刘秀在昆阳城中，为了刘秀，也应该支援昆阳。

但是，刘縯听了他们的话，一点都不为所动，只是对朱鲔说道："大司马不必多虑，昆阳被围的事情我已经考虑清楚，有廷尉大将军王常和太常偏将军刘秀死守昆阳，王邑和王寻一时半会儿拿昆阳无法，而宛城却必将在旦夕攻下。我们早一天攻下宛城，就多一份破敌希望，如果我们此时放弃宛城，前功尽弃，我们到时将无立足之地，被新莽军所灭也是很快的事！请大司马回本部，刘某这里还要继续攻城。"

朱鲔被拒，恼怒说道："大司徒，你把王常和刘秀当成神人了吗？如今围攻昆阳的有百万大军，昆阳城中守军不过八九千人，他们凭什么能守住昆阳？现在军中人心惶惶，就怕百万大军灭了昆阳之后再来攻打我们，腹背受敌你难道想不到吗？你怎么可以睁着眼睛说瞎话？"

刘縯本在攻城，被干扰，也是生气大怒："大司马，我才是军中主帅，你这样指手画脚，不合规矩！"

朱鲔想到自己的方阵把持了更始帝，却也不怕刘缜，于是他冷笑一声，说道："哼，大司徒，你虽然号令全军，是军中统帅，可是你如果把大家往死路上带，我等也可以不听命！不去增援昆阳也行，那朱某要带上新市兵转回山中逃命去了！"

刘缜一看朱鲔在危急关头又要自私逃走，气得拍桌子道："朱鲔，大战期间，你擅自离岗，已经犯了军纪，若你再胡言乱语，乱我军心，就别怪本帅对你军法处置！"

朱鲔看着刘缜对自己咆哮，生气却又无话可说，环顾左右，朱祐和阴识正怒目瞪着自己，他才明白此时自己身边连个保护的人都没有，心里便害怕刘缜趁此机会借军法处置了自己，但是他又觉得自己是大司马，于是他端着架子，不知所措地站着。

正在此时，刘缜的帅帐外有声音传道："圣旨到！大司徒刘缜接旨！"

随着话音刘玄身边的黄门来到帐中。

刘缜慌忙跪下接旨，刘玄的圣旨不外乎命令刘缜撤宛城之兵去救昆阳。

刘缜恭敬地说道："臣接旨！"

刘缜迟疑地接过圣旨，脸色难看。这时候，朱鲔可得意了，他说道："大司徒，这下该分兵援助昆阳了吧！"

刘缜站起身，气愤地说道："刘某是接旨，不是遵旨，将在外，君命有所不受。"

刘缜说着话，给朱祐和阴识发令让他们率各部继续大力进攻宛城，一定要打得宛城胆战心惊，以求快速破城。不遵号令者，军法处置。

朱祐和阴识接令。

阴识有些不理解，问刘缜："大司徒，你不指挥攻城了？"

刘缜瞪一眼阴识，阴识不敢再问，忙去执行命令。

朱祐手拿令箭，走到朱鲔面前："大司马，快回你的指挥所攻城，否则，别怪我到时军法伺候！”

朱鲔气得挥袖而去。

不一会儿，宛城下，汉军又发起了猛烈的进攻。

刘縯对刘玄的黄门说道：“公公，请带刘某去见陛下！”

黄门也是目睹了刘縯接旨不遵旨的过程，正愁没法回去说，便赶紧应了，这样也免了自己回去挨骂。

此时的更始帝也没有个固定的城池作为自己的皇城，本来他有个行宫，可是，汉军主力来攻宛城，他怕自己没人保护，就随军到了宛城，此时在后山安全处扎了个营帐，就打算攻下宛城，定都此处。

刘縯不一会儿就到了更始帝的营帐，黄门侍郎进去传报，刘玄便传刘縯进见，刘縯见刘玄愁容满面，就问他为何发愁。

刘玄说是为昆阳发愁，他担心昆阳不保，汉军腹背受敌，自己性命不保，刘玄又问刘縯不去支援昆阳，找自己何事。

刘縯看着懦弱的刘玄，满心悲哀，目前，虽说汉室已恢复，但是所立刘玄根本无力复兴高祖之业。可是刘縯此时也不能多想，毕竟正在攻打宛城之际。

刘縯行礼说道：“臣是因为接到陛下的旨意，来见陛下。臣以为，当下之急并不是援助昆阳，而是攻下宛城，只有把宛城攻下，我们才能够分兵援助昆阳，只有宛城攻下，我们才有据点，才有机会打败新莽军，昆阳城中，现有王常和文叔，他们一定会死守昆阳，拖住王邑大军，帮我们争取打破宛城的时间，所以我们现在最应该做的就是全力进攻宛城。”

刘玄听得连连摇头，说道：“大司徒，王邑围昆阳用的是百万大军，文叔和王常怎么拖得住，他们八九千人，怎么和王邑的百万大军对抗？更何况宛城打了这么久，也打不下来，我们又何必在这里耗费兵力，朕的意思是立刻援兵昆阳！”

刘縯一点都不把刘玄的话放在心上，他耐心地解释：“陛下不可，宛城旦夕可破，已没有什么力道。但是我们现在如果去支援昆阳，宛城的岑彭一定会在背后偷袭我们，到时候我们也是腹背受敌，怎么跟王莽的大军打仗。倒不如把宛城攻下，没了后顾之忧再援昆阳。这样陛下在宛城也安全！”

此时的更始帝刘玄根本听不进去刘縯的话，他气愤地说道：“刘縯，你敢不听朕的旨意！”

刘縯看着更始帝，目光坚定霸气，他说道：“陛下说得没错，臣今日就是不能遵旨，将在外，君命有所不受。攻宛城的将士，一刻不停地在攻宛城，就在这样的关键时刻，我不能拿将士们的命不当命！”

刘玄自小就怯乎刘縯，此时虽然做了皇帝，但是当刘縯直视他，且不依不饶地坚持自己的观点时，刘玄又胆怯了，他低声说道：“那就依你吧！”

刘縯一听高兴地给刘玄磕了头，感谢刘玄对自己的包容和宽宥，然后就告辞往宛城而去。

四、昆阳大战

面对昆阳城这座小小城池，王邑竟然调集了百万大军，将其里三层外三层地重重包围。战马的嘶鸣声震天响，旌旗在风中飘扬，整个战场上的阵势让人望而生畏。即使身处昆阳城内，也能感受到那股肃杀之气和压迫感。

新莽军的包围让昆阳城变得岌岌可危，仿佛随时都会被攻破。然而，城内的汉军将士们并没有因此而屈服，他们坚守着阵地，决心与城池共存亡。

新莽军的统帅王邑和王寻在当天夜里并没有追击突围而去的刘秀十三骑，而是安心在大帐中睡了一觉。直到第二天，他们才得知这十三名勇士已经成功突围，并且在突围过程中杀死了大量新莽军士兵。这一消息让王邑和王寻勃然大怒，他们破口大骂，尤其是对着南门守城将宋命，指责他是饭桶，连区区十三个敌人都拦不住，毫无用处。

王邑和王寻的愤怒和责骂不仅体现了他们对刘秀等人的轻视，也暴露了他们对新莽军士兵生命的漠视。他们没有意识到自己的战术失误和士兵素质的不足，而是将责任全部推到了宋命身上。

宋命在昨夜的拦截战中受了伤，这会儿被骂，很是委屈，为自己辩解说自己奋力拦截，无奈那些汉将武功厉害，势不可挡，根本拦不住，其他营的又不出手帮助，所以才让汉军杀了出去。

王邑听着宋命是在责怪自己把命令下错了，一时恼火，就下令斩杀宋命。一边的刀斧手上前架起宋命就要行刑，宋命怎么都没有想到自己拼杀一场，负伤累累，竟会是如此结局，虽然气愤，但是活命要紧，于是他苦苦哀求王邑饶自己一命。

旁边的其他将领军士也替他冤枉，但是却不敢求情，只有严尤出面说道："大司空，宋将军是有罪，但我军远征至此，还未出兵作战，不如留下宋命的性命，让他戴罪立功，再说未战斩将，也不祥！"

此时王邑根本不听严尤的建议，他嘲讽严尤心慈带不了兵，所以打了败仗，又说宋命奉命阻截不用心才让贼人逃脱，必须军法处置。

严尤被嘲讽，知道自己是败将，无权说话便无语退下。宋命见自己难逃一死，便豁出去，骂王邑如此带兵会将几十万的大兵毁在他的手中。

王邑暴怒要士兵斩杀宋命，宋命大笑着抽剑自刎身亡，边上的将士和兵卒看了，不觉心凉，心里唏嘘主帅的冰冷。

王邑也没有想到宋命会如此蔑视他的权威，当众自刎，当时恼羞成怒，让人把他拖出去收拾干净。

将士们未战心凉，王邑却没有意识到，他不做任何的解释，继续发号施令，很是威严地说道："汉军十三骑突围，是去搬救兵了，我军延误不得，今日攻昆阳城，诸将听令，督促各部，同时进攻昆阳四门！”

王邑的一声令下，昆阳城外的新军潮水一般攻向四个城门，云梯靠上了城墙，无数新军喊杀着爬上云梯，整个昆阳四面城墙上黑压压趴满了新莽军。

汉军廷尉王常亲自站在昆阳城头，眼神坚定地督战。城墙之上，八九千名士兵整齐地排列着，他们屏息凝神，严阵以待，等待着王常的号令。

王常见新军已爬到半城墙，便擂响战鼓，命令反击。汉军居高临下射箭，云梯上的新莽军无一例外中箭落地而亡，汉军打退了新莽军的第一场攻城。

王邑和王寻亲自率领六十三家军吏观战，命将士们进攻，这一次将军们手持盾牌和兵刃，又爬云梯。王常见新莽军爬至半城墙，又命汉军用滚木、礌石、开水阻止攻城，这一次新莽军又是重伤而退。

新莽军一次又一次攻城，汉军拼死守城，这样大战两日。

昆阳城依然坚不可摧，纳言将军严尤知道汉军的厉害，看着新莽军伤亡大，就向王邑进言说兵分两路，一路继续攻昆阳，一路去打围宛城的刘缤，这样就可以和岑彭里应外合打败刘缤，抓住更始帝刘玄，就可以逼昆阳投降。

严尤的建议其实很厉害，因为当时刘缤打宛城没有结果，若王邑的大军分一部分过去攻打刘缤，那么王莽新朝和汉历史恐怕会有另一种可能。

在当时的情况下，严尤的计谋得到了六十三家军吏的支持，这本应为昆阳之战的新莽军带来一线生机。然而，王邑却以他一贯的狂妄傲慢态度，对此不屑一顾。

王邑说道：“十多年前本公率大军大破洛阳，可是因为没有生擒翟义而被人非议，如今我军是叛军几十倍，连个小小的昆阳也攻不下，岂不更让天下人耻笑。本公定要踏平昆阳，让陛下痛快，让天下震惊于我新朝的兵威！”

严尤一听王邑不听自己的金玉良言，只有叹息着无语退后。

王邑见汉军居高临下，守城守得严密，于是他想出用云车攻城，并下令立刻建造云车。

昆阳的汉军在城墙激战，交出了指挥权的王凤躲在自己的帐子里不出来，又怕将士们笑话自己，便假装和张印一起守南门。守了一会儿，见敌军攻势凶猛，心里害怕，又溜达到北门找王常。

结果北门战事更加凶残，两军一攻一守，俱是以命换命，王邑的精锐和巨无霸及兽军都在北门，只是发挥不了攻城作用，但是新军的攻城形势只增不减。王常率领士兵们打退新莽军一波又一波的进攻，在新莽军攻势稍慢的时候，王凤赶紧冲到王常跟前，王常吃惊地问王凤何事，又问南门战况。

王凤却不回答王常的问题，顾自说道：“昆阳城小兵少，怕是支持不了多久，还是要另想方法，不然，一旦城破，后果很可怕！”

王凤的话音不高，但还是让附近的士兵闻之色变，目光中尽显惊慌。王常生气，不说话，一把拽住王凤，到了无人之处责怪王凤不应该在生死攸关的时候扰乱军心，否则后果难料。王凤便说既知后果难料，更应该有退敌之法。王常以为王凤有妙计，不想王凤说的妙计是投降。

王常听了王凤的话大怒，说道：“刘秀他们已经顺利突围出去，我们的援兵很快就会到来，再说，如果此时投降，宛城的攻城将士就会腹背受敌，到时候我们才立的更始政权都将被颠覆，还请成国上公不要有此想法。”

王凤被王常的话触动，脸色一沉，反驳道：“颜卿，你怎么能这么说呢？难道你认为只有刘秀是英雄豪杰，只有他在为汉军着想吗？我王凤也并非贪生怕死之辈。我的考虑也是为了守昆阳的兄弟们。面对百万新莽军，我们八九千人确实难以长久对抗。

“至于你担忧的宛城那边腹背受敌的情况，我想解释一下。刘玄和刘縯与我们农民起义军确实不是同一条路，他们是汉室的后代，真正的皇族，而我们只是为了生存的绿林好汉。我们并不需要为他们卖命。而且，投降并不是一件简单的事，我只是跟你商量一下，投降还需要得到王邑和王寻的同意。如果他们不同意，我们也无法投降。

“我认为投降的事情还是要争取一下，毕竟好死不如赖活着，留得青山在，不怕没柴烧。只要我们这次能够逃得活命，以后有机会，我们还可以再次举旗反抗新莽。这是我的想法，当然，最终的决定还需要大家共同商议。”

王常听着王凤这番贪生怕死的话，心中涌起一股难以抑制的怒火。他尽量保持冷静，用坚定的语气说道：“成国上公，你真是太过天真了。我们现在是在打天下，将士们正在拼命，城里城外已经是血流成河。你以为你放弃骨气，不要脸地去投降，王邑和王寻就会饶你不死吗？你反抗新朝，他们岂能容忍你想反就反，想降就降？你就不担心最终不仅丢了骨气，还会丢了性命吗？你英名一世，难道想让自己毁在自己手里，成为别人的笑柄吗？”

王常的话虽难听，但也是实话，这话放在平时是很伤人的，王凤绝对接受不了，但是此时王凤被王常数说一顿，却没有发怒，毕竟他的想法没骨气，嚷嚷出来脸上也不好看，所以他顺着王常说道：“廷尉说的也是，这样吧，你守城，我就不打扰你，我试探一下王邑和王寻，毕竟，有条后路总比没有的强。”

王凤说完转身就走了，王常看着他的背影，生气地骂了句：“小人，贪生怕死！没气节！”

王常骂完就给不远处的亲兵一招手，让他过来，对他说道：“偷偷跟着王凤，发现他有什么异常，就随时报告，不要跟任何人说！”

亲兵得令就去追王凤了。

王常又冲上墙头阻击攻城的新莽军。

王常给士兵们传令："死守城池，决不让新莽军踏入昆阳城半步，多用滚木、礌石、沸水，节约箭支，硬仗还在后面。"

士兵们应声如雷贯耳："是！"

北门外，新莽军踩着同伴们的尸体一次又一次攻城，可是城下的尸体增多，攻城还是毫无进展。

王邑和王寻等人看得咬牙切齿，着急上火，忽然士兵们跑过来说云车造好了。王邑和王寻等人大喜，忙上前查看云车。尾随观看的还有六十三家军吏。二十辆云车宏伟壮观，高十几丈，足足比昆阳城墙高出一大截，上面的车斗能容十几个士兵，这样一来，站在云车里攻城，那真是如飞鸟过城，轻而易举。

这样的二十辆云车，真是对昆阳造成了大压力。

王邑和王寻本就依着百万大军骄傲得不可一世，现在有了云车攻城，更是自信满满，大有一抬足就能碾碎昆阳的架势！王邑正要下令让云车攻城，忽然有士兵拿着一封信来报告："大司空，大司徒，昆阳城叛军投下一封信，请大司空开启！"

王邑接过信拆阅，看完哈哈大笑："这昆阳城里已经是人心惶惶，他们的上层都不是一条心了，这封信是叛贼成国公亲自写的乞降书，他这是被我们吓破了胆啊，这样打下去，昆阳城旦夕可破！我们不接受投降，将士们，上云车，给我打！"

在边上的严尤感到很奇怪，既然昆阳城都乞求投降了，王邑为什么还要攻城？作为一个身经百战的将军，虽然因为育阳之战的失败而被王邑多次嘲笑，但是出于对这场战争的负责，严尤还是硬着头皮对王邑说道："大司空，且慢，请问大司空，既然叛贼已经投降，为何还要攻城？兵法上说不战而屈人之兵，善之善者也。大司空不如接受叛军的投降，也好早日结束昆阳之战，不再劳民伤财！"

王邑一听严尤的话就冒火了，他说道："严将军，你既然熟读兵法，为什么还会打败仗呢？兵法只是兵法，谁会不清楚兵法所云？但是人是无法揣测的，王凤是反贼，他怎么会诚心投降，说不定只是眼看着我军强大，诈降而已，他这次得了活路，还会再反的。本公是不会给他这个机会的，本公一定要把这些反贼杀个干净，以正国威，扬我军威，从此威震天下！"

严尤被王邑说得面红耳赤，但他并不轻易放弃自己的观点，严尤说道："王凤即便是诈降，我们也可留出一角，这样即可减轻昆阳守军的抵抗力，俗话说困兽犹斗，说的就是这个理。再说了，留一个缺口，让跑出去几个人，把昆阳城的消息散布出去，就可以分散宛城的军心，让他们动摇恐慌，岂不是一举多得？"

尽管严尤的计策很好，再次得到六十三家熟读兵法的兵吏的支持，大家都认为要么接受叛军投降，要么放开一角让其逃跑，不予追杀，但不能围得像铁桶一般，让叛军触底反弹。可是王邑还是拒绝了。

王邑说道："严尤你这样就是夸夸其谈，而本公就是要让你们看看我百万大军血洗昆阳的气势。你建议让叛军出逃一部分，会影响我军的士气。架云车，攻城！"

王邑根本不听任何人的意见。

新莽军得令，架起云车又发动了对昆阳城的进攻。

云车上的弓箭手居高临下，一阵箭雨将汉军压得不能动，城外的新军乘机踩着云梯爬上了城墙。王常一看，手持盾牌冲杀在前，鼓舞汉军保家卫国，他不顾箭雨，身先士卒，把几个爬上城墙的新军砍下城墙，汉军受了鼓舞，抱定不怕死的决心和新军搏斗，刚爬上城的新军在汉军的击杀下纷纷死去，还有的死于自己云车上的弓箭。

汉军的伤亡也不小，王常的头盔被射穿，好在人没有受伤。可是新莽军有了云车，进攻是一波又一波，王常指挥士兵虽然杀退了好几波新莽军，可是汉军的受伤人员也在增多，毕竟云车高，杀伤力大。

正在这样的危急时刻，昆阳城的老百姓头顶门板爬上了城墙，竹箭射在门板上对门板下的人毫无损伤，王常赶紧躲在门板下，对这些冒死支援的昆阳百姓非常感谢。

领头的百姓却说道："廷尉不要客气，赶紧用门板搭上顶棚吧，这样云车就攻击不到城上的汉军兄弟了！"

王常一听连连称赞好主意，忙命汉军把所有的门板搭好，士兵们躲在门板下，云车上的箭不仅射不上汉军，他们的箭反而被汉军再次利用，射向新莽军。不一会儿，云车一见进攻无效，也就撤走了，新莽军的攻势减弱。

王常此时得空，对领头的百姓说道："多谢昆阳百姓的好方法，本将要为你们昆阳百姓请功！"

百姓连忙说道："这个主意是成国上公出的！"

王常很是不解，因为他的亲兵给他报告说，王凤和张印鬼鬼祟祟地投信给王邑，要投降。自己还没顾上找他们算账，他怎么还出起主意帮忙守城了？

百姓说道："这真是成国上公的主意，将军不信，可以问其他百姓。"

百姓们纷纷说道是受成国上公的命令，来支援守城的。

王常虽不明白，但不得不相信这是事实。

事情的原因是这样的，王凤乞降不成，倒是安下了心，心想既然不逃生，还不如拼死护城，再说他估摸着刘秀的援军也应该到了，他下了决心守城后，便传命发动城中百姓摘门板支援四个城门，一起守城。

昆阳百姓知道王莽治国无道，更怕新莽军破城后屠城，所以家家户户取门板助战，如此众志成城，军民同心，竟然抵挡得百万新莽军在昆阳城前不能前进半寸。

新莽军久战无果，六十三家熟读兵法的军吏联合向王邑进言，请求大司空采纳严尤的分兵进攻的计划，或者弃城一角让汉军出城，或移兵一部分进攻宛城。

但是王邑还是坚持自己的想法，他说道："本公一定要先屠昆阳，凯歌杀向宛城。云车不行，就挖地道，地下挖不通，哪怕是撞也要撞开昆阳城门。大司徒，你率兵挖地道，一直挖向昆阳城，另外打造撞车和冲车，准备攻城。"

此时的王寻和王邑是一个心思，多日攻城不下，突然觉得很没有面子，所以他想不管用什么方法，一定要打进昆阳城内，杀光叛贼，所以他一听王邑的话，立刻就带兵去挖地道了。

王寻带的是辅路架桥的工兵队，从南北两个方向一齐挖向昆阳城，工兵开挖，忙得不亦乐乎。但是新军不敢就近挖，怕汉军发现，于是在几公里外开挖，因此进展缓慢。在此期间，王邑派少量士兵佯攻昆阳城，以迷惑汉军。

城内的王凤、王常见新莽军攻势慢了，知道王邑和王寻肯定有阴谋，于是大家很是警惕地守城。三天后，汉军王常等人正在忐忑不安，忽然有一个老妇人来报告说自家房子后地下有奇怪的声音，怕是妖孽在搞破坏，所以前来禀明。

王凤和王常惊恐，王常叮嘱王凤守城，自己前去查看。

王常来到老妇人家指出声音从水缸下发出，王常仔细辨听后，断定是王邑和王寻从地下挖过来了，立刻全城戒严，寻找到即将攻入的出口，严阵以待。

新莽军辛苦挖通后，还没来得及缓口气，就被围杀在地道内，真正是一夫当关，万夫莫开。不一会儿，新莽军的尸体就塞住了通道口，新莽军再不敢露头，只好弃了洞口，汉军便堵死洞口。如此，新莽军天上地下都没有攻破，王邑大怒，便用上了撞车、冲车，冲撞昆阳城门、城墙。那声音如雷贯耳，昆阳城北门被撞得摇摇欲坠。

王常见状大惊失色，他迅速做出反应，一方面指挥士兵们顽强抵挡新莽军的进攻，一方面组织人力紧急加固城墙和城门，确保防线稳固。

新莽军的攻势异常猛烈，汉军伤亡不断增加，但在这生死存亡的关头，汉军将士们展现出了惊人的勇气和决心。他们毫不退缩，冒死向前，一心杀敌护汉，用血肉之躯筑起了一道坚不可摧的防线。

昆阳的百姓们也被这股英勇精神所感染，他们纷纷加入战斗，男女老少齐心协力，送饭送水，运送石头，烧制沸水，为守城战役提供了源源不断的支持。全城皆兵，共同抵抗新莽军的侵略。

尽管王寻的进攻异常猛烈，但在昆阳军民的顽强抵抗下，始终无法取得突破。昆阳城如同一座巨大的山脉，屹立在新莽军面前，成为了他们无法逾越的障碍。这场战斗充分展现了汉军和昆阳百姓的英勇和坚韧，也为后来的胜利奠定了坚实的基础。

第六章　绝地反击

一、攻陷宛城

在昆阳激战正酣之际，宛城的攻城战也如火如荼地进行着。刘縯率领自己的部属连续攻下了宛城周围的所有城市，使宛城变成了一座孤立无援的孤城。在失去外援的情况下，宛城的守军陷入了绝境。

为了尽快攻下宛城并分出兵力支援昆阳，刘縯决定再加大进攻力度。他亲自指挥汉军主力，对宛城发动了更加猛烈的攻击。在刘縯的带领下，汉军将士们奋勇杀敌，不畏牺牲，展现出了顽强的战斗精神。

宛城的守军在汉军的猛攻之下，渐渐陷入了困境。但他们仍然抵抗着，还期待着新莽军主力的救援。然而，王邑并未及时赶来救援，这使得宛城的守军陷入了更加绝望的境地。

城中的严悦见宛城里已无粮食，人人相食，王邑的大军又迟迟不见踪影，他思来想去，忍不住对岑彭说道："岑将军，现如今宛城已是孤城，已坚守不住，大司空和大司徒的援兵也不见来，为了城中百姓着想，我觉得我们投降刘縯吧！为新莽，我们已经尽力了！”

岑彭愁闷地叹气，说道：“严将军说的有理，我也想为军中兄弟找一条生路，也想为宛城百姓着想，可是我们在这里死守宛城四个月，阻止刘縯进军，消耗他的兵力，我们若是投降，他能饶我们不死吗？”

严悦也叹一口气，说道：“末将听说刘縯为人大度，投降的新莽将领都被他善待，将军也可求他一下，若免死便降，不免死，我们便死守到底，与宛城共存亡！唉，我们此时的确是山穷水尽，要做打算了！”

岑彭沉默一会儿，便说道：“那我们权且一试吧！”

于是，严悦在城墙上，向城下攻城的汉军大声呼喊：“汉军的兄弟们，请先暂停攻击，请你们速去禀告刘大将军，如果我们的投降能够得到免死的承诺，岑将军愿意带领我们全体守军向汉军投降！”

城下的汉军一听到这个消息，立刻停止了攻击。长时间的战斗已经让他们疲惫不堪，如果能通过投降避免更多的伤亡，这无疑是最好的结果。于是，汉军士兵们纷纷停下手中的武器，急忙跑去给刘縯禀报这一重要消息。

此时的刘縯确实心急如焚，他面临着多重压力和困境。昆阳的安危尚未明朗，宛城又久攻不下，岑彭坚守不屈，使得十万大军被牢牢拦在宛城之下。这样的局面让刘縯深感焦虑，因为如果腹背受敌，后果将不堪设想。

与此同时，更始帝刘玄在刘縯的帐中也是坐立不安。他急切地期待着刘縯能够尽快攻下宛城，以便定都于此，因为他害怕没有安身之处，渴望能够拥有一个安稳的居所。刘玄的这种焦虑和期望无疑也给刘縯增加了额外的压力。

在这样的情况下，岑彭要投降的消息传来，正在案上坐着的刘玄拍案怒吼：“岑彭这个人太可恶了，拦截我军四个多月，害得朕日夜不得安稳，宛城投降后，不能赦免他的死罪！”

在这个紧张的时刻，大帐内的各位将军也是咬牙切齿，对岑彭充满了愤怒。他们纷纷附和更始帝刘玄的话，认为岑彭该死，误了汉军的行程。每个人心中都充满了对岑彭的怨恨，恨不得将他千刀万剐。这些将军们认为，岑彭在城破之际才想到投降，这样的打算实在是太美好了，他们都不愿意让岑彭如愿。

刘縯看着大帐里的将军们和更始帝，他很平静地向刘玄进谏："两军作战，各为其主，岑彭是新朝的守城将军，他奉命守城在此，尽职尽责，也算是忠义之士，而今来降，这是为弹尽粮绝，但也为一城百姓着想。陛下振兴汉室，必须收服人心，表彰忠义之人，杀了岑彭不过是一泄心头之恨，不如赦免他为他加官晋爵，劝他为汉室而战。更何况他早一日投降，宛城便早一日归于我汉军，陛下也可早一日进城安居，我军也可早一日援助昆阳，我们为什么不接受呢？”

刘縯的话让在场的人纷纷点头，表示赞同。尤其更始帝一想到就要定都宛城，便立刻一脸喜悦地说道："大司徒所言有理，就如你所言，朕准了。赦免岑彭死罪，封他做归德侯，归附于大司徒麾下。大司徒快快去交接吧！”

刘玄的这番话让气氛稍微缓和了一些。他明白刘縯的担忧和压力，也理解岑彭所处的困境。因此，他决定给予岑彭一个机会，让他能够为更始政权继续效力。

刘縯拿着更始帝的赦免书到了宛城下，找人送了上去，岑彭一看文中免所有守军一死，他便立刻打开四边城门，迎接汉军入城，岑彭走到刘縯面前，对刘縯跪下，满脸羞愧地说道："败军之将，投降迟了，还请大将军治罪！”

岑彭在投降求生之际，却主动提出接受治罪，这种举动确实展现了他的真诚和诚意。他明白，投降并不代表他就能完全摆脱过去的过错，因此他愿意承担应有的责任。

刘縯自然不会小气，他下得马来，扶起岑彭，一脸热情地说道："岑将军快快起身，我皇已赦免将军的罪过，刘某自然再不能计较将军之过错。若不嫌弃，还请将军归于刘某的麾下，日后将军立下功劳，我皇自然封赏有加！"

岑彭一听，自然高兴，说道："久闻大司徒胸怀宽广，是忠义之士，今日一见果然是大英雄气概，岑彭能跟在将军鞍马后，是岑某的福气，谢谢大将军成全！"

两下里进见客气完，刘縯带领大家走进了宛城的衙署，一帮人刚刚进去落座，茶也没喝一口，就听见外面更始帝的御前黄门带着十几个小黄门直入了衙署大厅，大声宣告："刘伯升接旨！"

刘縯心中疑惑，不知发生了何事，但仍迅速跪地接旨。跟随他的一众大小官员和将士们也都纷纷跪地，肃静聆听。御前黄门的声音在大帐中回荡，清晰而庄重地念道："敕曰：南阳乃龙兴之地，宛城可为复兴汉室之帝都，钦命大司徒刘縯清扫街道，装饰宫舍，以备明日吉时迎接朕躬车驾入宛城定都。钦此！"

刘縯一听更始帝的旨意，心中顿时涌起一股怒火。昆阳的安危尚未明朗，将士们仍在浴血奋战，而现在宛城刚刚打下，正是需要迅速调兵援军昆阳的关键时刻。然而，更始帝却在这个时候大摆排场，搞什么入城仪式，这无疑让刘縯感到愤怒和失望。

在刘縯看来，更始帝的这种行为实在是昏庸无比。他完全没有考虑到当前的战局和将士们的生死存亡，只顾着自己的虚荣和面子。这样的行为会让将士们寒心。

御前黄门念完圣旨，见刘縯一脸怒色不说话，就冷笑着问道："难道大司徒这次又要抗旨为难小的不成？"

刘縯自然不会和一个黄门计较，冷笑一声说道："公公放心，刘縯自会接旨！”

御前黄门，听了刘縯的话，粲然一笑，带着小黄门们，转身回去交旨了。

更始帝如此做派，不顾昆阳将士的流血牺牲，更不惦念他们的安危，却忙着铺排浪费进宛城，安帝都。才息战的将士们对此愤愤不平，岑彭才刚刚归降，对此不满却不便说，校尉阴识和刘稷忍不住了，刘稷生气地大声说道：“大司徒，昆阳城里弟兄们还在拼命血战，我们必须赶紧去支援他们，不能在宛城耽搁太久！”

阴识也是焦急万分地说道：“是呀，大司徒，救兵如救火，再迟了，太常偏将他们可就没命了！”

刘縯听着二人的话，一脸冷清，似乎一点都不为所动，只是说道：“刘稷、阴识听命，带人清理街道装饰宫舍，迎王驾入宛城！”

刘稷性子刚烈，不甘心地吼道：“大哥，难道你真不管昆阳兄弟的死活，要因为定都而耽误时间？”

刘縯看着挚友和兄弟，只说道：“贤弟放心，我现在就去请旨分兵援助昆阳，你们两人先去执行命令吧！”

刘稷和阴识听了这话，觉得刘秀有救了，才转身去执行命令了。

更始帝刘玄在自己的行宫，伙同朱鲔、陈牧、将军申屠建等人一起在行宫里商量入宛城的详细过程。

刘玄：“诸位爱卿，我们将定都宛城，这是一件大事，所以朕希望此事办得能够体现出大汉的气派来！入城的仪式应该是怎样的，诸位都说说！”

陈牧：“陛下说的没错，可是我等又没有见过汉室的气派，比如仪仗队是什么样的？鸾驾又是怎样的？”

大家就此问题讨论半天，没有一个标准，于是朱鲔说道：“王莽乱政三十年了，汉制早破坏完了，我等又没有上过太学，这个事还是要请教大司徒，据说大司徒不但上过太学，还读遍古书。”

于是，刘玄立刻派人请刘縯来见他。

结果他刚说完，门外便有小黄门报告，说大司徒刘縯求见。

刘玄一听正好，忙请进来。刘縯一进来便给刘玄行以大礼。

刘玄看着行礼的刘縯，他满脸笑容，说道：“大司徒，平身，朕正要找你问事！”

刘縯起身，问刘玄：“陛下有何事要问？”

刘玄一脸欢喜说道：“我军已打下宛城，朕想着要定都宛城，作为复兴汉室之后的第一帝都。朕作为复汉皇帝，进城自然要有汉帝的礼仪和气派，无奈大臣们都不知汉礼。大司徒满腹经纶，见多识广，所以请大司徒过来，一起讨论！”

刘縯听着更始帝的话，恶心得想要骂人，他心底下说：这样一个懦弱得被绿林军把持住的人，还敢说复兴汉室，要不是这些草寇极力推荐，这皇位怎会和你有缘。真是苍天无眼，让我汉室中兴大业又多一份磨难。

可是尽管刘縯心底下嫌恶，但是君臣关系已定，刘縯自然无理推翻。

刘縯假装微微一笑，说道：“陛下真是高看伯升了，伯升读书期间，虽说人在太学，但只是担个虚名，对于汉章礼仪，还真是丝毫不知，不过这些礼仪和古典要求，臣弟刘秀倒是知道，如果他在这里，这件事情就好办了。”

刘玄一听，赶紧说道：“可是文叔此时远在昆阳，又被围困，他怎么能够给朕设计入城礼仪，即便是他能顺利赶来，也是远水解不了近渴。”

此时，刘縯听着刘玄着了自己的道，便乘机说自己愿意带兵去昆阳，为昆阳援助，救回昆阳的将士。

刘縯的话刚一说出来，刘玄还没有说话，朱鲔立刻说宛城刚得，王邑的百万大军随时都有可能进攻宛城，宛城的兵力不能分，以此为由坚持让更始帝刘玄以宛城的安全为重，不得派刘縯支援昆阳。

更始帝也发现了刘縯的动机，就责问刘縯不清扫街道，跑来找自己就是想请旨去支援昆阳吧，说刘縯不为宛城安危着想。

刘縯一听，也就不为难自己了，他赶紧跪下说道："为臣这样也是迫不得已，陛下，眼下正是昆阳的关键时刻，将士们性命危在旦夕。陛下理应派臣率主力部队前去救援昆阳，和昆阳的将士里应外合夹击王邑和王寻。新莽军一破，大军齐唱凯歌一路还朝，陛下凯旋入城，是多么威风尊贵，陛下为什么不降旨呢？"

刘玄被问得面红耳赤，不知如何应对。

朱鲔一见刘玄被刘縯几句话就怼得无语气馁，就上前说道："大司徒，陛下命你修整宛城宫室，你不遵陛下的命令，却自我主张要去支援昆阳。之前陛下就命你支援昆阳，你抗旨不去。你屡屡抗旨，出尔反尔，眼中还有陛下吗？"

刘縯一听朱鲔挑拨离间起来，根本不顾客观事实，他大怒："大司马你是不懂用兵之道吗？战况和时事不同，我自然是方法和决策不同，之前力攻宛城，是为无后顾之忧，现在宛城已得，自然要赶紧增援昆阳！事情自然是要按照战况决定先后。"

但是朱鲔的话意在惹怒刘玄对刘縯不满，此时，刘玄果然上当，根本不听刘縯的话，只顾自己的利益和面子，他怒问刘縯眼中可还有自己这个陛下，他明确告诉刘縯不许分兵支援昆阳，更不许离开宛城半步，赶紧为自己入城做准备，否则他将不讲情面，以犯上之罪惩罚刘縯。

而且刘玄一再强调一切以宛城为大，昆阳只是小事一桩无须再提。

刘縯满心怒火，无语退出。

朱鲔见刘縯退出，又谗言进谏更始帝说刘縯自恃功高，目无皇帝，屡屡抗旨，撺掇更始帝治刘縯的罪。但是刘玄自小害怕刘縯，此时即便贵为天子，但心下害怕依旧，刚才也不过是硬着头皮为自己争取面子，可是他这般心思自然不能让朱鲔知道，刘玄假装大度地表示大司徒刘縯和自己是宗亲，为汉室复兴劳苦功高，自己当然不会计较刘縯的一时冲撞。

朱鲔嘲笑刘玄心胸宽大，依旧挑唆说刘縯心中无更始帝。陈牧在边上催着进宛城，又苦恼没有汉家礼仪可仿。刘玄沮丧只好灰溜溜进城，不再强求。

刘縯一脸愁容，忧心忡忡地回到宛城，刘稷一问不能增援昆阳，刚烈脾气的他怒火中烧，问刘縯："这样一个懦弱、不把将士生死放在心上的混蛋，怎么有能力复兴汉室？大哥，不如我们自己称帝，拉起一支人马，打去长安杀王莽灭新朝，复兴我汉室天下！岂不快哉！"

刘縯看着刘稷，深知他的性格直率，口无遮拦，此刻不能让他知道自己与刘秀之前的对话。他明白，这样的秘密一旦泄露，可能会引发不必要的麻烦，甚至可能破坏他们的大计。于是，刘縯迅速行动，一把捂住刘稷的嘴巴，防止他乱说。

他紧盯着刘稷的眼睛，语气严肃地说道："贤弟，你千万不要乱说。如今天下人都思念汉朝，刘玄称帝，正好迎合了天下人的心愿。我如果推翻刘玄，必然会被天下人讨伐，到时候你我的性命都难保，还谈什么大业！"

刘縯的话让刘稷愣住了，他看着刘縯严肃而深邃的眼神，明白了事情的严重性。但心中还是有愤怒和不甘，问刘縯："那刘秀可怎么办？"

刘縯闻言，心中一阵苦涩。他自然知道刘秀此刻也面临着巨大的危险，但是他无法直接插手。他睁开眼睛，看着刘稷，深深地吸了一口气，然后缓缓地说道："刘秀是个聪明且坚韧的人，他知道自己该怎么做。我们只能祈祷苍天保佑他平安。"

说完，他再次闭上眼睛，仿佛在向苍天祈求，希望刘秀能够渡过这次的难关。他的心中充满了无奈和痛苦，但是他明白，此刻他所能做的，也只有这些了。他只能将希望寄托在苍天之上，希望它能够保佑刘秀平安无事。

二、刘秀借兵归来

地皇四年（23）五月，更始军占据宛城，更始帝刘玄如期封赏了攻下宛城的将士们，整个城市沉浸在战后的欢庆氛围中。与此同时，昆阳城却是另一番景象。

王邑和王寻如同疯了一般，他们把所有的注意力都集中在了昆阳城上，仿佛只要打下昆阳，天下就会归顺于王莽。他们不计成本地投入兵力，动用了云车、地道、撞车等各种战术，从天上到地下，全方位地发起了猛烈的进攻。

然而，昆阳的将士和百姓们并未屈服。他们明白，一旦失去昆阳，就意味着全体被屠杀的命运。因此，他们奋力反抗，毫不退缩。昆阳保卫战异常惨烈地进行着，每一次的攻防都充满了血腥和悲壮。

在这个关键时刻，无论是宛城的欢庆还是昆阳的惨烈战斗，都成为了大汉江山命运的重要节点。

与此同时，突围而出的刘秀带着十二名勇士正直奔郾城和定陵两地求援，令他万万没有想到的是，这两地的驻军将领，竟然各种借口，还以“贪惜财货，欲分留守之”为理由，拒绝出兵支援。

具体过程是这样的。

刘秀等人抵达定陵后，立即向守将谢躬说明了他们的意图——支援昆阳。尽管谢躬对刘秀兄弟的德行颇为佩服，但他对这次行动感到十分担忧。昆阳之战的形势异常严峻，对抗的是百万大军，而且此行凶多吉少，很可能有去无回。此外，谢躬并没有收到更始帝的命令，擅自出兵若是引发圣上的不满，后果不堪设想。

谢躬深知更始帝和王凤一派与刘家兄弟之间的关系微妙，表面上和睦，实则暗流涌动。若自己未经许可将兵权交给刘秀，一旦引起更始帝和王凤等人的不满，自己将陷入万劫不复的境地。尤其是王凤，此人手段狠辣，若将自己视为刘秀的同党，在更始帝面前中伤自己，诬陷自己目无王法、欺君犯上，那自己的前途和性命都将岌岌可危。

刘秀注视着谢躬，见他沉默不语，对于借兵之事显然有所迟疑。刘秀心中虽然焦急，但他知道此刻不能急躁，只能耐心地陈述客观事实，以期打动谢躬。

刘秀的声音中透露出紧迫和坚决，他直视着谢躬，说道："谢将军，现在昆阳和宛城的战事都异常激烈，我们两边都无法兼顾。我此来借兵，正是为了寻求外援，形成内外夹击之势，这样我们才有成功的希望。如今军情紧急，路途遥远，我们根本没有时间去请旨。常言道，'将在外，君命有所不受'，在这生死存亡的关键时刻，如果我们还墨守成规，按部就班，只怕到时候昆阳失守，宛城主力被歼，我们都将成为亡国之徒，无处可逃。即便侥幸不亡国，新莽军也不会放过我们。你觉得，到了那个时候，陛下会饶过我们吗？"

刘秀顿了顿，继续说道："所以，我们现在面临的形势非常严峻，稍有不慎，就有可能被新莽军击败，或者被朝廷怪罪处死。谢将军，如果你现在能够迅速发兵支援，等到大功告成之后，朝廷也不会追究我们之前的过失。更何况，王凤将军现在也被困在昆阳，正是他派我们出来求援的。到时候只要他出面为我们说话，陛下就不会怪罪我们了。这样的形势，谢将军应该能够看得清楚吧。"

刘秀的话语中充满了紧迫感和危机感，他希望能够打动谢躬，让他明白此刻的形势和利害关系。他相信，只要谢躬能够出兵相助，他们就有可能扭转乾坤，为大汉江山带来一线生机。

谢躬听着刘秀滴水不漏的话语，心中不禁泛起波澜。他权衡着出兵与不出兵的利弊，尤其是想到如果王凤在昆阳城战死，自己未能及时出兵相助，届时肯定会受到朝廷的问罪。想到这里，他决定还是赶紧出兵为妙。

于是，谢躬打断了刘秀的话，说道："刘将军，无需多言，谢某并未拒绝出兵。我们这就整顿兵马，即刻前往昆阳支援！"

刘秀闻言大喜，也不去深究谢躬内心的真实想法。他迅速与众人用餐，稍作休息后，便带着从定陵借来的兵马，急匆匆地赶往郾城。他们知道，时间紧迫，每一刻的延误都可能让昆阳的局势更加恶化。因此，他们必须尽快赶到郾城，与那里的守军会合，然后一同前往昆阳支援。

在驰往郾城的途中，刘秀心中充满了期待和焦虑。他期待着能够与昆阳的守军会合，共同抵御新莽大军的进攻；同时，他也焦虑着昆阳的局势究竟会如何发展。他知道，这场战役的胜负将直接关系到大汉江山的未来命运。

所以，刘秀一行人急匆匆地赶到郾城，心中焦急万分，完全顾不上客套，他直接找到王孝天将军，开门见山地说明了来意。

"王将军，昆阳被围，我来此是为了请求贵军支援昆阳城。"刘秀语气坚定，目光如炬，"昆阳城此刻正面临着新莽大军的围攻，形势万分危急。虽然我已经借得定陵之兵，可是兵力仍少，还请王将军出兵随我前往增援，以解昆阳之围。"

王孝天听了刘秀的话，一脸笑意说道："刘将军远道而来，还请先用饭茶，歇息一会儿，我们再商议此事。"

刘秀何等聪明，知道这样的笑脸人，不给任何明确的话，是在搪塞自己，他猜到这位王将军可能正在权衡利弊，考虑个人的得失和风险，而不是真心实意地想要支援昆阳。

刘秀深知，如果不能给王孝天足够的压力，他可能会继续拖延时间，甚至最终拒绝出兵援助，这将严重危及昆阳的战局。

于是，刘秀决定采取强硬的态度给王孝天施加压力。他不再客气，语气坚定而果断地说道："王将军，昆阳告急，我也无心休息，我们要去援救昆阳，你要是愿意发兵，咱们现在就出发，你要是不想发兵，我刘秀也不勉强你。王凤将军被困在昆阳城中，也是他点名让你郾城兵前去救援，你不愿意的话，我就走了，回头我禀报王大人就可以了，告辞！”

见刘秀转身欲走，王孝天心中顿时涌起一股紧迫感。他深知昆阳的战况危急，而刘秀所提到的王凤将军与更始帝之间的关系紧密，更让他明白此事的严重性。王凤等人在朝中的大权，意味着他们的决策和态度将直接影响到自己的命运。刘秀兄弟如此能干，尚且要乖乖听话，自己又怎能置身事外？

王孝天开始想象如果自己不发兵救援昆阳，将会面临的后果。如果王凤将军战死沙场，或许还能找到一些借口为自己开脱，但若是王凤活下来，他必定会追究此事，到时候恐怕不仅自己会受到严厉的惩罚，甚至连家族都会受到牵连。

在这种压力下，王孝天迅速做出决策。他明白此刻不是犹豫和拖延的时候，必须立即行动起来。于是，他迅速召集队伍，命令郾城的军队跟随刘秀前往援助昆阳。

刘秀看着王孝天前后这一番操作反应，心中很不是滋味。他回味着过往的种种，从舂陵起兵的初心，到召集天下英雄、复兴汉室的壮志，再到如今为了大汉天下的真正复兴而不得不借助他人之力的无奈，他的心中充满了悲凉与感慨。

他想起当初大哥的号召，想起那些好汉争相来投的荡气回肠，想起族人为推莽复汉所付出的牺牲，每个人的心中都充满了热血与希望。然而，世事沧桑，时至今日，他们却为了大汉天下的复兴而不得不借助王凤等人的旗号行事。刘秀不禁思考，即便推翻了王莽，换上了王凤等人，这样的复兴又有什么意义呢？

他看着王孝天在权衡利弊时的计算，心中更加悲凉。但他也明白，此刻不是沉溺于个人情感的时候，他必须为了大汉天下和族人的期望而继续努力。他给自己打气，提醒自己已经借到了兵，虽然数量不多，但也是一个好的开始。

刘秀不敢耽误时间，他挑选了千骑精兵，带着他们从郾城出发，直奔昆阳。他没有一丝犹豫，因为他知道，每一刻的延误都可能导致昆阳的失守和更多无辜生命的牺牲。他必须尽快赶到昆阳，与那里的守军会合，共同抵御新莽大军的进攻。

就在刘秀紧急借兵驰援昆阳的同时，昆阳城内的守军正在经历着前所未有的压力。新莽大军在王邑等人的指挥下，如同疯狂的巨兽不断碾压着这座孤城。在王邑的眼中，昆阳不过是他大军铁蹄下的一堆泥土，仿佛随时都会被踩碎。他们想象着胜利后的场景，期待着血洗昆阳，将这座城市彻底摧毁，畅想着在昆阳之战结束后，他们将前往宛城，继续他们的征服之旅。

然而，就在他们沉浸在胜利的幻想中时，天空中突然出现了两个流星。它们带着火光和尖啸之声，从遥远的夜空中滑落，最终在中军的军帐上空消失不见。这一异象打破了夜晚的宁静，也打破了王邑等人的幻想。

“啊，流星，滑落在中军军帐！”王邑吃惊地叫出了声音。

在古代，流星的陨落常常被视为人间的不吉祥之兆。王邑深信天象，此刻他突然想起了一句古老的谚语：“不怕星高远，就怕星流失。两军交战，流星主帅亡。”这句话让他心中涌起一股无法名状的惊恐。

两颗流星的陨落，难道预示着主帅的死亡？那么，自己和王寻岂不是命在旦夕？王邑在夜色中颤抖着，感到一股强烈的恐惧涌上心头。而此刻，昆阳城下的攻城战仍在激烈进行，一支流箭划过他的耳边，差点就要了他的性命。王邑吓出了一身冷汗，他意识到夜里观战实在是太危险了，如果再有流箭射来，他不一定能够躲得过。

于是，王邑决定夜里不再攻城，下令全军停止进攻，休息整顿。他相信昆阳城已经被围得水泄不通，敌人无论如何也跑不掉。明日再战，他们必将拿下这座孤城。然而，他心中却仍然难以平静，那两颗流星的陨落和那句谚语一直在他脑海中回荡，让他无法安心。

就这样，在夜色中，新莽大军停止了攻城。

原本，昆阳城上浴血奋战的汉军抱着誓死的心战斗，忽然新莽军不攻城了，汉军一时搞不清局势，但是不管怎么说能歇口气，大家就赶紧歇着，总算是又熬过了一劫。

王常深吸一口气，大声号召着大家："把撞坏的地方赶紧收拾一下！把能垒石头的地方垒上！"他的声音在夜空中回荡，激励着每一个疲惫不堪的守军。

守军们纷纷响应，他们拖着疲惫的身体，开始忙碌起来。有人搬运石头，有人修补城墙，每个人都在拼尽全力，想要为这座城争取一线生机。

城内的将士们，都在期待在这个漫长的夜晚过去之后，昆阳之战的走向能够转危为安。

一夜过去，人们一直睡到辰时，也没有见到升起的太阳，大帐中的王邑感到很诡异，他出帐一看，原来是起雾了，而且雾很浓重，天色昏暗，浓到对面都看不到人。

王邑暗想："天气如此这般，还怎么打仗！"

王寻站在王邑身边，看着浓稠得化不开的雾，说道："大司空不必着急，这昆阳已在咱们手中，攻下不过旦夕之事，既然老天让我们休息，我们就趁此机会休息一会儿吧。走，喝酒去！这天气，城里那些叛贼，也不敢轻举妄动！"

在迷雾重重的通往昆阳的大道上，刘秀带着千人精锐个个紧挨着疾速前行，飞溅的马蹄声指引着正确的方向，而行军在最前面的刘秀在仔细地一边飞奔，一边辨认树梢，生怕把队伍带偏了方向。

"兄弟们，加把劲儿，虽说雾重，但我估计昆阳就快到了，我们推倒新莽的时刻到了。加油！冲啊！"刘秀喊着向前冲。

刘秀激昂的声音给身后的将士们打了气，也鼓舞着自己向前冲。刘秀一边打马向前奔跑，一边算着时间，自从突围而出至今归来已快一个月了，也不知昆阳如何了。

刘秀问身边的邓晨："今天是五月底吗？"

战马颠簸，刘秀的声气断续不匀，但是邓晨还是听清楚了。

邓晨跑得气喘，回答道："都六月初一了，还起这般大雾，真是太少见了！"

"河南这边，已经好几年持续干旱，今年空气湿润了一些，起了大雾也正常。"

刘秀在疾驰的途中，脑海中突然闪现出他所读过的关于天象的知识。他判断出，大雾过后将会出现飞沙走石的恶劣天气。这样的天象，对他来说，却是一个难得的机会。

他迅速转向邓晨，声音中充满了决心和信心："今日天助我们，大雾弥漫，一会儿还会飞沙走石。这正是我们利用天象突袭新莽军的好时机！"

刘秀说着话打马而去，邓晨在后面夸奖刘秀博学，天文地理样样精通，可惜刘秀都没有听见。其他人见刘秀跑远，也追了上去。

正如刘秀所言，太阳升起的时候，浓雾渐渐消散，虽然依旧是有些模糊，不能远视，但总算是比早上看得远多了。

喝了酒的王邑有些急躁，比平时更加张狂，他下令攻城："雾散了，快点攻城，给我杀进城去，男女老少一个都不能留！"

王邑的命令一下，校尉率领士兵就开始了攻城，就在这个时候，有士兵给王邑报说在东南方向有汉军赶来。

王邑一听吃惊，心里寻思是宛城被攻破了，所以来支援昆阳了，他以为是汉军主力来了。

于是他很是警惕地问："来了多少人？"他是担心被汉军主力包抄。

结果士兵说雾大，看不清，但是看队伍长度，大概有千把人。

王邑一听笑了起来："才千把人，那就是之前的人出去搬来的救兵了，但是搬了千把人也敢来救援，这是脑子让驴踢了吗！”

王寻也跟着大笑说道：“千把人就是来送死的，继续攻城，不必管他，只需要军营几千人就能让他们去见阎王！”

“司徒说的有道理，你们去攻城吧，区区千把人，自有人消灭他们！”

王邑说完，哈哈大笑，只觉得自己军队力量强大，又觉得更始帝的手下智商有问题，求援千人也敢来送死。

但是，还是有将领说道：“王将军，上次突围的人里有刘縯的兄弟刘秀，此人骁勇善战，胆识过人，所以他上次才能突围出去，我们还是要小心为妙，不如多派一些士兵将他们围住，以免他们冲过来影响我们攻城。”

王邑站在夜色中，他的声音带着不容置疑的傲慢：“什么骁勇善战、胆识过人，不过是一个叛逆之贼，而且也不是什么优秀的人。他若真优秀，真有本事，就不会给更始帝这样的懦弱之人跑腿了。说白了还是能力有限，没本事。你们去攻城吧，不必把他放在眼里，不要为一个毛贼耽搁了时间！”

严尤站在一旁，眉头紧锁，他并不认同王邑的看法，但也没有出声反驳。其他将士则面面相觑，不知该如何回应。

在王邑看来，这些援军将士的归来只是自寻死路，根本不值得他花费心思去考虑其中的原因。他的脑海中充满了对新莽大军的胜利幻想，而眼前的这些援军将士，只不过是他胜利道路上的绊脚石而已。

然而，他并没有意识到，正是他的这种傲慢和轻视，导致了他在昆阳之战的失败。他没有认真思考、没有理性分析，只是凭借着酒醉的头脑和狂妄的心态来对待眼前的局势。

三、援救昆阳

昆阳城外的大雾逐渐稀薄，王邑的大军营地展现在眼前，连绵不断，宛如一只庞大的猛兽，静静地守护着新莽的领土，等待着挑战者的到来。昆阳城外的这片营地，规模之大，无疑是对刘秀千人队伍的巨大压力。相比之下，他们显得如此渺小，如同蚍蜉撼树，不值一提。

刘秀站在远处，目光如炬，他清楚地知道，他们面临的不仅仅是一场硬仗，更是一场力量悬殊、凶险万分的恶战。要想在这场战斗中取得胜利，简直是天方夜谭。然而，他们既然已经来到这里，就没有退缩的道理。他们必须拿出全部的勇气和力量，去拼搏，去战斗。

刘秀深吸一口气，趁着薄雾的掩护，以及后方将士们看不清敌人阵营的混乱，他大声呼喊，激励将士们的勇气。他声称敌人是强弩之末，已经疲惫不堪，正是他们突破敌阵的绝佳时机。他挥舞着大刀，一马当先，率先冲向敌阵。

后方的将士们虽然看不清前方的阵营，但他们听到了刘秀的呼喊，感受到了他的决心和勇气。他们没有任何犹豫，紧紧跟随在刘秀身后，向着敌阵发起了猛烈的冲锋。

“冲啊！”

转眼间，刘秀的千人队伍如同一群猛虎下山，冲进了新莽军的大营。

由于新莽军并未接到敌军来袭的报告，他们毫无防备，措手不及。面对刘秀队伍迅猛的攻势，新莽军瞬间陷入混乱，四散奔逃，毫无抵抗之力。

刘秀手持大刀，勇猛无比，在敌营中往来冲杀，势如破竹。他的大刀横扫，每一次挥出都带走一片敌军的生命。他的身影在敌营中快速穿梭，如同一道闪电，让人眼花缭乱。

追随在刘秀后面的军士们，因为是借来的兵，他们从没有见过这样骁勇善战的刘秀，一路赶来，他们只觉得刘秀是一个文质彬彬、浑身透着书生气的儒雅之人，没想到今天率领大家冲杀起来，犹如猛虎雄狮一般。刘秀在敌营中肆意砍杀，逢人就砍，手起刀落，毫不犹豫，他的马就像旋风一样，在敌营中飞卷，所过之处，敌兵纷纷落倒，血肉模糊。

随着战斗的深入，战士们跟随刘秀越发勇猛，他们的士气被点燃，一边奋勇杀敌，一边忍不住赞叹刘秀的英勇和领导才能。那些熟悉刘秀的人更是感慨万分，他们说刘秀平日里杀敌总是小心翼翼，那是因为他面对的敌人并不强大，他总是把功劳让给大家，自己则默默地在背后付出。如今，面对如此强大的新莽军，危险重重，刘秀才展现出了一马当先、英勇无畏的姿态，冲在最前面，为将士们树立了榜样。他们说刘秀这样做是仁厚，他不仅关心将士们的安危，更在意整个战局的发展。

有人感慨大喊："刘秀这才是英雄本色，上，我们跟着刘将军杀个痛快！"

千人千骑，迅猛无比，在人山人海的大营之中，硬生生杀出了一条血路。

刘秀率领千人骑兵，马踏连营，如旋风一般杀到了敌营中心。

王邑本来以为区区千人不足挂齿，肯定会被自己的大军杀在边缘，没想到这一千人却这么快就杀到了自己的营地中心。

王邑和王寻很是吃惊，但是两人谁都没有说话。面对凶猛而来的汉军，王邑担心会扰乱自己整个大营的阵脚，他下令大部队暂时往后退一退。

所谓军心要稳，士气要旺，但是王邑一声令下的一个"退"字，把军心乱了，把士气退没了。一时间，不明真相的大部分新莽军在面对一支汉军闯营的情况下，以为自己一方已经败了，王邑的一个"退"字，把新军吓坏了。

顿时间，新军士兵转过身就跑，形同逃命，王邑的目的是稍退稳住阵脚，没想到成了乱阵脚，新莽军营地大乱，士兵们四处逃窜，兵败如山倒，像是被千军万马追杀！

刘秀见新军阵脚大乱，他一边砍杀，一边喊道："兄弟们，新军已败，他们没有战斗力，快点追杀！”

刘秀的战马嘶鸣，和刘秀形同一体，杀向敌营深处。刘秀所过之处，新莽军倒下一片。

汉军冲杀几个来回，在昆阳城外已经站稳了脚跟，和王邑大军勇敢对峙。

这时候汉军中有人提议给刘秀，说兵贵在士气高涨，建议刘秀趁着千人千骑士气正高杀进昆阳城去，这样就可以救出昆阳城内的兄弟们。即便城内的兄弟们战斗力减弱，救不出来，那么留在城里和他们一起坚守，一边等待后续的军队赶来，再做夹击，这样大家也安全。

刘秀听着将士的建议，他拍打着自己杀伐累了的胳膊，看着敌人依旧连成一片的阵营，沉思了一会儿，再看看自己的队伍，想着即将赶来的队伍，刘秀轻轻摇着头，很是果断地说道：“我们此时要做的不是进城，而是引导守军杀出来，放弃昆阳。我们不应与他们一同坚守昆阳，因为这样只会让王邑的大军有机会兵分两路，一路攻打宛城，一路攻打昆阳。这对我们宛城的主力非常不利。我们必须做出明智的选择，留在这里和王邑打消耗战。我们要尽可能地多消灭新莽军，让他们没有余力再战宛城！”

此时，刘秀还不知道宛城已经被攻克。他看宛城主力军没来救援昆阳，觉得肯定是宛城那边的战事还没有结束。

跟他一起拼杀的将士们听了他的话，觉得很有道理，便一起大声说道：“就听刘将军安排！”这些将士已经完全信任了刘秀的作战能力。

刘秀接着说道：“我的想法是，在我们力量悬殊的情况下，我们不必急于进城。相反，我们应该驻扎下来，等待后援部队的到来。只要我们合并力量，我们的实力也将不容小觑。然后，我们可以像今天这样，继续冲杀敌人的阵营，加大他们的伤亡率。这样，他们就无法迅速、顺利地攻打昆阳，同时也无暇顾及宛城。我们将牵制这只猛兽，不断消耗它的力量。等到我们宛城的主力部队打下宛城，肯定会前来增援昆阳。到时候，我们的力量将更加强大，何愁灭不了这支新莽军！”

刘秀一边说，一边目光坚毅地扫视自己眼前骁勇善战的将士们，此时，他的内心里满怀信心和必胜的力量。

刘秀所率的千骑驻扎下来后，后边的队伍也陆续赶来了，虽然人数还是不能和王邑的军队相比，但是这些人精神抖擞，比已经受了创伤的王邑的军队士气高。

刘秀站在战场上，目光如炬，内心充满了必胜信念。为了让士兵们更加有战胜新莽军的力量，刘秀又想到了一个计谋。他匆匆写了一封信，笔走龙蛇，字迹遒劲有力。信中内容振奋人心，他告诉城内的汉军将领，汉军主力已经成功攻打下了宛城，宛城的新莽军已经全军覆没。现在，汉军的主力正火速赶往昆阳，很快他们将和城内的汉军里应外合，共同打杀王邑和新莽军。

刘秀写好这封信之后，就让邓晨一个人单枪匹马地去闯敌营送信，并且告诉他，极力拼杀到中途，假装打不过就退回来，而且要把这封信丢在敌营中。

邓晨不解，问为什么。

刘秀不回答，只让邓晨去执行命令。

邓晨知道刘秀聪明，有战略有胆识，也不再多问，便骑马率兵冲敌营假装要去城里送信。他一路打杀，连闯了新莽军好几道营，看着敌人增多，他便假装打不动了，带人回头就跑，然后身上的信恰似不小心落在了敌营中。

邓晨撤退了回去，但那封掉落的信件却被新莽军士兵捡起，引起了他们的好奇心。在长时间的战斗中，他们对当前的战局一无所知，急于了解对方的情报，因此不顾军规，打开了信件。

士兵们争先恐后地阅读信件内容，许多人在看过信件后，才将信件交给王邑和王寻。信件中的信息在士兵们之间迅速传开，引发了一些轰动。

而王邑和王寻作为主要统帅，却是最后一批得知消息的人。

当他们看到刘秀的亲笔信时，震惊无比，才明白了宛城所发生的事情，以及自己为何在昆阳浪费了这么多时间。王邑脸上的狂傲早已消失殆尽，取而代之的是沉默和深思。

王寻大着胆子说道："大将军，我们把兵力和时间都浪费在了小小的昆阳，如今失去了宛城，因小失大啊！"

听着王寻的话，王邑没有出声，这和他以往狂暴的个性一点都不像。而在大帐的外面，士兵们讨论的声音异常响亮。

"糟了，宛城已破，汉军主力正往昆阳赶来！"

"这可如何是好？我军将受到汉军的夹击而腹背受敌！"

"是的，汉军打了胜仗，他们肯定会乘胜追击过来，我们将很危险！"

"如今最好的办法是赶紧放弃这无谓的攻杀，保存实力，退到潼关去，然后再返回长安！"

"是的，如果我们被汉军主力所灭，新朝可就完了！"

"完不完的，跟我们当兵的有啥关系？最主要的是现在撤走，保存实力！"

"就是，再不走来不及了。汉军的主力正在赶过来！"

刘秀信中的内容，一传十，十传百，在新莽军中迅速传开，一时间，新莽军心浮气躁，士气顿无，再无战心。

王邑听见士兵的讨论，而他自己也不做其他思考，内心确实不敢耽搁，他立刻命令加强东南方向上的兵力。

王邑命令王寻："王寻将军，我们必须攻下昆阳，以昆阳为依仗，在昆阳城西靠滍川摆出战阵，和汉军一决高下！不得有误！"

王寻得令，赶紧调动军队，执行命令去了。

而刘秀一直在仔细观察着王邑军营中的动向，他看到士兵的运兵方向，就知道自己的调虎离山计成了，王邑中计了。

刘秀立刻针对新莽军的动向做出了自己的决策。他找来诸位将军商议，然后做出决定，采取迂回战术：由刘秀组织三千人的敢死队打先锋，从昆阳城西水上直捣新莽军的中军指挥部。

准备妥当之后，刘秀下令让大队人马击鼓大喊，佯装出要大举进攻的样子，而他自己则率领敢死队，就像是钢锥一般锐利地刺入新军大营的深处。

刘秀和诸将商定好，一旦敢死队偷袭成功，大队人马就从正面出击，两面夹击，大量杀伤新莽军。

而当王邑得知刘秀仅仅带了三千人马来闯他的中军大营时，他再次傲娇地觉得刘秀这样就是以卵击石，自寻死路，他根本没把刘秀的三千人马放在眼里。

四、昆阳决战大捷

昆阳城外，一场生死决战在黎明的曙光中拉开了序幕，千军万马在光的耀芒中跃动。

刘秀在千军万马队伍之前，看着敌军形势的变化，没想到自己的一封信竟然能够造成如此巨大的声势，让新莽军产生了误判。其实刘秀此时内心也是在猜测，或许宛城真的被汉军破了，只是更始帝并没有让主力军队支援昆阳，而是让主力军留在宛城。

刘秀明白，汉军主力移师援救昆阳已经变得遥遥无期。这让他不禁思考起整个战局的走向。他知道，宛城的情况远比他想象的要复杂得多，他指望不上了，只能靠自己和身后的数千将士，这也让昆阳的战局变得更加扑朔迷离。

于是，昆阳城外，刘秀孤军奋战，面对数十万新莽军，艰险而又困难重重。

但刘秀却用他的出色胆识和超绝的军事能力，在一点点创造“以少胜多”的奇迹！

三千敢死队在刘秀的带领下，没有一点声息，绕过了昆阳城，迅速且出其不意地直扑新莽军的中军大营。

这三千人不多，但是他们气势冲天，仿佛天兵天将一般，以一当十，以电光一般的速度，横冲杀伐，在新军的中军队列中划开了一道口子。

中军被攻开的消息传到了王邑和王寻的耳中，他们一听，居然是三千人的队伍打开了自己中军的防守，就像是刘秀狠狠在他们脸上打了一巴掌，王邑的脸色都变了，他黑着脸吼道：“盗贼刘秀，你以为你有了这个机会是因为你真的有本事吗？不，这只是老夫没把你当回事而已！”

他的话语中充满了轻蔑和嘲讽，仿佛刘秀的成功只是他疏忽大意的结果。

王邑迅速传令下去，命令各营按兵不动，他要亲自指挥中军各大营，将这股小毛贼彻底消灭。

严尤在边上看着王邑一听汉军人少，又开始轻敌了，他忍不住上前发表了自己的意见：“大将军，这样做恐怕不妥当，汉军虽然人少，但是他们连连大捷，士气正旺，他们的力量可不许小觑。特别是那个叫刘秀的，天文地理，文韬武略，他样样精通，他敢带着三千人攻我们的中军，这后面一定有他的阴谋诡计，这贼人中也是有能人的，大将军还是小心为妙。”

严尤的话还没有说完，王邑就气呼呼地转身走了，他对王寻说道：“王司徒，你准备一下，斩杀刘秀的首功给你了。”

王邑根本就没把严尤放在眼里，他和王寻二人，各自率领一万人，去堵拦刘秀的敢死队。

一万对三千，从人数上，新莽军占优势，并且阵营四周全是新莽军的营帐，刀枪林立，杀气冲天，刘秀犹如进了死胡同，但是他已经杀进来了，就再也没有退路。刘秀和所有人都明白，自己目前的情况，除了杀再无路可言。

“将士们，给我冲杀啊！”刘秀不多话，大刀一挥，刀刃上鲜血滴答飘飞，刘秀三千敢死队向新莽军冲杀，犹如狼入羊群。

刘秀率军杀过去，指挥有度，众人随后，于围困中来回冲杀。

一时间杀声、喊杀声，重叠沸腾，震天惊地，烟尘滚滚，阳光隐藏于云层之后，阴沉的天际似乎也镀上了杀气，本就没有了士气的新莽军看得更加心惊胆战。

在这样混乱而又危险重重的激战中，刘秀忽然看到新莽军的阵营中有一个人的穿着与众不同，一看就是个大人物，而且此人坐在马上，一直对这边的战场指指点点地说着什么话。刘秀断定这个人不是王邑就是王寻。

刘秀把手中的大刀一挥，冲着敢死队喊道：“兄弟们，前面那人不是王邑就是王寻，我们杀过去，擒贼先擒王，杀了那个，新军就没了主帅！”

刘秀话音一落，挥着大刀向前冲杀。

刘秀看到的那个站在阵前指挥的人，正是王寻。

此时的王寻在战场上故作大将风度，和几个文人幕僚指手画脚，对战事发表议论，说得正兴高采烈，忽然看到有几个大将骑着马飞奔而来，他还没有看清楚是敌人还是自己的将士，那几名风一样的大将已经到了他的面前，举刀向他袭来。

“来将何人？”王寻怒吼着，本能地举起手中的刀准备迎战。然而，他身边的将领却都是文人出身，对于战斗毫无经验，根本无法为他提供有效的帮助。在王寻的怒吼声中，他们纷纷四散而逃，只留下王寻孤身一人面对汉军的围攻。

王寻被刘秀、邓晨等猛将瞬间团团围住，他手忙脚乱地挥舞着刀，试图抵挡汉军的攻击。然而，面对的都是身经百战的猛将，他的抵抗显得苍白无力。只经过几个回合的交锋，王寻就被刘秀和邓晨打落马下。

王寻挣扎着想要从地上爬起来，但已经来不及了。战马的铁蹄疯狂地踩踏着他的身体，顷刻间，王寻已经变成了一摊肉泥，惨不忍睹。

王邑站在高远的地方，目睹了王寻的惨状，他吓得腿软，心里庆幸前去参战指挥的人不是自己。他连滚带爬，从观战楼上爬下来，哆哆嗦嗦地说道："快，快回营地！"

王邑的退却和王寻的惨死，令新莽军分外惊慌，一时间跟着王邑往营中奔逃，因为王邑事先有令，不许其他营的新军妄动，所以其他营的新军看着刘秀他们往来冲杀，也不敢违命上前增援，致使刘秀的敢死队杀了个痛快。

刘秀见自己的敢死队偷袭成功，就命令邓晨向天空连射三支响箭，哨音破空嘶鸣，后续的部队听到信号，立刻从东南方向冲杀过来，两支队伍合兵一处，逐渐接近城下。

此时的昆阳城上，王常和众将士已经坚守了近一个月，身心疲惫，几乎到了坚持不住的边缘，忽然看到了刘秀搬着救兵到来。众人在城墙上目睹了刘秀带领将士们横穿敌营的壮举，他们如猛虎般厮杀，气势如虹。更令人振奋的是，刘秀他们竟然杀了敌军指挥的统帅王寻，振奋人心。刚开始看着时机不成熟，怕打开城门敌军攻入，这会儿见城下都是自己的汉军，王常正准备命令打开城门，结果他命令还没说出口，士兵们已经打开了城门，七千多人马吼叫着冲过吊桥，和刘秀他们会合在一起，向着新莽军杀去。

这个时候，昆阳城的百姓也自发拿着武器加入了战斗，就连受伤的士兵也咬着牙出城杀敌。

昆阳城外，汉军犹如洪水猛兽势头凶煞，越战越勇，新莽军被杀得鬼哭狼嚎地叫着，四处逃窜。

王邑看着混乱的阵营，他满脸汗水和血水交织，红着眼睛大声喊着："白痴，笨死了！快命令巨无霸放开兽笼，咬死汉军！快放兽军！"

巨无霸听到王邑那声嘶力竭的喊声，心中一紧，立刻行动起来。他迅速放开了控制兽军的铁笼，那些被训练得服服帖帖的猛兽，狮子、老虎、豹子、大象、犀牛等各式大型野兽，顿时被释放了出来。

这些野兽早已被战场上躁动的喊杀声刺激得骚动不安，此刻一见铁笼打开，接到了主人的命令，立刻发出凶猛的兽吼，咆哮着冲向汉军阵营。

一时间，战场上出现了许多凶猛又大型的野兽，冲将过去，见着汉军一口一个地往死咬，而汉军的马匹也因为兽军的突然出现受到了惊吓，四荒逃散。

汉军被这些庞然大物吓坏了，一边逃命，一边惊慌失措地喊着：“妈呀，老虎来了！”

“天哪，狮子！”

一时间战场上，猛兽们在撕咬，大象在踩踏，老虎、狮子、豹子的嘴里都咬着人，还有的人被犀牛用角在胸前扎了个洞，鲜血直流！

这样和猛兽厮杀的场面，汉军们谁都没见过，大家被吓住了，进攻的场面停顿了下来，汉军们一边后退一边防守。

刘秀也没有见过这种场面，他只是从古书上听说过用猛兽作战吓住对方士兵的事，他是怎么都没有想到，在现实生活中竟然会出现这样的队伍。所以他也不知道该怎么打这些猛兽，汉军的队伍被迫向后退去。

猛兽们见到自己进攻的汉军向后退，刺激得它们更加凶猛，它们的进攻也就更加激烈，它们在巨无霸的指挥下跟着大象向前，一路吼叫着，扑杀着，威风凛凛，不可阻挡，汉军暂时只有逃跑的份儿。

在这样的危急关头，天空突然变得阴云密布，狂风呼啸着，翻卷着，从天际倾泻而下，席卷整个战场。紧接着，雷声隆隆，闪电划破黑暗，大雨倾盆而下，使得整个战场笼罩在一片玄幻的氛围中。飞沙走石、雷鸣电闪、黄沙冲天，野兽的吼叫声与士兵的奔跑声交织在一起，构成了一幅惊心动魄的画卷。

那些被圈养的野兽从未见过如此可怕的景象，它们被惊雷和闪电吓得失去了攻击性，方向感也完全混乱。有的野兽甚至被吓呆，惊慌失措地逃窜着，生怕闪电劈中自己。狂风暴雨、雷电交加，野兽们惊慌失措地掉头往回跑，想回到笼子里去。但在雷鸣电闪中，它们迷失了方向，四处乱窜。

无论是新莽军还是汉军，只要它们遇到这些失控的野兽，就会被咬伤或顶撞。新莽军的阵营本就慌乱不堪，现在自己的兽军又反过来攻击自己，一时间整个阵营乱成一团。

巨无霸看到自己训练的兽军失去了控制，害怕被王邑责难，就冒险挤进了兽群中，抓住领头的大象一阵命令，让它带着野兽们去咬汉军。可是受惊的大象早已被雷电吓坏了，根本就不受他的指挥，长鼻子一卷就把巨无霸卷了起来，疯狂一摔，巨无霸来不及喊叫，就掉进了边上的滍川河中，河水湍急，巨无霸冒了两下就顺流而去了。

刘秀看到野兽的队伍依旧向着新军的营地奔跑，立即下令骑兵开始驱赶野兽，成了汉军的前驱，汉军跟在兽军的后面追杀新莽军。

在野兽军的横冲直撞下，新莽军的人马惊慌失措，尤其战马四处奔跑，互相踩踏，风雨雷电中，人们惊慌得不辨方向，好多新莽军稀里糊涂就掉进了滍川河，而后面的人因为兽军的逼杀和撕咬，明明知道前面是河，也就纵身跳了下去。

就这样，兽军做先驱，汉军在后追杀，不一会儿，新莽军因跳河被淹死的人就有上万，河道都被尸体堵塞，而河岸上，到处是尸体，人头和胳膊腿，那场面就像是人间的修罗场，惨不忍睹！

王邑见大势已去，败势不可逆转，就在严尤的保护下，趁乱骑马踩着部下的尸体冲过了滍川，逃命去了，然后一路悄悄潜向长安。

昆阳城的大军与刘秀搬来的救兵，在占据了天时、地利、人和的优势下，终于打败了王邑率领的四十三万大军。这场胜利堪称空前，不仅是一次以少胜多的辉煌战绩，更是一次在兵力极为悬殊的情况下取得的惊人成就。汉军以微薄之力，竟能击败新莽军的庞大军队以及那支兽军，这无疑是对王莽建立新王朝梦想的致命打击。

胜利的汉军踏着昆阳城前遍地的尸体，伙同各位英雄在昆阳城前胜利会合。

刘秀、王霸、李轶、任光、邓晨等将领与王常、王凤在昆阳城门口相见，彼此间互相致以敬意。士兵们纷纷献上酒坛，为每位将领倒上满满一碗酒，庆祝这场来之不易的胜利。

经过残酷的战斗，胜利的喜悦让大家忘却了疲惫与隔阂。无论是绿林军还是汉军的将士们，此时都怀着共同的心情欢庆这场胜利。他们互相拍打着对方，拥抱在一起，欢呼跳跃，七嘴八舌地讨论着。

讨论的内容都围绕着刘秀，大家纷纷称赞他的英勇和智慧。他们讲述着刘秀如何带领十二骑突围，如何搬来救兵，如何千骑闯敌营，如何带着敢死队勇猛神武。在众人的口中，刘秀宛如一位战神般的存在，令人敬佩不已。

这场胜利不仅是对刘秀领导能力的肯定，更是对汉军将士们团结一心、英勇奋战的最好回报。

刘秀听着大家的夸奖，很不好意思，他赶紧谦虚回应道："自古以来，土相扶为城墙，人相扶才能称王。我们今天的胜利，绝非我一人之功，而是城内城外所有人共同努力、同心协力的结果。若只靠我一人，恐怕连靠近王寻都做不到。一个人的力量是有限的，更勿论打败王寻和王邑这样的强敌。至于王邑，他的用兵之道确实有待商榷。他骄傲自大、暴躁易怒，不听取部下的意见，自以为是。这样的将军带兵打仗，怎能不失败呢？我们之所以能够取得胜利，也是因为他有这样的弱点。否则，结果还真难以预料。"

刘秀的话让在场的将领们纷纷点头称是，他们深知这场胜利的确来之不易，是大家共同努力的结果。同时，他们也对刘秀的谦虚和睿智表示由衷的敬佩。

王凤站在人群里，听刘秀的话，说到最后，不由得脸发红，毕竟他自己在这场战争中起到的作用也不大，甚至还写了投降书，他听到这里，连忙摆着手说道：“大家就不要在这露天里站着啦，赶紧回城吧，回到城里再说！”

将领们听到王凤的话，立刻爆发出爽朗的笑声，这是一种从内心深处涌出的欢快和释然。他们簇拥着刘秀、王凤和王常等人，形成了一支人潮涌动的队伍，一起向城里走去，充满了胜利的喜悦。

五、功高遭人妒

昆阳之战后，新莽军大败而逃，留下了大量的军资辎重，遍布方圆几十里。王凤和王常等人经过商议，决定让士兵们休息一天，随后开始收集搬运这些宝贵的战利品。

然而，刘秀却面带愁容地对王凤和王常说道：“两位大将军，宛城方面的战况一直未有消息传来，我们无法得知那边的具体情况。我军已经围困宛城长达半年之久，攻城的消耗极大，很可能已经出现了物资短缺、供应不足的问题。因此，我认为我们应该尽快将这些收集起来的粮草、兵器等实用的东西运送到宛城，以协助主力军早日攻下宛城。只有这样，我们才能真正取得一个完整的胜利。”

刘秀的话让王凤和王常陷入了沉思。他们明白刘秀的担忧和考虑，也知道宛城之战的重要性。然而，运送这些战利品到宛城并非易事，需要耗费大量的人力和物力。而且，一旦运送过程中出现问题，很可能会给敌军可乘之机。

王凤点了点头，认真地对刘秀说：“文叔，你说得对。其实我刚才也考虑过这些问题，但因为战局混乱，一时间就忘记了。我们现在胜利了，当然可以慢慢地整理战利品，但宛城的情况就不同了。那里的将士们肯定正等着这些粮食和物资来救命，刘縯将军也需要这些弓箭和粮草来加强防线。我觉得我们应该尽快组织一批粮草车辆，尽快送到宛城去支援他们。”

他顿了一下，目光坚定地说：“我想亲自带几个可靠的将士过去，包括李铁兄弟。有我们两人押运，大家也会更放心。这样不仅能确保物资的安全，也能更快地送到宛城。”

他的话让在场的人都感到惊讶，因为在大家的印象中，王凤一直是那种非常珍视自己性命的人，甚至有过投降的念头。但现在，他却愿意冒着风险亲自去宛城运送物资，这让大家对他的印象有了很大的改观。

王凤在赞同刘秀的同时，心中却另有盘算。昆阳大捷虽然让他暂时摆脱了生命之忧，但那段坚守昆阳的艰难时光却给他留下了难以抹去的阴影。那时，他曾写下请降书，向敌人乞求投降，这一秘密虽然被敌人拒绝而未被公开，却在他心中留下了深深的烙印。

这个秘密如同一颗定时炸弹，随时可能威胁到他的地位和威信。王凤深知，一旦这个消息传到宛城，被更始帝知晓，他的前途将岌岌可危。他不能坐视不理，任由这个秘密毁掉他的一切。

因此，他决定亲自前往宛城，赶在流言蜚语之前，用自己的行动证明自己的忠诚和决心。他明白，只有他亲自出马，才能有效地阻止流言的扩散，保护自己的声誉。他不仅要确保物资的安全运送，更要借此机会向所有人展示他的勇气和担当，稳固自己在军中的地位。

王凤心中还有另一番考量。昆阳大捷后，刘秀声名鹊起，一个原本地位不高的年轻人迅速崭露头角，成为了众人瞩目的焦点。看着这个毛头小子声名、威望都远超自己，王凤感到颜面扫地，觉得在这里继续逗留只会让自己更加尴尬。因此，他决定早日离开，一方面可以避免与刘秀之间的尴尬对比，另一方面也可以借此机会积极表现，挽回大家对自己的不良印象。

王凤选择带上李轶前往宛城，同样有着他的深谋远虑。他深知刘秀和刘缜与李通、李轶关系匪浅，四人之间建立了深厚的信任。特别是李通，作为刘伯姬的夫君，他们既是朋友又是亲人。王凤推测，李轶可能掌握着刘家兄弟的不少秘密。

在与李轶的相处中，王凤敏锐地发现了李轶与李通性格上的巨大差异。李轶个性懦弱，虚荣心强，喜欢追随权势人物。于是，王凤心生一计，打算利用李轶的这一特点，在与他独处时建立密切的关系，通过他来深入了解刘家兄弟的动态，甚至可能用来降低他们日益增长的威望。

然而，王凤的这一计划并非没有风险。利用他人的弱点来达到自己的目的，不仅可能损害他与李轶之间的友谊，还可能引发更大的纷争。但此时的王凤似乎已顾不上这些，他只想尽快挽回自己的地位和威望，稳固在军中的权力。

王凤及其同伴们的内心想法，实际上反映了整个昆阳之战背后更深层次的意义。这场战役对王莽的政权造成了巨大的冲击，几乎可以说是动摇了其根基。王莽为了这场战役，可谓是倾尽了全力，将全军之力都投入其中，意图通过一场大胜来稳固自己的统治。

从这个角度来看，昆阳之战不仅仅是一场普通的战役，更是王莽与更始政权之间的一场大决战。然而，结果却出人意料，王莽的四十多万大军在这场战役中彻底覆灭。

这一结果意味着，王莽政权已经失去了对新生更始政权的军事威慑和打击能力。新生的更始政权会加速发展壮大。这对于王莽来说无疑是一个巨大的打击，而对于更始政权来说则是一个难得的机遇。

当从昆阳之战中侥幸逃脱的士兵们纷纷返回家乡，王邑带着残兵败将回到锥阳之后，整个关中都为之震惊。这一消息迅速传开，关中地区的豪杰们纷纷响应，他们杀掉当地的牧守，自称将军，并采用汉朝的年号来等待新的诏命。短短一个月内，这样的现象遍布天下，显示出了王莽政权的动摇和土崩瓦解的迹象。

《资治通鉴》中记载："关中闻之震恐。于是海内豪杰翕然响应，皆杀其牧守，自称将军，用汉年号以待诏命。旬月之间，遍于天下。"

这一连串的事件不仅加剧了王莽政权的内部混乱，也进一步削弱了其对全国的控制力。各地豪杰的纷纷自立，意味着王莽已经失去了对全国的有效统治。这种局势的恶化，预示着王莽政权的最后灭亡已经不远。

不过，尽管刘秀和刘縯立下了盖世功业，但他们也未能逃脱命运的劫难。

在宛城中，刘縯正忙于安置帝都，计划向更始帝请求增援昆阳。而此刻，王凤和李轶押着大批粮草从昆阳匆匆赶来宛城接济。

当王凤看到宛城上飘扬的汉军旗帜时，内心充满了喜悦。这意味着宛城已经被他们拿下，无需再为战争的胜负担忧。王凤是一个十分惜命的人，这样的结果对他来说无疑是最好的。

王凤和更始帝的会面，彼此都很高兴。两人各自讲述了他们争取胜利的过程。更始帝听到王凤带来的昆阳消息后，心中的担忧终于放下，他感到皇位已经稳固，不再担心王邑的大军会杀过来。这种安心让他不禁开怀大笑，随后邀请王凤等人坐下，仔细聆听他们讲述战斗的经过。

尽管王凤嫉妒刘秀的功劳，但昆阳之战的辉煌胜利是全军共睹的事实。刘秀率领十三名勇士突围闯营求援，以及带来援军在昆阳城下与王邑、王寻的大战，都展现了他的英勇和智慧。王凤不敢隐藏这些事实，甚至非常详细地叙述了整个战斗过程。他的讲述让众人听得目瞪口呆，无不对刘秀的功绩赞不绝口。

但刘玄听着王凤讲述刘秀和刘縯的英勇事迹，心中却充满了不安和疑惑。他同为刘家的宗族后代，却感到自己与刘秀、刘縯相比显得如此平庸。刘秀和刘縯的叱咤风云、骁勇善战、威名震天，为全军所佩服，让他感到自己的地位徒有虚名。

刘玄觉得自己被推上了皇位，却连半点功劳都没有，还要受人胁迫。他心甘情愿地享受着权力，但不禁开始怀疑，自己的所作所为能否让全军上下心服口服？天下人能否真心接受他这个皇帝？更让他感到不安的是，刘秀兄弟俩是否会容忍他继续安坐这至尊的位子。

刘玄的内心虽然忐忑不安，但他的城府极深，脸上并未露出任何破绽。他哈哈大笑，对刘秀的功绩赞不绝口，并立即下旨进行封赏。由于王凤的地位已经非常高，刘玄认为没有必要再对其进行封赏，于是将王常封为知命侯。

在王凤的强烈建议下，李轶也被封为侯爷。当刘玄提及要封刘秀为王侯时，李轶突然跪倒在地，一边向刘玄表达感激之情，一边说起了刘秀兄弟功劳赏赐之事。

李轶伏在地上，声音坚定而诚恳："陛下，刘秀将军的功绩超越了常人，这是所有人有目共睹的事实。在我看来，刘秀将军未来的道路还很长，他必将建立更多的功绩。如果此刻就封他为王侯，与大司徒的地位相当，那么日后他再有卓越表现时，陛下又该如何封赏他呢？因此，我建议暂时留下一些余地，待他未来立下更大的功绩时，再进行更为丰厚的封赏。"

刘玄点头，觉得他说的有道理。他或许并未意识到，王凤在一路上的行动已经成功地拉拢了李轶。李轶作为一位有见识的将领，早已洞察了汉军内部的复杂局势。绿林、新市和平林三路军在人数上占据优势，而王凤和陈牧等人则是这些军队的实际掌权者。尽管刘秀和刘縯兄弟在战场上英勇无敌，但在帮派斗争和权力争夺中，他们却常常处于劣势。

更始帝刘玄，在某种程度上，只是王凤等人手中的傀儡皇帝。在这样的背景下，刘秀兄弟俩的出头之日遥遥无期。李轶深知这一点，为了自己的前途和利益，他选择了顺应王凤的意愿，加入了王凤的阵营。

从这一刻开始，昔日的兄弟在朝堂上因为各自的利益权衡而产生了分歧。他们不再像过去那样团结一致，而是为了各自的利益开始明争暗斗。

王凤听到李铁的话后，心中暗自欢喜。他迅速走上前，向更始帝刘玄上奏道：“陛下，李将军所言极是。常言道，满则损，物极必反。在封赏之事上，我们确实应该留有余地，这才是智者的做法。正如李将军所说，刘秀将军现在正值壮年，且无家室之累，未来征战立功的机会还很多。陛下不妨将王侯的封赏暂时留给他，以此激励他更加奋勇杀敌，立下更大的功劳。”

王凤和李铁二人，本是跟刘秀经历过昆阳之战的战友，理应互相支持，共同为昆阳的将士们争取封官晋爵的机会。然而，随着权力的诱惑和私心的膨胀，王凤和李铁却昧着良心说出了违背事实的话。而更始帝刘玄，也由于自己的私心，不愿意抬举刘秀，顺水推舟地接受了王凤和李铁的建议，停止了对刘秀的封赏。

刘縯站在大殿上，听着刘秀打败王邑大军的过程，心中既为兄弟的智勇谋略感到佩服，也为昆阳大战的凶险感到后怕。然而，当他听到王凤等人的说辞时，心中不禁涌起一股愤怒。他觉得刘秀受到了不公平的待遇，理应得到更高的封赏和认可。

然而，就在刘縯准备站出来为刘秀说话时，他想起了刘秀曾经对他的叮嘱。刘秀知道刘縯脾气暴躁、锋芒毕露、为人刚烈，容易招惹是非。因此，他叮嘱刘縯要时刻克制自己的性子，不要与小人争执。想到这里，刘縯硬生生地收回了迈出的脚步，努力保持一副波澜不惊的平静状态。

尽管王凤、李铁等人在朝堂上暂时压制了刘秀兄弟的声势，但事实终究胜于雄辩，真正的英雄和功绩是无法被掩盖的。刘縯带兵打下宛城，为更始政权建立了一个真正的立足之都，其军事才能和政治眼光得到了广泛认可。而刘秀在昆阳之战中以少胜多，打败了王莽新军四十三万人，这一战绩不仅震撼了整个王莽王朝，也在汉军中树立了他勇猛无敌、战无不胜的形象。

兄弟俩为更始王朝立下了汗马功劳，他们的威名如日中天，名震天下。四方的英雄豪杰每当提起刘縯和刘秀时，都会满心诚服地称赞他们的英勇和智慧。相比之下，刘玄、王凤、陈牧等头领却逐渐被天下人所忽略，这让他们感到极度不安和恐慌。

看着天下舆论导向都赞美刘秀和刘縯，刘玄和王凤、陈牧等人内心慌乱不已。他们既嫉妒兄弟俩的功绩和威名，又害怕更始政权在某一天会落入他人之手。这种复杂的心态让他们整日怏怏不乐，忧心忡忡地担心着自己的权力和地位。

第七章　内部争权，杀机四伏

一、奸计图谋除刘缜

不久，王凤等人开始在暗地里蠢蠢欲动，他们精心策划散布谣言，企图在朝廷内外制造混乱和不安。一些人受到他们的指使，向刘玄上奏称刘缜心怀叵测，暗地里结党营私，勾结党羽。

这些指控言之凿凿，仿佛他们亲眼见证了刘缜的罪行。同时，也有人跑到刘玄面前诬告刘缜和春陵汉军将领们私下密谋，企图谋反称帝。这些谣言四起，让刘玄感到心神不宁，担心自己的皇位不稳。

面对这些谣言和不安定因素，刘玄开始焦虑起来。他心想，大家都是高祖的后代，为何偏偏自己这个无德无才的人能稀里糊涂地当上皇帝，享受这无上的权力和富贵？刘缜和刘秀如此有本事和能力，他们内心肯定不服从自己的统治。

刘玄开始担心他们兄弟俩有一天会推翻自己，自立为帝。他想到，如果比较条件的话，刘縯和刘秀确实比自己更有资格和条件称帝。这种担忧让刘玄夜不能寐，他开始思考如何应对这种局面，保护自己的皇位和权力。

然而，这个决策并不容易做出。刘玄需要权衡各种复杂的因素和利益关系。他知道王凤等人在朝廷中的势力庞大，而刘縯和刘秀也拥有强大的军队和威望。因此，他需要谨慎思考，找到一种既能维护自己皇位稳定，又能平衡各方势力的方法。

随着时间的推移，刘玄和王凤等人越来越觉得刘縯和刘秀是他们权力和利益的障碍。面对共同的敌人，他们开始走到了一起，形成了临时的联盟。他们明白，要维护自己的地位和利益，就必须对付刘縯和刘秀。于是，他们开始密谋如何对付这兄弟俩，这也导致了更始政权内部的分裂。

王凤在刘玄面前公开提出杀掉刘縯和刘秀的建议，他认为只有这样才能消除他们对自己权力的威胁。然而，他们也意识到同时杀掉两位英雄可能会引发天下大乱，人心不服，造成无法收拾的局面。因此，他们决定先除掉其中一个人。

在商讨之后，他们决定先杀刘縯。因为刘縯作为兄长，在军中和朝中的地位都很高，影响力巨大。除掉他就能消除眼前的心腹大患。此外，刘縯性情刚烈，容易中计犯错，这也使得他们更容易找到对付他的把柄。

这些阴险小人定下了谋杀计划后，刘玄便派遣使者前往昆阳，宣读圣旨，表面上是为了奖赏昆阳的汉军将士，实际上却暗藏玄机。同时，他又命令王常留守昆阳，而让刘秀带兵继续北上，夺取颍川。

刘玄这样做的目的有两个：一方面，他想通过给予刘秀军权和立功的机会来稳住他，让他觉得自己仍然被信任和重用；另一方面，刘玄实际上是想借此机会将刘秀调离昆阳，为他谋杀刘縯创造机会。

更为阴险的是，如果刘秀在攻打颍川时失败，刘玄便可以名正言顺地连他一起杀掉。这种权谋手段可谓恶毒至极，刘縯此时的命运完全掌握在这些小人的手中。

王凤提出的这个一石二鸟的计谋，竟然得到了刘玄的拍手称赞。刘玄不仅认为这是一个好计谋，还立刻下令执行。他对王凤的阴险手段表示赞赏，完全不顾及这样做会给自己带来何种恶果。

当时，刘秀奉旨挥师北上征伐颍川，一举攻克了颍阳（今河南登封的西侧）。稍作休整后，他转向西南进军父城。然而，由于城内外的守军势均力敌，且父城的守军表现出顽强的抵抗意志，刘秀围攻多日，却始终未能攻下这座城池。

面对僵局，刘秀深思熟虑，决定采取一种更为巧妙的战术。他命令部队暂时放缓攻势，给城内守军以喘息之机，等待其松懈之时再发动突袭。于是，刘秀将大军驻扎在巾车乡，进行暂时的休整与备战。

在此期间，刘秀派遣精锐的巡逻部队，悄无声息地截断父城与外界的所有联系，确保城内守军无法获得外援。这一战略部署，充分展示了刘秀的智谋与决断。

就在这样的背景下，一天，刘秀的巡逻部队捉住了颍川郡掾冯异。冯异，字公孙，以其博学多才而闻名，精通《左氏春秋》和《孙子兵法》。当时，他以颍川郡郡掾的身份“监五县”，是一位颇具声望的官员。刘秀早已听闻冯异的大名，对他颇为敬重。

这一次，冯异与父城令苗萌共同承担起守城的重任。

冯异之所以冒险出城，是因为城内兵力严重匮乏。他计划趁着刘秀军队暂时解围之际，前往邻近县城募集兵力，以增强父城的防御力量。然而，他万万没有想到，即便自己乔装打扮成普通百姓，刚刚踏出城门不远，便被汉军捕获。

凑巧的是，冯异的族兄冯孝、好友丁琳和吕晏此刻正与刘秀共商大计。得知冯异被擒的消息后，他们纷纷向刘秀力荐冯异。他们称赞冯异少年时便志向远大，文武双全，若能重用，必能为刘家的江山立下赫赫战功。

这些推荐之辞恰好契合了刘秀的心意。于是，刘秀下令召见冯异，并以诚恳的态度对他说道："公孙先生，如今天下局势，想必你也清楚。许多势力趁着乱世，篡夺汉朝政权，百姓饱受其苦。天下人心思汉，正是破旧立新之际。你才华横溢，何必为虎作伥，埋没自己的才华呢？"

冯异为人通透，他毫不犹豫地回应刘秀："刘将军的威名，我早有耳闻。将军坦诚相待，冯某感激不尽。然而，我有一事相求。我的父母仍在父城之中，我希望能回去一趟，见机行事。我会设法将我所管辖的五个县城献给将军，以表诚意。如果将军信任我，请让我即刻返回；若将军有所疑虑，将我视为阶下囚便是。"

刘秀见冯异如此爽快坦诚，不禁朗声大笑。他亲自将冯异送至军营外很远的地方，才拱手作别，目送冯异策马离去。

冯异乘马疾驰回到父城，找到苗萌，向他阐述自己的见解。冯异说道："在这风起云涌、局势变幻莫测的时代，各地英雄豪杰纷纷趁势而起。王莽的败亡已成定局。然而，观察这些反莽的英雄，我发现他们中有的目光短浅，有的狡诈阴险，有的残暴蛮横，有的贪婪无度，皆是自私自利之徒，难以成就大业。唯有刘秀将军，他率领的部队纪律严明，不扰民，还安民，所作所为符合书中争夺天下的章法。今日我被刘秀所擒，却有幸近距离观察他。刘秀将军言谈举止间流露出雍容大度，丰神秀朗，气度非凡。他待人坦荡，却又不失城府，绝非平庸之辈。苗将军，你常言'学得文武艺，卖与帝王家'，如今看来，这个帝王家恐怕就是指刘秀了。"

苗萌与冯异志同道合，经常一起探讨天下大势，性格相投，观点一致。听到冯异的这番话，苗萌立刻做出了决定，他肯定地对冯异说："公孙你向来善于识人，我相信你的眼光。所谓'良禽择木而栖'，咱们就一起投奔刘秀吧！"

冯异和苗萌经过深入商讨后，冯异立刻行动起来，向自己所监察的其余四座城池传达了投降的命令。刘秀得知消息后，感到十分欣喜。他没有动用一兵一卒，就轻松获得了冯异和苗萌管辖的五座城池。

这一顺利接收，不仅增强了刘秀的实力，也进一步巩固了他在这一地区的地位。接收城池后，刘秀明智地决定让冯异和苗萌继续镇守父城，因为他们对这一地区非常了解，且有着出色的军事才能。而刘秀自己则准备继续带领部队北上，寻找新的征战目标。

与此同时，宛城内的王凤和刘玄等人仍在密谋着他们的阴谋计划。

自从昆阳之战取得胜利后，更始政权内部的农民起义军与春陵军之间的矛盾日益凸显。为了消除刘縯和刘秀这两个潜在的威胁，更始帝和王凤等人设计让刘秀北上征战，而留下刘縯在宛城以便对付他。

这一计划虽然阴险，但他们相信只要能够成功除掉刘縯和刘秀，他们的政权将更加稳固。

然而，刘秀对于农民起义军的态度早已心知肚明。他也曾提醒过刘縯要小心防范，但刘縯性格坦荡自信，认为这只是起义军的常态，不必过于在意。

如今，随着昆阳大捷和宛城定都，更始政权似乎已经稳固下来。为了庆祝这一胜利，大殿上举行了盛大的宴会。歌舞升平中，君臣们互相敬酒祝贺，气氛热烈而欢快。

然而，就在这欢乐的氛围中，刘玄突然向刘縯提出了一个要求："大司徒刘縯，寡人听闻你拥有一把宝剑，剑身奇异且镶嵌众多宝石。如此珍稀之物，定能令人大开眼界。快将宝剑呈上来让寡人观赏一番！"他的话语中透露出对宝剑的浓厚兴趣，但背后却隐藏着深不可测的阴谋。

刘縯没有多想，因为在更始王朝建立之初，刘玄就颁布过圣旨，允许他带剑入宫。于是，他毫不犹豫地解下佩剑，呈递给刘玄。刘玄接过剑，仔细端详着，时而翻看剑鞘，时而凝视剑身，他的脸色阴沉，呼吸急促，似乎有什么重大的事情让他犹豫不决。

刘縯见刘玄拿着剑不还给自己，心中虽有些疑惑，但也没有多问，便回到自己的座位上坐下，心想让刘玄多把玩一会儿也无妨。刘玄拿着剑反复端详，口中轻声嘟囔着，声音太小，无人能够听清他在说什么。

此时，御史申屠建站起身，走到刘玄身边，示意他下令诛杀刘縯。然而，刘玄神色慌张，脸色苍白，一个字也说不出来，只是不停地喝酒。整个宴会的气氛变得异常沉闷，直到众人纷纷散去，刘玄才将宝剑归还给刘縯，轻叹一声，转身进了内宫。

刘縯感觉到了刘玄的异样，但又不便询问，只得接过宝剑，插回剑鞘，随众人一同退出大殿。虽然他在宴席上并未畅饮，但内心却充满了喜悦，因为复兴汉室的大业正在稳步前进。回到府中后，他趁着这份快意在后院独自舞刀弄枪。然而，刚舞了几个招式，家中随从便来禀报，说是樊宏来访。

樊宏，刘縯和刘秀的舅舅，自他们兄弟从春陵起事以来，始终忠诚地陪伴在他们身边，为他们出谋划策。他以其沉稳睿智的性格和无私的奉献赢得了刘縯兄弟及众人的深厚信任。当初刘玄登基时，曾邀请樊宏担任将军，但樊宏谦虚地推辞了，他更愿意以一个普通百姓的身份生活。于是，刘縯请他在自己的府上掌管文书工作，以便在有需要时与舅舅商讨事宜。

当刘縯的随从退下后，樊宏坐在院中的石凳上，关切地对刘縯说："伯升，你不觉得今日的庆功宴会气氛有些异常吗？"

刘縯在樊宏身旁坐下，若有所思地回答道："庆功会的确与往常不同，或许是陛下身体不适，导致气氛有些沉闷吧。"

樊宏看着刘縯那宽厚的脸庞，长叹一口气，语重心长地说："你是高祖的子孙，应该记得鸿门宴的故事吧？当年亚父范增在宴会上三次举起玉玦，暗示项羽杀害高祖。而今日，申屠建无端在宴会上献上玉玦，作为更始帝的宠臣，他何时不能献宝，非要在这种场合，显然居心叵测。这其中必有阴谋。你和你兄弟如今功高震主，一定要多加小心。"

他停顿了一下，似乎在寻找合适的措辞，然后继续说道："我之所以说这些话，是想提醒你注意一些迹象。你知道'玦'字与'决'字音通吗？申屠建献上玉玦，很可能是在催促皇帝下决定。再联想到皇帝在宴会上要求观赏你的宝剑，这与当年的鸿门宴何其相似。你现在地位显赫，功劳卓著，又是皇家后裔，在外威名远扬，因此你必须格外谨慎行事。"

听着樊宏的话，刘縯差点笑出声，但他明白樊宏是一个极其谨慎的人，于是努力忍住笑意，端正站姿，神色严肃地回应道："舅父，外人都称赞您学识渊博、为人谨慎，看来所言非虚。您能从一块玉玦联想到高祖的典故，这份洞察力确实非凡。或许他们并没有阴谋，即便有，只要我们行事光明磊落，又有何惧？皇上性格柔弱，我相信他不会对我起杀心。更何况，我们之间还有血缘亲情作为纽带。因此，我觉得不必过于担忧。"

樊宏看着刘縯那毫无杂念的眼神，想要继续劝诫，却最终选择了沉默，只是长长地叹了一口气。

与此同时，在樊宏拜访刘縯的时候，王凤、陈牧等新市、平林军的将领们也在愤怒地商讨着。他们事先已经达成了共识，要效仿鸿门宴的故事来对付刘縯。当年的鸿门宴未能成功，如今他们决心要付诸实践。他们的计划是在刘縯呈上宝剑时，刘玄故意扔杯子指责刘縯要弑君，然后按照预先设计，陈牧等人便一拥而上，以保护皇上的名义乱刀砍死刘縯。

然而，在宴会上，刘玄却突然犹豫不决，无法下定决心。王凤担心出现意外，便让申屠建献上玉玦，暗示刘玄要果断行动。然而，最终刘玄还是没有鼓起勇气将这一阴谋彻底实施，使得这次谋杀计划彻底流产。

二、韬光养晦，刘秀隐忍求存

由于刘玄在宴会上未能果断下令杀掉刘縯，许多亲信对此感到极为不满。王凤回到府邸后，愤怒地摔碎了杯子，骂道："这个皇帝真是个废物，简直就像稀泥一样扶不上墙。如果他按计划行事，我们现在就已经成功了。一个企图谋杀皇上的人被我们处决，天下人只会拍手称赞，真是可惜！”

陈牧也被激怒了，他气冲冲地准备去找刘玄算账。然而，王凤及时制止了他，喝道：“别冲动！不管怎么说，他现在都是皇帝。你去教训皇帝，这事要是传出去，别人会怎么看我们？就算刘缜这次侥幸逃脱，我们也不能再提此事了！”

这时，王凤转向李轶，说道：“李将军，你对刘缜比较了解，你看有没有什么办法能让他在我们面前合情合理地消失？将来事成之后，他那大司徒的位置就归你了。”

早年，李轶与刘氏兄弟共同策划反莽武装起义。刘秀早就发现李轶性格多变，因此在更始政权建立后，李轶刻意讨好更始帝的宠将朱鲔。刘秀曾提醒并告诫刘缜，不要再信任李轶，但刘缜并未听从。

如今，李轶与王凤等人密谋取刘缜性命，而刘缜却对此一无所知。

李轶听闻王凤的询问，心中既惊又喜。他沉思片刻，然后缓缓说道：“确实有一个绝佳的办法，定能让刘缜命丧黄泉。”

王凤等人急切地追问是什么好办法。李轶心中明白当前的局势，朝堂上反对刘缜兄弟的人不在少数。即便自己不参与，这些人也会想方设法除去刘缜他们兄弟。与其如此，倒不如趁机彻底站在这波人的一边，这样也有利于自己将来的发展。于是，他咬牙切齿地说道：“各位大人，各位将军，一个好汉三个帮。要想除掉刘缜，必须先除去他身边的得力助手。到时候，他孤身一人，像他那样的莽夫，应该就容易对付了。”

王凤示意李轶继续说下去。李轶压低声音说道：“刘缜的得力助手无非是他的兄弟刘秀和刘稷。如今，刘秀已经被我们支到了远方，他身边只剩下莽撞的刘稷。刘稷对刘缜忠心耿耿，性情刚烈。如果刘缜出事，他肯定不会善罢甘休。当初刘玄登基时，刘稷就不服，因此拒绝接受封官。他还曾说刘玄懦弱，不配当皇帝。我们可以把这些话禀奏给皇上，让皇上治他个诽谤罪，他也就死路一条了。刘稷一死，刘縯就成了光杆司令，何愁没有机会让他死！”

陈牧立刻兴奋地击掌说道：“好主意！如果刘稷被问死罪，刘縯若敢护短，就是犯上作乱，我们就一起收拾他！”

王凤等人认为这个计划非常完美，于是商议好之后，一起去找刘玄制定具体计划。刘玄因为在宴会上被刘縯坦荡镇定的气势所震慑，担心自己杀了刘縯会引起他的部下反击，从而影响自己的皇位。

此刻见到王凤等人，他心怀惭愧。因为这些人把他推上了皇位，所以他对他们的话言听计从。听了他们的计划后，刘玄立刻拿出主意，与几个人商量好了具体的实施步骤。

第二天一早，宫殿内庄重而肃穆，朝臣们各怀心事地站立着。更始帝刘玄坐在龙椅上，眼神中透露出阴冷与决心。他瞥了一眼站在殿下的刘縯，心中早已策划好的圈套即将开始。

“刘縯！”刘玄突然大声呼唤。

刘縯心中一紧，但还是镇定地走上前来，躬身行礼：“臣在。”

“朕听闻你的部将刘稷对朕有不满之言，此事是否属实？”刘玄的声音中带着威胁。

刘縯眉头紧锁，他知道这是一个陷阱，但又不能不回答：“刘稷性格刚烈，若有冒犯之处，还请陛下宽恕。”

刘玄嘴角勾起一丝冷笑：“既然如此，朕有意任命刘稷为抗威将军，希望你能好好劝劝他，接受朕的任命。”

刘縯心中明白，这是刘玄在故意羞辱刘稷，同时也是在试探自己。他深吸一口气，沉声说道：“陛下，刘稷为人忠诚，但性格刚烈，恐怕难以接受这样的任命。”

“哦？难道他敢违抗朕的命令？”刘玄的语气中透露出不悦。

就在这时，刘稷大步走进宫殿，他的脸上写满了愤怒："陛下，我刘稷生是刘家的人，死是刘家的鬼，绝不接受这样的任命！"

刘玄眼中闪过一丝狠厉，他挥手命令道："来人，将刘稷拿下！"

数千士兵立刻涌进宫殿，将刘稷团团围住。刘稷毫不畏惧，挥舞着手中的兵器，与士兵们对峙。

刘缜见状，急忙上前护住刘稷："陛下，请三思！刘稷虽然言语冒犯，但并无恶意。请陛下饶他一命！"

然而，刘玄已经下定决心要除掉刘缜和刘稷。他冷笑一声："刘缜，你身为朕的臣子，却敢公然违抗朕的命令。今日，朕就让你们兄弟二人一起上路！"

说着，他挥手示意李轶、王凤等人动手。李轶等人早已按捺不住，一拥而上，将刘缜和刘稷团团围住。经过一番激战，刘缜和刘稷最终不敌，被李轶等人杀害。

消息传回父城，刘秀得知大哥和刘稷的死讯，悲痛欲绝。他立刻整顿兵马，匆匆赶回宛城。一路上，他的心中充满了愤怒和悲痛，同时也充满了对未来的担忧，因为他知道下个目标很可能是他，如何隐忍求存才是当务之急。

回到宛城后，刘秀立即前往宫中拜见更始帝刘玄。他跪在地上，痛哭流涕："陛下，臣听闻兄长以下犯上，得到正法，乃是他罪有应得！身为臣子，我没能在平时劝导兄长安分守己，请陛下治罪！"

刘玄看着跪在自己面前的刘秀，没有质问自己，而是不断请罪，对他以往的功绩一字不提，刘秀的谦恭让刘玄非常惊讶，反而觉得有些惭愧。他挥了挥手："罢了，事情都过去了，你兄长有罪已经被伏法，而你有一片忠心，朕不会不讲道理。"

刘秀低垂着头，心中却暗暗发誓：一定要为大哥和刘稷报仇雪恨！同时，他也要保护自己和家族的未来，不论付出多大的代价！

史书记载，刘秀在得知刘縯遇害的消息后，他的内心悲痛欲绝，然而他却必须强忍情绪，不露一丝悲伤。他独处时，不吃酒肉，枕头套上常常留下他偷偷哭泣的泪痕。他明白，为了大局，为了自身的安全，他必须默不作声，委曲求全。

当刘縯的部下前来向刘秀表达悼念之情时，刘秀总是刻意避开，难以交心私语。他唯有向刘玄深深施礼，从未自夸在昆阳之战中的功劳，也不敢为刘縯服丧。表面上，他装得饮食言笑如常，但实际上，他的内心却充满了悲痛和愤怒。

刘玄为了削弱刘秀的势力，将刘秀封为武信侯，升任破虏大将军，其实这是明升暗降，以让他建造府库为由收回了他的兵权。刘秀深知自己不能逞能，便欣然接受命令，交出兵权，以求保命。刘秀忍辱搬进了将军府，他决定暂时避开锋芒，等待时机为兄长报仇。

在夜深人静时，刘秀独自坐于床上，悲伤而又痛苦地思考着下一步的打算。他的手不由自主地探进贴身的衣服，触摸着里面的金钗。他拿着金钗，想起那个朝思暮想的人——阴丽华。两人一别数载，刘秀想，如今光复帝业暂时受阻，自己不如去找阴丽华。失落的刘秀，一时间也无法做任何事，而且如果自己稍有不慎，还会有生命之忧。他希望远方的姑娘还在等待自己，期待有朝一日能与她重逢。

阴丽华和刘秀两人情深意重，虽然阴丽华早已到了出嫁的年龄，但她一直坚定地等待着刘秀。刘秀的到来，让这对饱受相思之苦的恋人终于如愿以偿地生活在了一起。

他们举行了简单而温馨的婚礼，从此，刘秀与心爱的姑娘共同度过了一段幸福的时光。在阴丽华的陪伴下，刘秀内心的痛苦得到了一丝缓解。他们一起吟诗赏月，享受着平凡而宁静的生活。

然而，王凤在刘秀身边安插的探子将这一切报告给了刘玄。

刘玄听后，对刘秀的现状表示满意。他对王凤笑道："刘秀这是沉迷在温柔乡里了，也好，就让他这样过日子吧。”王凤也附和着大笑，说道：“自古英雄难过美人关，温柔乡确实是消磨好男儿斗志的地方。看来刘秀失去刘縯和刘稷后，已经没有了往日的斗志，让他安稳地过日子也未尝不可。”

朱鲔也向刘玄进言道：“武信侯这是沉溺在新婚的快乐中了，女人让他忘记了兄长的仇恨，也忘记了当初春陵起兵时的理想，更是忘了高祖的帝业！”刘玄又是一阵大笑：“这不正是我们所期望的吗？”

此时，天下形势已经发生了巨大的变化。自从昆阳之战后，王莽的主力遭受重创，各地豪杰纷纷响应，杀死地方长官，自称将军，采用汉朝的年号以等待朝廷的命令。

在短短的一个月内，这样的起义遍布了全国。不久之后，新莽政权内部也爆发了分裂。卫将军王涉、国师刘歆以及大司马董忠等人策划了一场暴乱，企图以武力胁迫王莽归顺汉朝。然而，由于叛徒的告密，这次计划失败了。

虽然这次叛乱没有对王莽的统治造成颠覆性的影响，却给了他沉重的打击。面对“军师外败，大臣内畔，左右无所信”的悲惨局面，王莽忧愁得无法进食，只能借酒消愁，阅读军书。然而，即使疲倦了，他也无法安睡。

王莽，这个一度权倾天下的新朝皇帝，此刻却陷入了深深的绝望之中。他不甘心自己的王朝就此覆灭，于是紧急调遣太师王匡和国将哀章驻守洛阳，意图以洛阳为屏障，为长安争取一线生机。然而，他的这一布局并未能改变新朝的败局。

更始帝刘玄和王凤等人早已洞悉王莽的意图，他们迅速作出反应，派遣定国公王匡攻打洛阳，同时命令西屏大将军申屠建和丞相司直李松进攻长安的重要防线武关。这一消息迅速传开，引起了广泛的震动，四方豪杰纷纷响应，其中析人邓晔和于匡在南乡举兵，自称辅汉左大将军和右大将军，率军攻入武关。武关的守将朱萌见新朝大势已去，选择投降汉军，杀死了右队大夫宋纲作为投诚的礼物。

武关的失守意味着长安的防线彻底崩溃，新朝已经岌岌可危。在这个关键时刻，王莽却做出了一个令人瞠目结舌的决定。他听从了儒生崔发的建议，竟然在万般无奈之下向老天求救，率领亲臣在长安南郊跪地大哭。这种行为无疑显得极为愚蠢和荒谬，但这也反映出王莽内心的绝望和无奈。

北路汉军在定国公王匡的率领下，势如破竹直逼洛阳城下，对洛阳展开了猛烈的攻击。守洛阳的新朝太师王匡和大将军哀章率军抵抗，但两人都未能挡住汉军的攻势。洛阳城内的百姓对王匡和他的新莽精兵恨之入骨，纷纷帮助汉军袭击新军。不出旬月，洛阳城就被攻破，太师王匡和大将军哀章被俘虏。定国公破洛阳，又擒住了敌军首领，自然要请功，他写了奏章，命人把王匡和哀章一起押送去了宛城，交给更始帝刘玄处置。

此时的长安城，如今被仲秋的萧瑟秋风环绕，宛如一个垂暮的老人，在历史的洪流中摇摇欲坠。城内的每一条街道、每一座宫殿，都弥漫着人心惶惶的气息。随着洛阳和武关的接连失守，关于新莽政权和汉军的各种谣言与猜测如狂风中的尘埃，四处飞扬。

逃回来的士兵带来了更多令人沮丧的消息，申屠建、李松和王匡正率领汉军兵分两路，如两把锋利的刀剑，直插长安的心脏。而邓晔、于匡的军队前锋已经北渡渭河，推进到新丰，长安的门户已然洞开。这一连串的战败消息，仿佛一个个沉重的打击，让王莽的新朝陷入了绝境。

然而，就在这样的绝境中，王莽仍试图挣扎。他刚刚平复了大司马董忠、国师刘歆、卫将军王涉的政变，虽然叛乱的人已经自杀或被治罪，但他的政权组织中枢却陷入了空前的空虚。无人可用的王莽，此刻不得不听从国丈史谌的忠告，将那个曾在战场上遭遇惨败的王邑召回长安。

王莽对史谌的决定感到疑惑："王邑已是败将，还怎么用？"但史谌却有着自己的见解："就因为王邑兵败，心怀惭愧，陛下再重用他，给他机会，他才会更加用心保卫长安。而且，他也曾和汉军交过手，有经验可用。"

王莽听闻此言，沉默了片刻。他明白，此刻的长安已经危在旦夕，任何一丝希望都不能放过。于是，他点了点头，同意了史谌的建议。希望王邑真的能够如史谌所言，为长安带来一线生机。

当王莽决定重组他的朝廷班子时，整个长安城都为之震动。昔日的权贵与宿臣，如今已不再是朝廷的核心。王莽的目光，转向了那些新提拔的才俊。

王邑，这位曾经历经战火的将领，被召回了长安，并被任命为大司马。他的回归，无疑给王莽注入了一针强心剂。王莽对他寄予厚望，希望他能重振朝纲，为新朝的稳定立下赫赫战功。

与此同时，讲诗名儒张邯被提拔为大司徒。他以温文尔雅的气质和渊博的学识赢得了朝野的尊敬。王莽看重的不仅仅是他的学问，更是他对于朝廷的忠诚。

同悦侯王林则被任命为卫将军，负责长安城的防卫。他年轻有为，曾立下赫赫战功，是朝廷中的一颗璀璨新星。

除了这三人，崔发、王林、苗沂等一批新贵也获得了提拔。他们或是因为才能出众，或是因为在关键时刻立下了大功，而被王莽所看重。他们成为了新朝的中坚力量，与王莽共同面对朝廷的种种挑战。

这一系列的人事变动，让人们看到了王莽的决心。他不再完全信任那些至亲宿臣，而是更愿意给新贵们机会。这些新贵，虽然对王莽忠心耿耿，但他们的目的也不仅仅是为了王朝的兴衰，更多的是为了自己的荣华富贵。

然而，在这样的背景下，长安城的命运却变得更加扑朔迷离。王莽能否依靠这些新贵，稳住朝廷的局势？长安城又能否在风雨飘摇中屹立不倒？这一切，都成为了人们关注的焦点。

王莽刚刚完成了朝廷中枢班子的搭建，满心期待能借此稳固自己的统治，然而，突如其来的消息如晴天霹雳般打碎了他的期望。武关和洛阳，这两座重要的城池，竟然在汉军的猛烈攻势下失守了。

当这个消息传入长安宫中，王莽如同被重锤击中，一时间呆若木鸡。他坐在大殿上，眼中满是不敢置信。他从未想过这两座城池会如此轻易地失守，这让他感到愤怒和失望。

他愤怒地拍打着御案，怒吼着要严惩王匡和哀章，认为他们丢城弃地的行为太过可耻。然而，他不知道的是，这两个人连自己也没逃脱，已经被刘玄在宛城诛杀示众了。

王莽的震怒让新立的新贵们感到恐惧。他们担心自己会因为这次失败而受到牵连。在这个关键时刻，大司徒张邯，作为一代名儒，站了出来。他小心翼翼地走到王莽面前，轻声说道："陛下，请暂息怒。当前最重要的是商讨出一个保护长安安全的办法。"

王莽在短暂的愤怒过后，也意识到需要冷静面对当前的局势。他深吸了一口气，努力平复情绪，说道："你说得对，张邯。朕知道孰重孰轻。王匡和哀章的不中用确实让人失望，但现在我们需要的是团结一心，共同面对危机。朕希望大家都能畅所欲言，提出自己的建议。长安是大家的长安，我们需要共同守护它。"

随着王莽的话音落下，大殿内陷入了一片沉寂。新贵们面面相觑，心中都在思索着如何应对当前的危局。他们很清楚，这次危机是对新朝的一次严峻考验。

三、王莽政权的覆亡

朝廷上，新上任的新贵们面面相觑，无人敢言。王莽的脸色愈发阴沉，仿佛笼罩着一层厚厚的乌云。在这肃杀的气氛中，宁始将军史谌挺身而出，打破了沉默。

他快步走到大殿中央，深吸一口气，朗声说道："陛下，如今新丰尚有波水将军窦融的二万兵马。长安城中还有五万精锐的警卫部队，城墙坚固高大。若我们坚守不出，叛军亦难以攻克！"

王莽听闻此言，眼中闪过一丝希望的光芒，但随即又暗淡下来："如今君命已无甚用处，波水将军窦融岂会听从朕的调遣？"

史谌微微一笑，镇定自若地回应："陛下，如今最大的问题并非兵力不足，而是人心不稳。京城内民心动荡，这才是我们面临的最大挑战。稳住军心，却是可以做到的。只要我们能稳住军心，守住长安城，再逐步安抚民心，相信局势定能得到控制。"

王莽听到这里，心中不禁为之一振。他深深地看着史谌，缓缓说道："爱卿所言甚是！"

为了稳固长安的防御，王莽迅速从警卫部队下级将佐中挑选出九名忠诚可靠的将领，赐以将军之职，称为"九虎"。他们被命令分守长安的九座城门，以保卫城池的安全。为了防止九虎在战斗中投降敌军，王莽还将他们的家人接到宫中作为人质，以确保他们的忠诚。

然而，长安城内的布置尚未完成，汉军已经兵临城下。邓晔、于匡率领的部队率先打过峭山，紧接着申屠建、李松率领的汉军主力也赶到长安城下。他们一齐向长安城发起猛烈进攻，意图一举攻下这座古都。

尽管史谌的建议起到了积极作用，九虎将军拼死守门，全力督促士兵反击汉军，但汉军的攻势依然猛烈。

长安城内的百姓在汉军的强大攻势和更始政权的政治影响力下，开始动摇对新政的信任。他们认为长安城正处于垂死挣扎之中，于是纷纷想要投降汉军。

商县人杜关和杀猪出身的杜虞趁机聚集城内百姓，发布投汉的言论，并计划放汉军入城。他们偷袭守城的新兵，并挑唆兵卒叛乱。

一时间，守城的兵卒军心动摇，纷纷逃走或哗变。在十个人中就有六七人选择逃离或叛乱，九虎中的四虎甚至被自己的部下杀死。剩下的五虎将军也成了光杆司令，因为他们的士兵都逃跑了。

长安城陷入了前所未有的危机之中。王莽的统治岌岌可危，新朝的命运悬于一线。

在汉军猛烈的攻势下，史谌急忙调集了大批的黄门郎和宫中侍卫前往九大门增援。然而，这些人力在汉军强大的攻势面前显得杯水车薪，根本无法阻挡对方的进攻。守城的力量还能支撑多久，即便是宁始将军史谌自己也无法预测。

史谌站在城墙上，看着势单力薄的守军和城外震天的喊杀声，心中惊慌失措。他脚步踉跄地奔向宫中，一进门就大声呼喊："陛下，大事不好了！"他的声音充满了焦虑和无助，见到王莽之后，立即说出当前守城将士不足的问题。

就在这时，王邑提出了一个惊人的建议——释放囚犯增援守城。

史谌一听此言，立刻反对道："不可，守城的兵士尚且逃跑，更何况是囚犯呢？"

然而，王莽却做出了出人意料的决定："嗯，那就姑且一用吧。除此之外，朕也无人可用了。史爱卿，你带着囚犯去守城吧！"

史谌无奈，只好接受王莽的旨意。牢房中的囚犯们被释放出来，被大鱼大肉招待。他们抢吃抢喝，心中却充满了疑惑。有头脑清醒的囚犯暗自嘀咕："发生什么事了？王莽怎么发善心了？"

当囚犯们吃饱喝足后，宁始将军史谌带着十几个亲兵来到他们面前。他宣读了赦免书，并向他们讲述了将功赎罪、报效陛下的道理。囚犯们以为自己真的有机会立功赎罪了，纷纷磕头谢恩。然而，那些之前心存疑虑的囚犯却在心中暗自骂道："老子就知道没好事。"

就这样，一群心怀各异、被迫上阵的囚犯加入了长安城的防御战。

史谌迅速将武装好的囚犯分成四路，命令士兵带领他们增援各个城门，他自己则亲自带领一路增援直城门。当各路囚犯兵卒分头出发时，史谌率领的囚徒士兵刚抵达城墙下，就听到了城头上激烈的喊杀声和刀枪撞击声，那种血腥的场面，让他们心有抵触。

突然，有囚犯大声喊道："兄弟们，我们不要给王莽老贼卖命，赶紧跑吧！他这是直接让我们去送命。兄弟们，趁此机会跑吧！"

囚犯们原本就没有打仗的心思，听到这样的喊声，纷纷四散而逃。士兵们试图阻拦，但很快就被砍杀倒地。瞬间，整支队伍溃散，只剩下史谌孤零零地站在那里。

逃跑的囚犯与杜关、杜虞等在长安城内制造暴乱的百姓会聚在一起，使长安城面临着巨大的潜在威胁。他们对守城军士造成了巨大的压力，使得局势更加动荡不安。

正如史谌所预料的那样，长安城内最大的威胁并非攻城的汉军，而是城内因人心不安而引发的暴乱。

王邑、王林、崔发、苗沂、踅恽等人不得不亲自带兵在各个城门巡视，以防备暴乱的百姓开门迎接汉军。守城的力量已经大大削弱，汉军多次攻上了城头，但都被守军顽强地打了下去。

史谌失魂落魄地回到皇宫向王莽复命。此时的皇宫内已是一片混乱，从妃子到宫廷杂役都明白长安城已经岌岌可危，王莽的江山正走向覆灭。每个人都在收拾行囊，准备逃离这座即将陷落的古都。

史谌匆匆来到未央宫，只见宫内仅剩下几个老黄门在门口徘徊。他急忙询问王莽的下落，一个黄门告诉他："陛下去定安馆找定安太后去了！"

定安馆即明光宫，是王莽女儿定安太后居住的地方。

自王莽废掉刘婴后，他便自立为天子，让女儿住进定安馆，尊称为定安太后。史谌听闻王莽的行踪后，不禁吃了一惊："宫里现在如此混乱，陛下还到处乱跑，就不怕遇到危险吗？”

老黄门长叹一声：“陛下要去，他也不听别人的劝阻，有卫将军和侍卫们跟着，应该不会出事。”

卫将军王兴和前将军王盛是王莽从街头酒店提拔起来的将领，他们对王莽忠心耿耿。史谌想到这点，心中稍安。然而，他也清楚大势已去，找到王莽也无济于事。于是，他决定自己去和汉军拼死一战，以此报答王莽的知遇之恩。

长安城的末日已经来临，史谌的选择彰显了他的忠诚与决心。在这座即将陷落的古都中，每个人的命运都将面临巨大的考验。

王莽自从登上皇位后，与女儿定安太后的见面次数越来越少。当定安太后得知父亲驾临，她立刻盛装打扮，亲自到大门外迎接。父女二人相见，王莽拉着女儿的手，一同走进大厅，随后命令身边的侍从都退下。

王兴对王莽的安危深感担忧，他不愿离开，担心宫中混乱会对王莽不利。然而，王莽却故作轻松，声称自己有上天保佑，即便汉军杀入宫中，也不敢对自己怎样。最终，王莽坚持让所有人都退下，大厅内只剩下他和女儿两人。

这对特殊的父女，一个是当今皇帝，一个是前朝皇后。

王莽虽然篡改了汉家的皇权，改了女儿的称谓，但历史的真相无法改变。他们之间的关系充满了隔阂、纠结和无法言说的怨恨与牵挂。两人相视良久，最终还是女儿先开口打破了沉默。

“陛下，您有话要说吗？”定安太后轻声问道。

王莽点点头，眼中闪烁着浑浊的泪水：“爹后悔！”

听到这句话，定安太后浑身一阵颤抖。她才意识到眼前的天子曾是自己的父亲，她也才发现这个曾经不可一世的人此时显得如此苍老无助。内心的激动和纠结让她一时语塞，只是默默地注视着王莽。

王莽见她不说话，误以为女儿没有原谅自己，心中涌起一阵悲伤。

王莽深情地看着女儿，缓缓说道："孩子，就让我们暂时忘记新朝的皇帝和旧汉室的皇后这两个身份，只是单纯作为父女来谈谈心吧。"

定安太后内心震撼，她对这个突如其来的亲近感到陌生而又不知所措。然而，血脉相连的情感让她最终点了点头，表示同意。

王莽继续说道："我当初真不该把你嫁给刘衎，这毁了你的一生。你或许不知道，我那时并不希望你成为候选的女子，所以我请求了王太后，希望她不要将我们家族的女儿列入候选之列。"

定安太后王氏听着父亲的话，回忆起遥远的过去。她原本激动的心情逐渐平复下来，取而代之的是冷漠。她冷冷地说道："那只是你欲擒故纵、以退为进的计谋。你很清楚，凭借你的权势，那些大臣们一定会推选我为皇后。如果你真是一个平凡而温暖的父亲，你就不会在现在这个时候还来欺骗我。"

王莽听着女儿的话，心中一阵刺痛。他知道自己过去的行为给女儿带来了深深的伤害。他无法否认女儿所说的那些计谋和权谋，但他也深知自己内心深处对女儿的关爱和愧疚。

王莽深情地看着女儿，缓缓道出心中的想法："孩子，你误解了爹的初衷。你知道爹在朝堂上的地位，那些复杂的权力斗争你或许不懂。爹并不想用你来换取天下，我推辞过，但朝臣们坚持认为你才德俱佳，是皇后的最佳人选。他们误以为爹是为了权力而牺牲你，但事实并非如此。爹承认有过除掉刘衎的念头，但还没来得及动手，他就病逝了。这个罪名被世人强加在爹的头上，但你是爹的女儿，你应该清楚其中的真相。"

此刻，王莽作为一个父亲，最担心的还是女儿的安全。他急切而又诚恳地继续说道："叛军即将进城，爹最担心的就是你的安危。你是汉朝的皇后，汉军不会伤害你，但那些暴乱的百姓不会顾及这些。为了你的安全，我决定派人送你到汉军营地。"

定安太后默默地看着王莽，内心的情感复杂难言。她回想起过去的种种，也明白自己当初的选择并非全然无辜。王莽见女儿沉默不语，心中焦急，再次强调："我必须确保你的安全，这是作为一个父亲的责任。"

就在这时，王兴和王盛匆匆冲进来，报告城门已失守，叛军已经冲进城中。

王莽面对突如其来的变故，却表现得异常冷静："快，立刻送定安太后出宫，去汉军大营。"

定安太后在这一刻，深深感受到了父亲的担忧与关爱。她知道，无论过去有多少误会和隔阂，在危难时刻，父女之间的血缘之情是无法割舍的。

定安太后终于喊出了一声"爹"，并扑在了王莽的肩头，表示坚决不愿离开他。

这一声深情的呼唤让王莽泪流满面，所有的功过荣辱和政治纷争在这一刻都显得微不足道。他满心只剩下对亲情的眷恋与不舍。

王莽满脸泪水，哽咽着说："孩子，你叫我爹了，好，好。你快走吧，爹是上天所选，不会有事的。你去汉军营地吧！"

定安太后却坚决拒绝："爹，您不要迷信了，汉军和暴民都不会放过您的。我们一起逃吧！"

王莽心中明白，天下之大，已没有他的立足之地。但他仍然嘴硬："爹死也不会离开皇宫的。汉兵又能将我怎样！"然而，他内心深处却已有了坦然赴死的情绪。

定安太后坚决地说："爹不离宫，女儿也不离宫！"

这时，一名满身是血的校尉冲进来报告宣平门失守，汉军已经打进来了。大司马王邑、宁始将军和大司徒正在拼死阻击。

王兴和王盛听到这个消息，坚决要保护王莽出宫。两人架起王莽就走，王莽挣扎也无济于事。

长安城内厮杀声四起，新朝的官吏和贵族大多已经逃走。一些冲向皇宫的造反者涌进宫中，放火点燃了后宫。

火势迅速蔓延，当王莽被王兴和王盛架走时，火势已经烧到了明光宫。宫内的宫女和黄门太监哭喊逃窜，而定安太后望着眼前的景象，忽然仰天大笑，然后奔跑着投进了熊熊大火之中，与这个朝代更迭中燃烧着的宫殿一同消逝。

在未央宫，王莽被大量涌进宫的官员围住。

他们跪在王莽面前，报告城里的情况。

王兴焦急地问："陛下，我们逃不出城了吗？"

官员们纷纷摇头，表示形势严峻。

王莽面色难堪，知道将要面临前所未有的困境和挑战，眼下已经是绝境了。

王莽被王兴和王盛松开后，他的脸上写满了愤怒："都是这两个胆大狂徒要架着朕逃跑，朕才不要离开皇宫，朕自有天佑，才不怕叛军！"王兴和王盛吓得急忙跪在地上，连连谢罪。

王莽转身，在大臣们的搀扶下往回走。当他们再次回到未央宫时，后宫的大火已经蔓延至未央宫，浓烟呛得王莽咳嗽连连，脚步也变得蹒跚。王兴再次劝王莽离开未央宫，但王莽却坚决拒绝。

他撕心裂肺地喊道："未央宫中还有朕的东西，一定要取出来！"大臣们纷纷劝说王莽，龙体重要，东西不要也罢。然而，王莽却异常坚持，若无人去取，他就自己进去取。他的声音近乎哭喊，仿佛那大火中藏着什么无法割舍的重要物品。

这时，一直跟随王莽的老黄门忽然说道："陛下，老奴知道您要什么，老奴去取！"说完，他毫不犹豫地冲进了浓烟滚滚的未央宫。

王莽和所有的大臣都惊呆了，他们焦急地看着未央宫，等待着老黄门的归来。过了许久，未央宫里冲出一个火人，他拖着一只铜箱子。众人赶紧扑灭火，只见老黄门太监已被烧得面目全非。他看了一眼王莽和那只铜箱子，然后倒地不起，永远地闭上了眼睛。

王莽脱下身上的龙袍，轻轻地盖在了已经逝去的老黄门身上。他打开铜箱，里面是一件天青色的龙袍、一把古匕首和玉玺。王莽换上龙袍，一手紧握匕首，一手持玉玺，威严地询问大臣御座的所在。然而，御座早已在大火中化为灰烬，他那个要威严坐拥天下的梦想已经无法实现。

黄门匆忙找来一把椅子，王莽坐下，左手抱着玉玺，右手举起匕首。他凝视着眼前的滚滚大火，那火焰仿佛吞噬着过往的一切。突然，他悲怆地大喊："天生德于予，汉兵其如予何！"

王莽手中的匕首，是古时虞帝斩妖伏魔的武器。他紧握在手中，象征着多种意义：他是君，拥有至高无上的权力；他是君，宁死不从；他是君，面对逝去的岁月无怨无悔；他是君，视死如归。

王莽的气势让在场的王兴和众官员感到震惊。大火已经烧到了眼前，但他们不敢惊动王莽。似乎在这一刻，王莽的新朝真的要在这烈烈大火中永恒。

正当王莽静候死亡之际，王邑冲破重重包围冲入火场。他目睹了王莽的坚定姿态和等待死亡的大臣们，心中涌起一股强烈的决心。他大声命令王兴和王盛保护王莽登上渐台，并呼吁众位大臣拿起武器与他一同护卫陛下。

这一声呼喊，如同晨钟暮鼓，唤醒了众人。他们意识到，作为新朝的重臣，一旦被捉住，自己必将遭受屈辱而死。与其如此，不如奋力一搏，至死尽忠于王莽，落得个忠烈之名。

众臣纷纷操起武器，王兴和王盛涉水而过，将王莽背上了渐台。渐台高耸入云，既可以避免大火的蔓延，又可以居高临下抵御敌人。这是他们最后的阵地，也是他们最英勇的一战。

王邑的选择无疑是明智的。几百名宫廷侍卫保护着沧池和渐台，这些人都曾深受王莽的恩惠，他们誓言要誓死追随王莽。

然而，尽管渐台再高，也无法改变新朝和王莽覆灭的命运。造反者如潮水般涌向渐台，高喊着要用王莽的头颅换取黄金万两，这是汉军给予他们的许诺。

渐台上下展开了一场惨烈的战斗。箭矢如雨点般射出，鲜血染红了整个池水，仿佛将整个沧池都变成了血池。王莽的死党们抱着赴死之心，宁愿战死也不退缩。暴民们虽然死伤无数，但仍有源源不断的人冲上前来。渐渐地，王莽的侍卫和官员们耗尽了箭矢和武器。

王兴和王盛紧紧护卫在王莽身后，面对着围杀过来的造反者杜虞，他们等待着与敌人再次搏斗的时刻

杜虞的手下虽然人数众多，但面对王兴、王盛以及忠诚的侍卫们的抵抗，他们并没有占到明显的优势。王兴和王盛武艺高强，身经百战，他们率领的侍卫也是王莽精挑细选的精锐，因此在最初的交锋中，杜虞的手下被砍倒了不少人。

然而，王兴和王盛因为要全心全意保护王莽，也陷入了险恶的境地。他们身上的伤口越来越多，体力也逐渐消耗殆尽。尽管他们拼尽全力，但形势对他们越来越不利。

与此同时，王邑率领的官僚和侍卫们也在与敌人激烈交战。但这些官僚和侍卫们并没有经历过太多的战斗，他们很快便死伤大半。面对敌人的凶猛攻势，他们不得不边战边退。王邑趁机换上了一具汉军士兵尸体的衣服，混入了混乱的人群中，逃向了渐台。

当他远远看到渐台上王莽身陷重围时，心中万分焦急。他拼尽全力向渐台跑去，希望能够为王莽提供援助。与此同时，其他的汉军和造反者也发现了渐台上的王莽，纷纷向那里涌去，意图抓住这个新朝皇帝。

在渐台上，王兴和王盛仍在竭尽全力保护王莽。就在他们即将力竭之际，忽然有一名汉军士兵冲到了他们身边，帮助他们杀死了面前的造反者。这名汉军士兵与他们并肩作战，共同守护着王莽。王兴仔细一看，发

现这名汉军士兵竟然是王邑。他心中一喜，赶紧问道："大司马，陛下该如何是好？"

王邑看着眼前的混乱局面，无奈地摇了摇头说道："我们已经尽力了，现在只能听天由命了。"

此时的王莽已经被团团围住，他的命运似乎已经注定。

在混乱的战场上，保护王莽的侍卫和大臣们已经所剩无几。汉军和造反者如潮水般涌向渐台，将那里围得水泄不通。王邑、王兴、王盛三人，已经不顾生死，他们奋力砍杀，展现出对王莽的忠诚与决心。然而，三人终因体力透支，被汉军和造反者层层包围。王兴和王盛在力竭之后，不幸被砍倒，他们用生命践行了对王莽的誓言。

王邑虽然拼尽全力，但也无法同时抵挡四面八方的敌人。此时，杜虞见王邑被汉军缠住，趁机冲向王莽。他对这位传说中的新朝皇帝充满了好奇，想要一睹其真容。当他看到王莽那衰老而坚定的面容时，不禁大声嘲笑："王莽老贼，没想到你也有今日吧！"

然而，王莽对于杜虞的嘲讽置若罔闻。他眼中只有战火，心中只有那句"天生德于予，汉兵其如予何！"他并未将杜虞放在眼里，只是默默地念着自己的信念。

杜虞作为一个屠夫，自然听不懂王莽的话，他只想着完成自己的任务——杀死王莽，提头请赏。于是，他抡起刀砍向王莽。

在这危急关头，王邑挣脱了汉军的纠缠，箭一般冲向杜虞。他大喊着："休伤我陛下！"一箭射穿了杜虞的身体。然而，就在同时，王邑也被汉军砍中，重伤倒地。

长安城最终陷落，王莽在混乱中被杀。新朝土崩瓦解，这个曾经辉煌一时的朝代就此覆灭。更始元年（23）九月初一，反莽军攻入长安城，王莽政权彻底垮台。

随后，更始政权派出两支队伍，一支由王匡率领北伐洛阳，另一支由申屠建和李松率领西进长安。这两支队伍在战斗中取得胜利后，更始政权成功掌握了整个局势，开启了一个新的历史篇章。

四、迁都洛阳

随着王莽政权的覆灭，中原大地陷入了群雄逐鹿的混乱局面。失去了朝廷大军的镇压，更始帝刘玄如释重负，决定将都城迁往洛阳，以图重整河山。在这关键的历史时刻，他选择了刘秀作为迁都前期准备工作的负责人，任命他为“行司隶校尉”。

刘秀欣然接受了这一重任，这不仅意味着更始帝刘玄对他的信任，更是他韬光养晦策略的成功体现。刘秀深知这是一个保存自己实力的绝佳机会，同时也是为中原的和平与稳定贡献力量的时刻。

然而，此时的刘秀面临着个人情感与国家大义的双重考验。他与阴丽华新婚不久，二人情深意切，难舍难分。刘秀内心的挣扎与痛苦，无疑加深了他们之间的情感纽带。然而，在刘玄看来，这是刘秀没有大丈夫气概的表现，从而进一步放松了对他的警惕。

面对这一困境，阴丽华展现出了她的识大体与深明大义。她主动提出回娘家生活，以减轻刘秀的负担，让他能够全心全意地投入到工作中。她的这一决定，不仅让刘秀能够安心地执行任务，也体现出了她作为妻子对丈夫事业的支持与理解。

最终，刘秀在万般无奈中与阴丽华告别，踏上了前往洛阳的征程。

他知道，自己肩负的不仅是更始帝的信任与期望，更是中原大地的和平与未来。而阴丽华的支持与理解，将成为他前行路上最坚实的后盾。

据史书所载，刘秀在受命之后，立即以汉司隶校尉府为蓝本，精心组织并配置了僚属团队。他严谨地处理文书事务，同时深入民间，体察民情，积极为民请命。他不仅在用人上展现了卓越的眼光，而且对下属充满体谅与关怀。这种务实、亲民的工作作风，使他在短时间内就深得民心，那里的百姓对他产生了深厚的感情。

在刘秀的精心组织与高效领导下，洛阳都城的建设进度迅速，远超预期。不久之后，刘秀便上书更始帝，建议迁都洛阳。更始帝接到刘秀的书信奏章后，对洛阳的建设成果大加赞赏，对刘秀的工作能力表示满意，并当即下令迁都洛阳。

更始王朝定都洛阳后，刘玄如释重负，每日在新宫中漫步，感受着这份前所未有的新鲜与荣耀。他从未想过自己有朝一日会坐上皇帝的宝座，同时他深知自己的皇位并非基于功绩，内心充满了不安。因此，他决定尽情享受当下的荣华富贵，以免将来失去一切。

在这种思想的驱使下，刘玄下令全国上下进贡奇珍异宝，南北各地都要为他搜罗美少女。然而，这一计划最终因韩夫人的强烈反对而搁置。韩夫人的不满让刘玄意识到自己的行为有些过分，于是他暂时收敛了自己的享乐之心。

定都洛阳后，让刘玄最为高兴的是南北各地都承认了他的皇帝地位。宗室子弟刘永的千里朝拜更是让他倍感荣耀。刘永作为梁孝王的八世孙，其家世显赫。尽管王莽代权后，他的家族失去了爵位，沦为平民，但相较于春陵刘家，他仍然显得尊贵。刘玄看着这位平日里难以接近的宗室兄弟此时拜倒在自己的脚下，心中既得意又满足。为了表示对刘永的赏识和笼络，刘玄封他为梁王，恢复了他的祖业，并将睢阳作为他的封国都城。

当时，有一个人名叫刘云，原是一介平民，然而因为对更始帝刘玄的拜贺，他的人生轨迹发生了翻天覆地的变化。这一拜，不仅使他成为了王侯，还获得了封地，这一跃而上的速度之快，震惊了许多人。消息传开后，人们纷纷前来拜见祝贺，希望能与这位新晋的王侯攀上关系。

刘玄的桌案上堆满了各种谄媚巴结的书信和礼物，他享受着这种被众人追捧的感觉。在刘玄看来，作为一统江山的皇帝，享受这种朝贺和巴结是理所当然的事情。他头戴旒冕，身穿衮服，每日对着镜子自我欣赏，越发觉得自己真是一位皇帝了。

为了庆祝自己成功登上皇位和享受这种荣耀，刘玄连日大摆宴席，凡是给自己送礼表示忠诚的人，他都会给予相应的官职。一时间，大殿里人来人往，热闹非凡，各种求官求赏的人络绎不绝。朝中大臣们甚至都没有地方站立了，为了应对这种混乱的局面，刘玄干脆下令免朝一个月，让大臣们回去收拾自己的家。

在这一个月的时间里，刘玄完全沉浸在了各种朝贺和拜见中，享受着皇帝的尊荣和奢华生活。他似乎已经忘记了自己的皇位是如何得来的，也忘记了国家大事和百姓疾苦。这种沉醉于个人享乐的行为，为更始王朝的未来埋下了隐患。

在洛阳的纷扰中，刘秀如同静水深流，不为外物所动。他冷静地观察着刘玄和更始集团的行为，在心中谋划着自己的未来。正当他陷入沉思时，廷尉大将军王常的到访打破了他的沉思。

王常一进门就四处打量着刘秀的府第，似乎并非只是出于礼貌的参观。他直截了当地询问刘秀府第的收拾情况，但显然，这并非他真正的目的。刘秀心知肚明，但他并未表露，只是请王常进入内厅，以平和的态度与他交谈。

不久，王常便谈起了当前的朝政，他的语气中透露出对现状的不满和担忧。他直言不讳地表示，天下尚未稳定，战争仍在继续，百废待兴，此时正是需要励精图治的时候。然而，陛下却只顾享乐，对应该封赏的人视而不见，反而对那些只会奉承的谄媚之徒大加赏赐。这样的混乱局面，如何能够统一天下？

王常进一步表示，刘秀在洛阳深得民心，这是好事，但同时也引起了更始帝的警惕。他认为，洛阳已经成为了刘秀的是非之地，因此建议刘秀早日离开，早做打算。

刘秀听着王常的直言相劝，心中虽有波澜，但表面上保持平静。他轻轻点头，没有说一个字，依旧谨言慎行。

王常并未等待刘秀的反应，他继续表达着对刘秀的关切。尽管两人相交不深，但他对刘秀却推心置腹。他希望刘秀能够好好把握未来，相信他终有振翅高飞的时候。王常的话语中充满了对刘秀的期望和鼓励。

说完这些，王常起身告别。刘秀没有挽留，只是静静地站在原地，目送着王常的离去。王常紧紧握住刘秀的手，低声说道："审时度势。"这句话仿佛成为了他们之间的秘密信号，提醒刘秀要时刻警惕，做出明智的决策。

在洛阳的前两个月里，更始君臣们沉迷于洛阳的山水风景，大摆宴席、游玩车驾，仿佛已经坐拥江山、安享天下。然而，刘秀却并未参与这些活动，他静待在府中，深入思考着自己的未来道路。

这一天，刘秀正静坐于书房中，冯异悄然进入。他见刘秀沉思，便搬了椅子坐在他面前。刘秀看着冯异，沉默了一会儿，然后缓缓开口："不错，我也有所察觉。你说我应该……"

冯异早已有所思考，他回答道："将军所想我自然知道。将军如今势单力薄，有目共睹，这也让他们对将军不再戒备。然而，将军在洛阳深受百姓拥戴，这也让他们对将军产生了戒心。将军现在身临危境，必须小心行事。"

刘秀点头表示赞同冯异的看法，并询问他对未来的想法。

冯异冷静而果断地提出："离开这里！"他建议刘秀要不露痕迹地离开洛阳，以避免引起更始帝的猜疑。

刘秀注视着冯异，示意他继续往下说。

冯异的声音坚定而果断，仿佛在为刘秀铺设一条明路："将军，我们要做的，是悄然无声地离开洛阳，避免任何可能引起他人猜疑的举动。当前，您在朝中的势力单薄，缺乏有力的支持者，这是我们必须面对的现实。

“因此，结交一些有影响力的人物成为了当务之急。这些人，能在关键时刻为您说话，他们的几句话，或许比千军万马还要有力。王常将军就是其中的一人，他的公正无私，赢得了众人的尊重。然而，由于他与王凤、朱鲔等人的争斗，他可能无法公开支持您。但这并不意味着我们不能与他建立联系，寻求他的帮助。

“另外，大司徒刘赐也是一个值得结交的人物。他虽然性格懦弱，但正义感和耿直品质不容忽视。他与皇上的关系紧密，皇上也乐于听取他的意见。更重要的是，他与王凤等人没有利益纠葛，能在关键时刻站在中立立场为您说话。考虑到您与刘赐同姓，他或许会更加倾向于帮助您。

“因此，我的建议是，将军应常与大司徒刘赐来往，加强彼此之间的联系和信任。同时，我们也要谨慎地与王常将军交往，寻求他的支持和帮助。这样，我们才能在朝中稳固您的地位，为您的未来铺平道路。”

冯异的这番话，不仅是对当前形势的深刻分析，更是对未来发展策略的精准规划。

刘秀听着冯异的建议，点头表示同意。然而，他的脸上仍然笼罩着一层愁云，显然对于未来的道路仍感到迷茫和担忧。他说道：“先生说的是，我会注意的。”

与此同时，刘玄正沉浸在对洛阳宫苑的兴奋之中，对于外部的警报和纷争置若罔闻。各地的警报已经拉响，但刘玄仍然热衷于享乐和游玩。当大臣们议论纷纷时，他决定先对付赤眉军。

刘玄和众人接受了王常提出的不战而屈人之兵的建议，决定先派遣柱国大将军李通召集兵马，准备好武力征服。同时，又派人前去游说赤眉军首领樊崇，企图将这支队伍招降。

赤眉军，与昔日的绿林军颇为相似，主要由穷苦百姓组成。他们集结的目的纯粹而直接——为了粮食和财物，为了生存和温饱。与那些志在攻城掠地的军队不同，赤眉军的组织结构并不正规，缺乏明确的章法和规定。他们的纪律大多基于口头约定，简单而直接。

在赤眉军中，地位最高的人被称为“三老”，其次是“从事”，而最基层的士兵则被称为“卒史”。士兵们之间互相称呼为“巨人”，这种称呼或许寓意着他们之间的平等与团结。由于物资匮乏，赤眉军的士兵们并没有统一的服装。有些人甚至穿着从敌人那里缴获的新莽军铠甲，使得整支军队在行军打仗时显得五彩斑斓，独树一帜。

为了与其他军队区别开来，赤眉军的士兵们将眉毛染成红色，这也是他们得名“赤眉军”的原因。这种自我标识不仅使他们在战场上更加醒目，也逐渐成为他们自我认同的标志。

赤眉军的这种朴素和直接吸引了大量贫穷的老百姓加入，使得他们的队伍迅速壮大。在对抗王莽新军的战斗中，赤眉军表现出了惊人的战斗力，做出了很大的贡献。他们不仅打败了新朝的平均公廉丹，还两次击败新朝太师王匡，迫使王莽不得不将大量兵力部署在东边地区，从而间接支援了汉军在长安的战斗。

赤眉军的贡献和功绩得到了更始朝堂的认可。他们被视为汉军的友军，甚至希望能够通过和平方式招降他们。这也反映出赤眉军在当时的影响力和地位。

更始政权的使者抵达濮阳，向赤眉军宣读了更始帝的诏书。诏书中表明，大汉已经复兴，赤眉军作为汉朝的子民，在抵抗王莽的战争中功勋卓著，理应得到朝廷的封赏。赤眉军的首领樊崇，本就没有称王称霸的野心，他带领的大多是穷苦百姓。在听闻汉室复兴的消息后，樊崇感到欣慰并表达了归附的意愿。为了显示对更始朝廷的诚意，他决定不带军队，只率二十余名将领及刘家的宗室子弟刘恭前往洛阳觐见更始皇帝。

更始皇帝刘玄最初还担忧赤眉军不愿归顺，但见他们如此爽快地表示臣服，原本紧张的心情顿时放松下来。然而，这也让他对樊崇产生了轻视心理。

刘玄与王凤等人商议道："我原本以为樊崇是个能与我平分天下的英雄，还准备打服他。没想到使者一去，他就投降了。看来此人也不过如此。我们必须给他个下马威，让他彻底臣服，这样以后才好驾驭他。"

王凤笑着附和道："陛下所言极是。我们可以将大殿布置得富丽堂皇，用这威严的气氛震慑他。就不信一个山野村夫能不怕！"

樊崇确实如刘玄所说，是个朴实的农民，从未见过如此奢华的场面。当他走进金砖铺就、气氛森严的大殿，看到高高在上的刘玄时，吓得双腿直抖。在他四处张望、心中忐忑之际，忽然静鞭响起，礼乐齐鸣。羽林军手持长槊，虎贲挺着戈矛，铠甲闪耀，整个大殿显得既耀眼又威严。文臣武将分立两旁，更始帝刘玄的威严更是达到了顶点。

"真是大气派！"樊崇心中暗暗赞叹。然而，在他还未跪下叩拜之际，却听到旁边传来阵阵低笑声和窃窃私语。初时，他感到有些茫然，只能诚惶诚恐地站立着。但渐渐地，他听出了其中的内容——原来是两旁的大臣在嘲笑他的装扮！

"看他穿的那样，还是个大帅，眉毛也涂红了，这也太不像话了！"

"这也难怪，土包子就是土包子，即便是当上了大帅，也改不掉他身上的土气！"

"哈，尤其他那眉毛，画得跟鬼似的，难怪老打胜仗，那王匡肯定是被他们的眉毛吓跑的！"

这些话语像针一样刺痛了樊崇的心。他们以貌取人的态度让他感到羞耻。他不禁看向刘玄，希望这个高高在上的皇帝能够说句公正的话，缓解一下这尴尬的局面。然而，刘玄只是打量着樊崇等人，突然哈哈大笑起来："樊将军，你来敬见朕，就要封王封侯了，也不换件像样的衣服，整理一下自己的发须，你这村夫一般的形象，也太不讲究了吧！"

刘玄的话犹如一巴掌狠狠地扇在樊崇的脸上。这个肤浅的皇帝如此侮辱他，让他感到愤怒和屈辱。尽管樊崇是赤眉军的领袖，经历过殊死之战，双手沾满鲜血，心中充满烈焰，但他还是努力压制住怒火。他红着脸看了看其他赤眉军将士，大家都粗着脖子，红着脸，有的甚至已经怒目而视。而两旁的大臣们也是勉强忍住火气。

王常看到这一幕，很不喜欢这样的待客之道。他站出来禀奏道：“陛下，赤眉军兄弟们远道而来，满身旅尘，还没有休息。还请陛下先封赏他们，让他们有机会休息收拾一番，再来拜见陛下。”

刘玄听了王常的话，强忍住笑意，拿起案上早已拟好的封赏单子，开始宣读起来。

樊崇被封为侯爵，而其他二十多名将士也仅仅得到了各种侯爷的封号。作为赏赐，他们被随意安排了一些闲置的房子作为临时府邸。整个封赏过程匆匆结束，并未见到任何实质性的金银财物。尽管心中充满了不满和愤怒，樊崇和其他人还是强忍着怒气谢恩，并离开了大殿。

刚走到外边，他们就清晰地听到了大殿内传来的肆意嘲笑声。那些嘲笑声如同一把把尖刀，刺痛了他们的心。刘玄此举，为后来赤眉军与更始政权的分裂埋下了隐患。

五、赤眉军与更始的决裂

樊崇和其他赤眉军将领在搬进所谓的王侯府邸后，虽然发现这里不过是城中稍微富有的百姓宅院，门窗破旧，尘土堆积，但他们并不计较，因为他们都出身于穷苦百姓，能够适应这样的环境。在安顿好之后，他们开始逛起了京城，初时觉得这里的繁华很有意思，但随着时间的推移，他们开始觉得这种繁华与他们无关，心生厌烦。尤其是在大殿上被嘲笑的经历，让他们对刘玄这位皇帝充满了不满和愤怒。

樊崇作为首领，自然能够感受到将士们的情绪变化。他不仅要考虑自己的处境，还要为那几十万跟着自己东征西讨的兄弟们着想。他深知这些将士们现在需要的是什么——一个能够安顿他们的地方，一个能够让他们继续生活的保障。然而，刘玄似乎已经完全忘记了他们的存在，没有任何消息传来，更没有提到关于养兵郡邑和军队给养的问题。

在这种情况下，樊崇和将士们的耐心逐渐消磨殆尽。他们开始嚷嚷着要离开京城，甚至有人提出要与更始帝刘玄开战，废了他，让樊崇来做皇帝。在他们看来，樊崇比刘玄更有能力、更有资格担任这个皇位。

面对这样的局面，樊崇感到十分棘手。他知道将士们的情绪已经到了爆发的边缘，如果继续这样下去，很可能会引发更大的冲突和分裂。

众将士的火暴脾气使得他们决定离开洛阳，尽管樊崇努力劝说，但仍无法阻止他们的离去。这些将士借口看风景，离开了洛阳，最终打马跑回青州。樊崇见兄弟们走了，也瞅着机会偷偷离开，只留下了刘恭一人。

刘玄得知这一消息后，立刻对刘恭进行了升迁加封，并赐予他豪宅。他嘲笑樊崇等人只能一起吃苦，不能共享福，是穷鬼的命。这种轻蔑的态度进一步加深了赤眉军与更始朝廷之间的裂痕。

回到青州的樊崇和赤眉军将士对更始朝廷彻底绝望，不再惦记归顺的事情。他们继续打家劫舍，开始与更始朝廷对抗。樊崇带兵进入颍川，将军队分成两部分，分头行动，互相照应。他们攻打长社，向南进军攻击宛邑杀县令，四处宣扬更始朝廷的种种劣迹。徐宣占领阳翟，进兵大梁，杀太守，宣布不接受更始朝廷的管辖。自此，赤眉军与更始朝廷彻底对立。

然而，此时的更始帝刘玄却沉浸在自己的享乐之中，对洛阳失去了兴趣，想要迁都长安。他认为长安更好玩，更能满足自己的享受。他没有意识到将赤眉军分裂出去不仅失去了一个友军，还给自己树立了一个强大的敌人。这是一个致命的战略错误，也只有更始集团能犯下如此错误。刘玄的短视和无知为后来的失败埋下了伏笔。

随着赤眉军带头与更始政权对抗，其他地方的割据势力也纷纷效仿，颍川许昌的李宪在庐江自称为王，成为了庐江地区的霸主。这种自立为王的趋势让王常深感忧虑，他提议对这些地方武装势力进行招安，以稳定局势。然而，其他大臣和将领却担心这些人归降后会威胁到他们的权势，因此一致反对。

在刘玄眼中，他并不在乎武装势力的割据，只要有一块地方供他享乐便好。他对王常的建议充耳不闻，认为即便统一江山，自己能够享乐的也不过是有限的地方。因此，他对各地的纷乱局面视而不见，只关注自己的享乐。

这时，奉命在各地巡游的柱国大将军李通回到了洛阳。他向刘玄谈起自己从民间听到的一句童谣，郑重地对刘玄说："陛下，臣在各地巡游时，听到了一首童谣，它说：'谐不谐在赤眉，得不得在河北。'这童谣似乎预示着天下局势的走向。"李通相信天意和预言，认为童谣的预兆很灵验。

刘玄皱了皱眉，略显困惑地问："这是什么意思呢？赤眉和河北，与我大汉的江山有何关联？"

李通解释道："陛下，赤眉指的是赤眉军，他们如今已经与更始政权分裂，成为了朝廷的一大威胁。而河北，则是指大汉的河北地区，自古以来便是兵家必争之地，其重要性不言而喻。童谣似乎在暗示，朝廷的和谐与否，与赤眉军的动向息息相关；而能否得到天下，关键则在于河北地区。"

刘玄听后默然片刻，然后说道："如此说来，这童谣倒是有些深意。那么，依李将军之见，我们应如何应对这赤眉军和河北的局势呢？"

李通沉吟片刻，然后说道："陛下，赤眉军如今势力庞大，不可小觑。我们应尽快派兵镇压，以免其继续壮大。至于河北地区，臣建议朝廷派遣得力将领前往镇守，以稳定局势，并为将来的统一大业奠定基础。"

刘玄听后觉得大有道理，于是召开朝会，讨论派谁去河北征战的问题。

刘玄在朝堂上抛出派兵河北的议题，像是一颗丢进了静水里的石子，涟漪都未曾掀起。大臣们心知肚明，河北的局势就像一团乱麻，剪不断，理还乱。那些骁勇彪悍的武装组织，就像一群桀骜不驯的野马，难以驯服。

当刘玄询问谁愿担此重任时，朝堂上竟然一片寂静，仿佛连空气都凝固了。大臣们心知肚明，这可不是闹着玩的事儿，弄不好脑袋都得搬家。再说，冬季的河北寒风刺骨，风餐露宿可不是闹着玩儿的。

刘玄有些尴尬，他扫视着朝堂上的众人，希望能有人站出来。可惜，每个人都像缩头乌龟一样，避而不谈。就在这时，刘秀挺身而出，他深吸一口气，朗声说道："陛下，既然各位大人都有事情要忙，我愿前往河北，为陛下分忧。"

刘玄见朝堂上的大臣都缩头缩脑逃避责任的时候，刘秀出来响应了自己的旨意，刘玄非常高兴，他很赞赏地表示，刘秀能征善战，派他去河北，就肯定能把河北平定。

刘玄赞许地点了点头，说道："好，刘秀，你果然有胆有识。我相信你一定能平定河北，为朝廷立下赫赫战功。"

然而，就在刘玄准备任命刘秀为河北征讨大将军的时候，朝堂上的大臣们却开始窃窃私语。他们似乎对刘秀出任这个职位有所顾虑。刘玄察言观色，眉头一皱，他知道这事儿没那么简单。

此时，朝堂之上的官员把目光都聚焦在刘秀身上。这个平日里低调得几乎被人遗忘的司隶校尉，此刻却站出来要承担平定河北的重任。这让所有人都感到惊讶和不解。在他们看来，享受眼前的荣华富贵才是最重要的，刘秀为何要选择这样一条充满危险和艰辛的道路呢？

"司隶校尉一向清心寡欲，不热衷于朝事，今天怎么积极起来了？"朱鲔话语中带着明显的嘲讽和质疑。他想知道刘秀到底有何居心，为何如此反常地想要去河北。

面对朱鲔的质问，刘秀神情严肃地回应道："我身为汉室子弟，朝廷的事情就是我的事情。我效命于朝廷和陛下，有何不对？我承认，我并不是一个热衷于建功立业的人，我最大的愿望就是做个平凡的农夫。但陛下对我有恩，我身为武信侯大将军，自然不能坐视不管。看到诸位都不愿去河北，而陛下又为此事烦忧，我只好挺身而出。这难道就是反常吗？如果大司马愿意去，我自然愿意拱手相让。"

朱鲔被刘秀的反驳怼得哑口无言，他心中虽然不满，但也明白刘秀所言非虚。河北的局势确实复杂，充满未知的危险，而且一旦离开洛阳，他就无法直接控制更始政权的核心。对于他来说，失去对政权的把控，比失去河北更加不可接受。

尽管朱鲔的话让刘秀在朝堂上遭遇了短暂的质疑，但它也敲响了刘玄心中的警钟。刘玄对刘秀一直抱有愧疚和恐惧，他害怕刘秀离开自己的视线后，会逐渐壮大起来，最终成为自己的威胁。因此，当刘秀提出要去河北时，刘玄顺水推舟地拒绝了，他找了一个冠冕堂皇的理由——避嫌疑，以此来安抚自己的不安。

朝堂上再次陷入了沉寂，大臣们彼此相视无言。他们都知道，这个难题还没有解决，河北的局势依然悬而未决。然而，没有人愿意主动站出来承担责任，去平定那个混乱不堪的地区。就这样，议题再次被搁置，而河北的未来仍然充满了不确定性。

王常挺身而出，声音洪亮而坚定："大司马在此朝堂之上，怎可如此言辞无忌？河北的局势如何，大家都心知肚明。此去河北，险阻重重，危机四伏。别人或许畏缩不前，但司隶校尉刘秀却愿意挺身而出，承担重任。至于他是否前往，自有陛下定夺。大司马如此抢白陛下，公然诋毁刘秀，是何道理？若朝堂之上总是如此，那以后还有谁敢为朝廷效力？如果大司马心中已有合适的人选，不妨直言，也无需如此中伤他人，失了大司马应有的风范！"

朱鲔被王常问得哑口无言，但他固执己见，直言不讳地说道："刘秀是罪臣刘縯的亲兄弟，说他有嫌疑，那自然有嫌疑！"这一番话，再次将朝堂上的气氛推向了紧张。

王常正要为刘秀辩解，这时李通也站了出来，为刘秀说话。见此情形，支持朱鲔的李轶、陈牧等人也纷纷站出来，为朱鲔声援。

一时间，朝堂上两派人马据理力争，吵得不可开交。

刘玄看着这一幕，心中烦躁不已。他手一挥，大声说道："去河北的事情，朕再好好想想。退朝！"说完，他转身离去，留下了一众大臣在朝堂上争吵不休。

刘玄怒气冲冲地回到后宫，韩氏见状急忙上前询问是谁惹恼了皇帝。刘玄尚未来得及提及朝堂上的争吵，就有侍从报告大司徒刘赐求见。

刘玄平日里与这位兄弟关系不错，考虑到今日之事，他决定召见刘赐，倾诉心中的苦恼。刘赐匆匆赶来，一心想为刘玄解忧。他行礼后，关切地询问刘玄是否仍在为朝堂上的粗俗之人生气，并宽慰他道："君子不与牛斗气，何必在意那些粗人呢？"

然而，刘玄却答非所问，表示他不想再住在洛阳，而是想迁都长安。这一番话让刘赐和韩氏都感到惊讶和困惑。

刘玄明白他们二人可能不知道自己的想法，于是轻轻叹了口气，解释道："长安是大汉的古都，那里有我们大汉祖宗的陵寝。我去长安，祖先们就会保佑我这个皇位。今天朝堂上的场面，大司徒你也看到了。他们如此放肆，不仅仅是礼仪问题，也不是君子与牛的问题。他们根本没有把朕放在眼里，没有把汉室当回事。他们这是想挟持我，以令天下。但我是汉室的子孙，怎能容忍他们如此作为？我要回到长安去，到了那里，这些粗俗之人自然会被大汉的威仪所震慑。"

刘玄的肺腑之言立刻引起了韩氏的共鸣，她站在刘玄身边，愤慨地说道："陛下，如今我终于明白了，我早就说过，王凤和朱鲔他们从未安过好心。他们当初扶持你当皇帝，不过是拿你当个幌子，真正的皇帝是他们自己！"

刘赐见两人越说越激动，急忙打断他们的话，说道："陛下，请先息怒，听臣一言。如今朝堂上的情况，大家都看在眼里。但迁都并不能一劳永逸。我们今年刚迁都洛阳，再迁都长安，一年内两次迁都，于国于民都不吉利。更重要的是，迁都长安并不能从根本上制约朱鲔等人的嚣张跋扈。臣认为，陛下当务之急是培养一批自己的亲信力量。对于那些忠心的宗室子弟，应予以重用，以分化绿林军将领的权力。同时，从朝中选拔一批能干的优秀的将领，赋予他们军权。这样一来，朱鲔等人失去权力后，自然无法再飞扬跋扈，目无陛下。到了那时，陛下才能真正成为掌握天下的皇帝。以今日的刘秀为例，他主动请求出征河北，陛下应给予他机会。他是宗室子弟，目前势单力薄，只有依靠陛下，而不会背叛陛下。"

刘玄听了刘赐的话，心中稍微宽慰了一些，但他仍然对刘秀心存疑虑："刘秀的才能我自然是清楚的，但刘縯被杀，与我有很大的关系，我怎能不担心他对我怀恨在心呢？这一点我无法断定。"

刘赐近来与刘秀交流较多，他深知刘秀的为人，于是岔开了刘玄的话题，说道："陛下，您想多了。灰总比土热，这个道理谁都明白。当年您的父亲被害，是谁替您想办法报的仇？这足以看出，刘秀与您是亲兄弟，刘縯被害，是谁蒙蔽了您，他自然心知肚明。刘秀深明大义，是不会迁怒于您的。即便他心中有仇怨，也会明白应该找谁算账。如果他对您有怨恨，又怎会尽心竭力地修整洛阳城，又怎会真心实意地想让您再现大汉天子的威仪？河北局势混乱，刘秀主动请求出征，这足以证明他的一片赤诚之心。陛下，若您不信任他，弃用我们宗室中有本事的子弟，这岂不是正中朱鲔等人的下怀？那才是亲者痛、仇者快的事情啊！"

刘玄早已对朱鲔等人的图谋心知肚明，此刻经刘赐一番透彻分析，他如拨云见日，恍然大悟。他由衷地赞叹道："你说得好啊，真是说到朕的心坎里去了。若不是你的提醒，朕可能还深陷其中，无法自拔。朕的江山，理应由刘汉人来守护。朕决定采纳你的建议，明天早朝时，便宣布任命文叔刘秀巡守河北。至于迁都之事，等时机成熟，仍需进行。”

刘赐见刘玄已经回心转意，便趁机进言道：“陛下既然已经下定决心，就应当机立断。若等到明早朝会上再宣布，恐怕朱鲔等人会设法阻挠，届时局面难以预料。陛下何不现在就召见刘秀，命他手持汉节出巡河北？待朱鲔等人察觉时，木已成舟，他们即便有异议，也无处发泄了。”

刘玄闻言，当即采纳了刘赐的建议，立刻传旨召见刘秀。刘秀闻讯后迅速进宫，见到刘赐坐在刘玄身旁，心中明白这是刘赐在为他美言，自己的机遇已然来临。

刘玄让刘秀坐下，一番宽慰之后，亲笔书写诏书，任命刘秀为破虏大将军，行使大司马职权，手持汉节巡视黄河以北地区，平定叛乱。刘玄写完诏书后，郑重地加盖了玉玺，交给刘秀收好。然而，他坦诚地告诉刘秀，目前并无现成的兵马可供他统领，只能依靠他自己的一些得力助手。

至于当初追随刘秀在舂陵起兵的宗室亲友，诸如刘良、刘祉、刘歙、刘赐、刘嘉、李通兄弟，以及刘秀的姑表舅来歙等人，都被刘玄留在了洛阳。这使得刘秀在前往河北时几乎是孤身一人，没有得力的战将辅佐，这无疑给他带来了不小的困难。然而，面对这样的局面，刘秀展现出了极大的冷静与坚毅。他郑重地接过刘玄的诏书，恭敬地叩拜告别，决心迎接这一挑战。

在派遣刘秀出巡河北的同时，刘玄又作出了另一项重要任命。他让刘赐担任丞相，入关修复宗庙，为迁都长安做准备。这一决策不仅体现了刘玄对刘赐的信任与器重，也暗示了他对未来都城的深思熟虑。

更始元年（23）十月，刘秀带着朱祐、冯异、铫期、叔寿等仅有的百余名骑兵将士离开了洛阳，踏上了渡黄河北上的征程。尽管身边兵力有限，但刘秀凭借着过人的智慧和坚定的信念，准备迎接河北的种种挑战。

自刘秀在舂陵起兵以来，他率领子弟兵历经数场大战，特别是在昆阳的大捷中，他展现了战神般的威力，一举歼灭了王莽的主力军队，威名因此远播四海。他不仅在战场上取得了辉煌的胜利，还致力于修整洛阳宫殿，让中原百姓重新看到了大汉朝的希望。这些英勇事迹和为民着想的行动，使刘秀在官吏和百姓中赢得了极高的声誉。

当刘秀执节河北的消息传开后，那些敬佩他英勇和智慧的豪杰们纷纷前来投奔。尽管他离开洛阳时身边只有百余名将士，但一渡过黄河，他的队伍便如滚雪球般迅速壮大。

当刘秀的队伍路过颍阳时，驻守此地的王霸得知消息后，与他的老父亲商议，表达了自己想要追随刘秀到河北建功立业的决心。他担心父亲会反对，但出乎意料的是，父亲一听立刻表示赞同，并对刘秀赞不绝口。父亲称赞刘秀仪表堂堂，气度非凡，具有超乎常人的胸怀，认为跟随他必定能成就大事，甚至有可能封王封侯。他还鼓励王霸跟随刘秀，为家族带来荣耀，在他身上寄托了王家未来的希望。

王霸听了父亲的话，心中大喜，随即向自己的门客们表达了自己的想法。然而，这些门客们并不认同他的观点，他们认为刘秀虽然能打胜仗，但前途并不明朗，因此不愿意跟随王霸去河北，更愿意留在家里享受逍遥自在的生活。面对门客们的拒绝，王霸耐心地同他们辩解，强调刘秀此次出巡河北必将大展宏图，但门客们仍然听不进去，最终纷纷离去。

无奈之下，王霸决定坚持自己的想法，独自去见刘秀。他向刘秀坦诚地表达了自己的投奔意愿，并讲述了自己为何只身前来的过程。刘秀听了非常感动，有这样忠诚的老部下愿意追随自己，他深感欣慰。他紧紧拉着王霸的手，承诺不会让他失望，并让王霸放心地留在自己身边。

郏县的县令马成，在听闻刘秀北上的消息后，毅然决定挂印弃官，步行千余里，终于追上了刘秀的队伍。他向刘秀表示，自己愿意追随他，共同开创大业。刘秀对于马成的忠诚和决心深感感动，于是将他留在了身边。

同样，汝郡都尉杜茂也悄然弃家，在广武追上了刘秀一行人。他同样表达了对刘秀的忠诚和追随之意，刘秀同样接纳了他。

就这样，刘秀的队伍在北上的过程中不断壮大。越来越多的人因为佩服刘秀的英勇和智慧，选择追随他。他们一致认为，如果天下由刘秀来坐，必定能够成就一番宏图伟业。

然而，当这些人刚刚表达出这样的意见时，刘秀却厉目怒斥他们。他的反应让众人感到惊讶和困惑，他们不敢再谈论这个话题，心里也无法揣测刘秀的真实想法。

此事展现了刘秀作为领袖的威严和敏锐。他的怒斥其实有两层含义：一方面，他可能担心过早地暴露自己的雄心和目标，会引起不必要的麻烦和敌意；另一方面，他也可能是在提醒众人，真正的成就需要靠实际行动来证明，而不是空谈和预测。

当刘秀奉命出使河北时，他所面临的局势虽复杂却也有利。王莽时期的统治在河北地区已显得混乱不堪，这为刘秀的到来提供了契机。当更始帝派遣韩鸿前往渔阳、上谷进行活动时，这两个地方都表现出了对更始帝册封的积极态度。

此外，河北地区还残留着刘氏皇室的势力。这些势力在王莽末年的大乱中各自拥兵数千至数万不等，其中一些势力相当强大。虽然这些势力之间互不统属，但它们都在暗中观望，寻找合适的时机。如果政策得当，这些势力都有可能归附朝廷，成为刘秀在河北的得力助手。

同时，河北一带虽然农民起义军众多，如铜马、城头子路、春犊、上江、大彤等近数十支起义队伍，合计有百万人之众。然而，这些起义军力量分散，缺乏统一的指挥，因此在河北的政局中难以发挥主导作用。这为刘秀在河北的行事提供了相对宽松的环境。

因此，当刘秀在更始元年（23）持节北渡时，他所面临的局面并不算太过艰难。凭借着他的智慧、勇气和策略，刘秀成功地打开了河北的局面，为他在河北的崛起奠定了坚实的基础。

第八章　出巡河北，积蓄力量

一、一路北上自谋发展

刘秀自洛阳启程，坚定执行“实行恩泽”的政策，致力于“镇慰州郡”。每到一个郡县，身为大司马的他并不摆架子，而是亲切接见当地官员，慰问百姓。他严惩贪官污吏，平反冤狱，废除王莽新政遗留下来的苛政，深受沿途百姓的欢迎。史书记载，每到一处，百姓们都欢喜异常，纷纷争持牛酒来欢迎慰劳他。

在河北的旅途中，刘秀更是严惩豪强，为民做主，为冤屈者伸张正义。某日晚饭后，刘秀的随从泽玉，进入刘秀的卧房为他添油灯。刘秀正专注地翻阅着各地官吏送来的文案，全神贯注，心无旁骛。泽玉看到刘秀自洛阳出发后，原本神采奕奕、脸色红润的他，此时已是双眼深陷，神色憔悴，不禁心生疼惜，劝说刘秀早点休息。

然而，刘秀并未抬头，只是让泽玉先去休息，他坚持今日事今日毕，不愿耽误百姓的事情。泽玉深知刘秀的性格，只得默默退出。

不久，泽玉又慌张地跑了进来，大声呼喊刘秀。刘秀被打断，显得有些不耐烦，责怪泽玉不好好休息，屡次打扰自己。

泽玉见刘秀有些不悦，便鼓起勇气说道：“大人，有一个青年男子急于求见您，请问您是现在见他，还是等明天再见？”

刘秀抬起头，眉头微皱，问道：“这个青年男子是从哪里来的？叫什么名字？”

泽玉迅速回答道：“他名叫邓禹！”

一听到“邓禹”这个名字，刘秀的精神立刻振奋起来。邓禹是他的同窗好友，他此来必定有重要之事。于是，刘秀站起身，疾步向外走去。

在门口，他看到了邓禹。邓禹因寒冷而喘着白气，头发凌乱蓬松，浑身沾满了泥土，手中提着一个包裹，脚上的靴子冻得硬邦邦的。

刘秀激动地说道：“仲华，真的是你吗？”说着，他把邓禹紧紧地拥入怀中。

邓禹回应道：“文叔，是我！”他的声音略显颤抖，身体依然冰冷。

刘秀拉着邓禹进了屋子，立刻吩咐泽玉准备火盆和食物。他不等邓禹开口，就从卧室里拿出自己干爽的暖靴和棉衣，亲自为邓禹换上。

待邓禹整理得干净暖和后，刘秀才关切地问道：“仲华，你从哪儿来？又要到哪里去？”

“文叔，我从新野赶来，听说你持节巡游，便迫不及待地追随你的脚步。然而，路上天降大雪，道路艰险难行，我们总是错过彼此。我今日终于抵达鄴城，心中庆幸不已，想着或许能在这里与你相见。若再找不到你，我恐怕真要感叹命运多舛了。”邓禹的声音中透露出一种难以言喻的激动和感慨。

随着身体的回暖，邓禹也逐渐恢复了往日的谈笑风生。刘秀看着这位同窗好友，心中也感到无比欣慰。此时，泽玉已经将酒菜准备好，一一摆放在小桌上。

刘秀热情地招呼道：“仲华，你辛苦了。来，快喝两杯，暖暖身子！”说着，他亲自为邓禹倒上酒，递了过去。

邓禹接过酒杯，却有些拘谨地说道：“文叔，你我虽然同窗情深，但如今你已是当朝大司马，我仍是布衣一个。你如此敬酒，实在不合礼数。”

刘秀却摆摆手，真诚地说道：“仲华，你我之间何需计较这些俗礼。你千里迢迢追随我而来，这份情谊已经超越了任何礼数。能在这里见到你，我真的很开心。”

两人坐下，屈膝交谈。几杯热酒下肚后，邓禹的旅途疲惫已消散无踪，他开始畅所欲言，将心中积压已久的想法和见解一一倾诉出来。

“文叔，有些话我必须说，如果我说的不对，你也不要治我的罪。”邓禹神色郑重地说道。

刘秀微笑着点头，表示愿意倾听：“仲华，你但说无妨。我相信你的为人，也相信你的话语会有你独特的道理。”

“文叔，我知你心怀天下，为民除弊，所作所为皆以百姓为念。昆阳大捷，威震四海，实乃正义之师，纪律严明，用兵如神。昔日同窗之时，你便志存高远，以天下为己任。今闻你废苛政、惩豪强、除贪官，深得民心，实乃不易。仲华深信，你之所作所为，乃是开创新业之基石。仲华愿随文叔，共谋大业，辅佐你成就千秋伟业！”邓禹慷慨陈词，神情激动。

刘秀闻言，眼中闪过一抹坚定之光，他靠近邓禹，低声问道：“仲华，吾心已决，然则下一步该如何行止？”

邓禹沉思片刻，缓缓说道：“如今山东尚未安定，赤眉、青犊等势力犹存。更始帝及其庸碌之辈，耽于享乐，胸无大志。自古圣王兴起，皆因天时地利人和。更始帝既无此三者，岂能成大事？文叔当广纳天下英豪，顺应民心，复高祖之业，救万民于水火。以文叔之雄才大略，平定天下，指日可待。”

刘秀闻邓禹之言，心中甚慰，然顾及天色已晚，恐邓禹奔波劳累，未能安歇休息。邓禹却浑不在意，笑称知音相遇，本应如此。刘秀颔首，深以为然，说道："仲华，你所言极是。深谙人情世故，方能游刃有余；顺应天理人心，方可成就善事。此言我会铭记于心。你且安心休息，明日我们同赴下曲阳。"说完话后，二人各自安歇。

自此，刘秀麾下名将辈出，除王霸外，又有邓禹。邓禹初来乍到，以其儒雅之姿，在军中显得与众不同。众将士多喜健壮之武将，因此刘秀深知若立即封邓禹为将军，必引起猜疑，如朱祐等人亦难以接受一介文弱之士担任此职。邓禹深知此中缘由，明白在军中若无建树，难以服众。但他志不在将军之位，故心中并无不满。

次日，众人休整完毕，起程前往下曲阳。一路之上，邓禹默默观察，暗自揣摩军中之事，决心以自己的才智与努力，赢得将士们的尊重与信任。

行至半途，祭遵突然开口，神情严肃："诸位，我们此行前往下曲阳，必须倍加小心。下曲阳乃新朝与成郡府所辖，现任和成卒正是邳彤。和成乃新朝所改地名，而卒正是新朝官名。王莽时，邳彤曾任此职，主掌一方。然而，如今更始政权已立，邳彤却仍未归附，且仍沿用新朝官制，这其中必有蹊跷。"

冯异、苗萌等人闻言，立刻警觉起来，纷纷点头表示赞同。

邓禹亦对祭遵的敏锐观察表示钦佩，笑道："祭大人真是细心周到。"

一路上，刘秀等人见到客商往来、百姓熙攘，一派繁荣景象。

这是刘秀进入河北后首次目睹的盛况，在战乱之中，这样的热闹显得异常珍贵。然而，随着天色渐暗，行人逐渐稀少，一种莫名的紧张气氛弥漫开来。

当众人抵达下曲阳城门前时，已是黄昏时分，暮色笼罩，夕阳余晖映照在天际。城门紧闭，城墙上士兵手握兵器，巡视四方，冷森的气氛令人不寒而栗。

城上士兵见状，立刻警觉地询问他们的身份。刘秀亲自上前，礼貌地向士兵说明了自己的身份和名字，士兵随即下去通报。

朱祐打马来到刘秀身边，低声提醒道："文叔，看这架势，他们如临大敌，城内必有蹊跷，我们还是要小心为上。"刘秀听后，不动声色地点了点头。

片刻后，城门缓缓打开，一位银须飘飘的长者走出。他上前行礼，恭敬地说道："迎接来迟，请大司马勿怪。下官是卒长，奉邳大人之命在此恭候。"

臧宫警惕地询问卒长："既然你们邳大人知道司马大人即将到来，为何不亲自出城迎接？"

卒长沉稳回答："邳大人今日有要事在身，无法亲自前来迎接大司马，特命我前来迎接各位。还请各位大人海涵。"说完，他走到刘秀面前，准备行大礼。

刘秀伸手搀起卒长，表示不必多礼，随后便准备进城。此时，朱祐再次上前劝阻："明公，我们人手稀少，万一有变，如何是好？还请明公三思。"

邓禹在旁却悠悠地说道："朱护军，不必过于担忧。我素闻邳公为人正直，廉洁奉公，是一位备受尊敬的好官。此次他派卒长单独前来迎接，城头也有士兵巡逻，这在乱世之中也是常有的警惕之举。"

朱祐却并不认同邓禹的看法，他有些不满地说道："你一个书生，怎知其中厉害？万一我们中了埋伏，到时候你连自己都保护不了，还怎么保护明公？"他显然对邓禹的轻视态度感到不满。

邓禹微微一笑，自信地说道："既然如此，朱将军，我便立下军令状，若明公有任何闪失，我邓禹愿献上自己的人头！"

朱祐亦不甘示弱，瞪大眼睛回应道："我朱某人也不是贪生怕死之辈！

只要民众安然无恙，从今往后，我朱祐便听你的指派，绝无二话。倘若明公遭遇不测，即便你不立军令状，你的人头也难保！”

见二人争执不休，刘秀急忙出面调解：“二位，请勿争吵。此次出巡河北，我早已将生死置之度外。有卒长亲自迎接，我们又能有何危险？谨慎小心固然是好事，但过分谨慎反而会束缚我们的手脚。现在，就让我们一起进城吧！”

言罢，刘秀率先打马进城。下曲阳城内的景象确实与众不同。

战乱之中，刘秀一路走来，所到之处民生凋零，尤其是到了晚上，街上几乎空无一人。然而，下曲阳城内却灯火通明，店铺林立，客商络绎不绝，百姓们虽然穿着朴素，但生活似乎并未受到太大影响。

刘秀还特别注意到，这里的街上没有乞丐，这在战乱时期是极为难得的。这一切都说明下曲阳城的百姓生活富足且安逸。

一行人沿着繁华的大街前行，终于来到了一座朴素而庄严的宅邸前。由于天色已晚，宅邸的大门上还未挂灯笼，门楼的轮廓在夜色中显得有些模糊，但依然能感受到其高大与气派。老卒长站在门前，向众人说明这便是下曲阳的府衙。他随即吩咐差役照料马匹，并邀请刘秀等人入内。

老卒长恭敬地行礼道：“刘大人，请先用餐。我会为你们准备热水洗浴。”

然而，刘秀心中却对邳彤的缺席感到不安。他询问老卒长：“卒长，你家大人在何处忙碌？今晚还会回来吗？”

老卒长面带忧色，回答道：“回禀刘大人，我家大人在城东外的山路上救助灾民。今日，城东外发生了山体滑坡，有十几位路人被埋在山下。为了抢救这些灾民，府衙上下以及士兵们都出动了。估计大人今晚会很晚才能回来。”

刘秀听闻这一消息，心中顿时踏实了许多。他感慨道：“原来发生了这样的事情，你家大人以民为本，身先士卒，真是令人敬佩！”尽管他知道邳彤仍在使用新朝的旗号，但作为更始政权的大司马，他选择保持沉默。

见刘秀等人不再询问，老卒长便准备吩咐人端上饭菜。然而，刘秀却拦住了他，说道："既然你家大人连饭都顾不上吃，那这些准备好的饭菜就送给他们吧。我们不需要特别做饭，只需烧些开水，我们就着干粮吃便好。倒是你家大人和士兵们，在寒夜中需要酒菜来取暖。你赶紧给他们送去吧。"

老卒长感动地行了一礼，说道："刘大人真是仁爱之心。我会遵命行事。我家大人已经忙碌了一整天，我这就去看看他们。"说完，他转身离去。

当晚，刘秀与众人以热水伴着干粮充饥后，在室内和衣而眠。刘秀坐着打盹，等待邳彤的归来。然而，直到夜半时分，邳彤仍未归来。直至二更时分，一阵急促的脚步声惊醒了刘秀等人。

走进来的正是抢险救灾归来的邳彤。他满身泥泞，声音嘶哑地喊道："卑职邳彤，拜见大司马来迟了，请大司马恕卑职之罪！"说完，这位瘦高的男子便跪在了刘秀面前。

刘秀见状，急忙弯腰扶起邳彤，同时朱祐和邓禹等人也上前与邳彤见礼。众人坐下后，开始互相寒暄。

邳彤看着刘秀和蔼可亲的面容，犹豫着说道："大司马，卑职有些话不知能否直言？"

刘秀温和地回应道："邳大人但说无妨。"

邳彤深吸一口气，鼓足勇气说道："大司马，下曲阳虽非大都市，但农商兴旺，百姓生活富裕。自王莽覆灭以来，天下群雄并起，战乱不断。河北本富饶之地，却因战乱而百业萧条，百姓生活困苦。更始政权建立后，我原以为天下会大定，便想顺势归降。然而，更始朝派来的官员却多为贪官污吏，欺压百姓，连我这个地方官也备受欺凌。无奈之下，我只好沿用新朝官制，暂时保持地方独立，以保护百姓不受其害。我早已听闻大司马为人宅心仁厚、爱民如子，特别是在大司马出巡河北后，所到之处百姓无不交口称赞。今日一见，大司马果然名不虚传，因此卑职愿意归附大司马。”说完，邳彤起身跪拜于刘秀面前。

“邳大人快快请起，”刘秀扶起邳彤，让他坐在自己身边，“你的心意，我刘秀深感荣幸。希望日后邳大人能继续为百姓尽心尽力。”

邳彤眼中闪烁着坚定的光芒，语气不容置疑地说道：“大司马，邳某愿在大司马身边，为大司马、为百姓效力！”

刘秀看着邳彤，眼中满是欣赏。他知道邳彤一心为民，心眼明智，是难得的贤才，于是说道：“既如此，那我们便是一家人。邳大人也不必再拘泥于俗礼。你劳累了一夜，还是先去休息吧。我们天亮后再叙。”

邳彤点了点头，道：“也好。各位也都辛苦了，请到客房休息。前厅狭小，我已让下人收拾了几间客房，诸位先休息半夜，明日再叙。”说完，他吩咐仆人带刘秀一行人去后院的厢房休息。

第二天，主客双方都起得很早。邳彤带着刘秀等人下乡巡访百姓，了解民风。午后回城，又让刘秀审阅了狱中的卷宗。卷宗记载一目了然，清晰明了。

刘秀与邓禹、祭遵等人一同查看，发现邳彤在任期间，竟然没有一例冤假错案。而且原告和被告的辩词都登记得详尽无遗，这一点与其他官员截然不同。尤其是下曲阳的迁入迁出人口也分类登记得清清楚楚。农民的授田和业田情况分毫不差，完全是按照大汉律令来授予的。纳税记录也井井有条，甚至连地方豪强的缴税也无疏漏。

由此可见，邳彤心中确实有汉室，他所说的沿用新朝官制只是为了暂时保持地方独立，不受侵扰。

刘秀看完卷宗后，心中大为震惊。在河北一路走来，如此清正廉洁的官员仅有邳彤一人。大家对邳彤的评价也随之提高。在这乱世之中，能够遇到如此好官，实属难得。刘秀当即便决定废除卒正这一官名，恢复太守的称谓，让邳彤继续镇守下曲阳，作为河北拨乱反正的一处重要根基。

回到驿馆后，众人对邳彤的钦佩之情溢于言表。而朱祐此时再看邓禹，也是大为赞赏，觉得邓禹不同于常人，聪慧异常。他也终于相信，追随刘秀的人，都是出类拔萃的人才。这样一来，大家彼此之间没有了隔阂，相处更加融洽友好。

自此之后，刘秀手下的将军们对邓禹都十分友爱。而刘秀也因为邓禹的聪明才智和大局观，凡事都要征求邓禹的意见。尤其在用人方面，刘秀对邓禹非常信任，因为邓禹看人极准，他推荐的人才都是“皆当其才”。

当时，除了邓禹之外，还有一位名叫冯异的将领也向刘秀提出了宝贵的建议。自归附刘秀以来，冯异一直担任主簿之职，相当于刘秀的管家。刘秀对他非常信任，而冯异也对刘秀了解颇为深入。

冯异深知刘秀在大哥刘縯被杀后的苦闷心情。他看到刘秀表面平静但内心悲戚，不敢显露悲伤，甚至独居时不敢饮酒食肉，枕席上还有泪痕。为了宽慰刘秀，冯异曾在一次会面中叩头劝慰刘秀，但刘秀制止了他，不愿再提起大哥刘縯之事。

尽管如此，冯异仍找时机向刘秀进言，指出天下百姓受王莽残害已久，思汉心切。而更始帝的将领们却纵横暴虐、贪婪掳掠，让百姓失望。他认为，刘秀作为大司马，应尽快派手下的人巡行各郡县，平理冤狱，布施恩惠，争取民心，以谋求更大的发展。

刘秀对冯异的建议与邓禹的回答一样，都悉心接受。他深知这些建议对于自己的大业至关重要，也感激这些忠诚将领的辅佐。

在下曲阳度过的第二日，刘秀因急于赶往邯郸，向邳彤辞行。尽管邳彤多次挽留，希望与刘秀多相处几日，但刘秀心意已决，急于实现自己的抱负。最终，邳彤只好准备干粮和马匹，亲自送刘秀出城。望着刘秀远去的背影，邳彤对随从说道：“刘秀此人虽然年轻，但知人善用，不拘小节，心怀阔达，日后必定前途无量。我们一定要各司其职，用心做事，不许马虎。天下大定的日子不远了，百姓有福了。”

与此同时，在洛阳的更始帝刘玄却沉浸在帝王之乐中，日日笙歌，夜夜行乐，根本无心治理天下。他听从韩氏的话，在朝堂上给王凤等人摆威风，见朱鲔几人似乎真有些怕自己，便自以为王凤等人出身贫贱，只要自己拿出皇帝威风一压就能让他们臣服。刘玄飘飘然，放心作乐，只等迁都长安。

在刘玄享乐的同时，刘秀一行人迎着寒风踏上了前往邯郸的道路。刘秀已经了解到，镇守邯郸的守将叫耿纯，字伯山，是巨鹿人。其父曾效命王莽，后来更始建朝，父子二人归降，投奔在李轶麾下。李轶拜他为骑都尉，授符节，令其招抚赵、魏各城。

离邯郸越近，朱祐的情绪就越激动。他对刘秀说道：“明公，守邯郸的耿纯是李轶的手下，而李轶那个杂碎害死了刘大哥，是我们的死对头。耿纯作为他的手下，对我们能友好吗？此去邯郸，免不了一场血战。我一定要痛痛快快地杀一杀，为大哥报仇！”朱祐的话让刘秀猛然想起刘縯被害的悲痛往事，顿时心痛如绞。臧宫见状，忙示意朱祐不要再说，朱祐也意识到自己闯了祸，赶紧闭嘴。

就在气氛陷入僵冷之时，祭遵打马上前，打破了沉默。他说道：“明公，李轶虽然是个令人厌恶的小人，但耿纯未必与他是一类人。我曾听说，耿纯初入李轶麾下时并未受到重视。他曾在众人面前不顾情面地劝诫李轶，要顾及自己的名声，不要放纵行为。他还说荣华富贵不过是过眼云烟，做人还是应该以大义为重。这番话让李轶在众人面前十分尴尬，也因此，李轶对耿纯怀恨在心。所以，我想这个耿纯或许并不是与李轶一路的人。我们也不必过于紧张。”

祭遵的这番话，实际上是想转移刘秀的注意力，让他不要过于沉浸在伤感之中。

朱祐听后，连连点头说道："祭大人说得对，不过即使耿纯要与我们为敌，我们也不必怕他。我老朱一定要打得他落花流水。"说着，他还一边比画着动作，憨态可掬的样子逗得刘秀和一行人都大笑起来。

当他们一行人快要到达邯郸的时候，在进城之前，他们遇到了一个道士。这个道士相貌清俊，身边陪着两个童子。三人并排站在路中间，背对着刘秀他们，正好挡住了他们的去路。

傅俊见这三人对奔走的马匹毫无避让之意，便冲着道士喊道："道士，快让开！我们是洛阳的官差，有急事赶路。"然而道士却像没听见一样，依然站着不动。

刘秀见这三人行为举止颇为奇怪，便打马上前，礼貌地说道："尊驾，能否劳烦您让一下路，让我们先行一步？"

"你可是武信侯刘秀？"道士头也不回地问道。

"正是在下，大师有何赐教？"刘秀回答道，心中明白这道士似乎在等待自己。

道士王郎转过身来，看着刘秀说道："我王郎擅长占卜，昨夜观天象，见有巨星划过天顶。我料定今日必有贵人从此处经过。在河北，最尊贵的人除了大司马还能有谁？因此，我特地赶来，有要事相告。不知大司马是否相信我的预言？"

刘秀对道士的话产生了兴趣，说道："还请大师详细说说。"

王郎接着说道："刘大人，我曾在人群中仔细观察过大人，发现大人具有当世富贵之相，且子孙繁盛。这是成大事之人的征兆。然而，我昨日占卜得知，将军此去邯郸将面临血光之灾。现在看大人印堂无光，正符合卦象所说。至于是否相信，全凭将军自己决定。"说完，王郎带着两个小童转身离去。

刘秀看着众人，虽然邯郸城就在前方，但他来不及多想。他对众人说道："这种道听途说的事情，不能轻易相信。我们继续前进吧！"说着，刘秀打马向前驰去。

不久之后，他们远远地看到了邯郸城的雄伟城墙。就在此时，一个青年将士迎面飞驰而来，看到刘秀的队伍后大声问道："来者可是大司马刘秀？"

刘秀感到奇怪，拉马停下问道："你是何人？有何事情？"

那青年将军下马跪下对刘秀说道："大人，小人名叫陈干，是邯郸大将耿纯的部下。耿纯奉李轶之命已在城中布下伏兵，意图杀害将军。请将军不要进城。"

刘秀问道："你既然是耿纯的部下，为何要背叛他？"

陈干气愤地回答道："将军有所不知，那耿纯生性残暴，贪图美色，还霸占了小人的妻子。因此，小人愿意投奔将军，助将军一臂之力，铲平邯郸，以报夺妻之恨！"

陈干的话让刘秀想起了刚才道士王郎的预言，他身后的将士们也开始怀疑起来，交头接耳地讨论着。

朱祐首先对刘秀说道："明公，既然这耿纯如此歹毒，那就让我杀进去，取了他的性命来见明公！"

冯异、臧宫等人也感到十分着急，但他们已到达邯郸城下，却无法决定是进是退。

邓禹思索片刻后说道："明公，邯郸的耿纯兵力强大，我们难以直接抗衡。但事已至此，我们只有硬闯一试了！"

刘秀虽然神色紧张，说话却非常果断，没有丝毫犹豫："嗯，仲华所言正合我意。这空穴来风必有缘由，我们必须进城一探究竟。走，进城！"

陈干见刘秀决定进城，便说道："刘大人，陈干愿先回城中接应大人，大人小心，我先行一步！"说完，他上马飞奔而去。

朱祐焦急地说道："兄弟们，准备好刀枪，我们去杀了耿纯那小子！"

邓禹冷静地安排道："朱护军，不要鲁莽，先探清虚实再说。明公，他们已经埋伏好了，我们要提早准备。”

“祭遵、臧宫，你们几人在前面保护明公，朱护军和冯异在后面压阵，苗萌、傅俊等人在中间。若是有危险，一定要保护明公安全出城！”邓禹做出了最坏的打算。

一行人准备好后，向邯郸城进发，更大的机遇在前方等待着刘秀。

二、王郎假借刘子舆之名起兵

邯郸城终于出现在他们眼前，但令人奇怪的是，城门前行人熙熙攘攘，商贩络绎不绝，繁华热闹，完全没有伏兵打仗的迹象。刘秀等人身着官服，百姓们见状纷纷礼让出通道。当他们接近邯郸城门时，他们手持刀枪，身着官服，显得格外引人注目。

终于走到城门跟前，城门口站着一个红脸大汉，带着一队身着官服的人列队排开。这红脸大汉长得威武雄壮，长须垂至胸前。他一见刘秀，便跪倒在地施礼，大声说道：“在下邯郸守将耿纯，前来迎接大司马！”

刘秀等人心中正紧绷着弦，见对方如此客气行礼，不禁怀疑耿纯的用意，担心他只是在稳住他们，然后再突然发动攻击。

不等刘秀问话，朱祐已经提着剑冲上前去，摆出战斗的架势，护住刘秀，并大声骂道：“耿纯小儿，少来这套虚的，有能耐就痛快地亮出家伙来！”

耿纯一脸惊讶，不明白发生了什么事，问道：“这是怎么了？”

邓禹走上前，注视着耿纯，发现他的表情不像是在伪装，于是索性挑明了原委：“耿将军，请不要误会。我们刚才在城外听到你的部下陈干报信，说你在城内设了伏军，所以朱护军有些性急。”

耿纯听完邓禹的话后，立刻转身喊来陈干，让他过来见刘秀，以证明自己的清白。

刘秀仔细察看了陈干，发现他与之前报信的人并非同一人，这才明白原来是有人从中作梗。他松了口气，对耿纯说道：“耿将军为人坦荡，刘秀替朱护军向将军赔罪！”说着，他下马向耿纯施礼。

耿纯一把扶住刘秀，不让他施礼，说道：“大司马折杀我了，大家都是粗人，有这样的脾气也是难免的。这么点误会，我怎么会放在心上？大司马要来邯郸的消息，我早就知道了，所以我早早安排好了大司马的住处。大司马，请！”

于是，大家一起进城，耿纯亲自将刘秀领到了一座豪华的宫殿前。他说道：“大司马，这是高祖皇帝时的赵王行宫。大司马是皇家的宗族，住在这里最合适不过。”

刘秀知道赵王是汉高祖刘邦与戚夫人的儿子，名叫如意。高祖曾很宠爱戚夫人，因此也喜欢赵王如意，甚至曾想过废太子而立如意为储君。然而，经过吕后的阻挠，改立太子之事最终没有实施。后来刘邦去世，吕后处置了赵王如意，戚夫人也被残忍地变成了人彘。刘秀清楚这些历史上的恩怨，此时站在宫门口，他不禁感慨万分。

直到耿纯再次邀请他进宫歇息，刘秀才意识到自己若入住赵王行宫，岂不是承认自己是高祖的正统继承人，有封王称帝之心？这个细节定会给自己惹来是非，更始帝若知道此事也会找麻烦。

于是，刘秀随和地说道：“耿将军美意，刘秀心领。只是这是王者的行宫，刘秀只是个小小官吏，不敢入住。我还是入住驿馆吧！”

耿纯并不知道刘秀的心思，还以为刘秀是要与部下同甘共苦，心中更加佩服这位大司马。

按照惯例，耿纯安排好刘秀等人的住宿后，还要为这些上级官员安排第二日的观光游玩。次日一早，天刚蒙蒙亮，耿纯便早早地来到了驿馆，准备带着刘秀等人去邯郸城观光。然而，当他拜见刘秀后，发现这一行人正准备出发。还未等耿纯开口邀请，刘秀便说道：“耿将军来得正好，若是有时间，陪我们到邯郸各郡巡查一下吏治民风，你看如何？”

耿纯对刘秀本就颇有好感，此刻听闻他早起并非为了观光，而是为了百姓和公务，心中更加敬重。他曾见过的李轶等人，无一像刘秀这样重视百姓之事。在陪同巡查的过程中，耿纯仔细观察，发现刘秀并非走马观花，而是仔细审阅各种文牍，认真审查狱史呈送的卷宗。他不仅认真经办事务，还尽量不去滋扰地方长官的公务。刘秀的所作所为，正如传说中的那样，温和认真，雍容华丽却又不喧哗，展现出一派厚重大气的风范。

在跟随刘秀巡查的过程中，耿纯仔细察言观色，发现刘秀的随从虽然不多，但每个人都对他忠心耿耿。他们谨遵礼法，言行谨慎，温温有礼，对百姓包容谦让，爱护有加。耿纯深感刘秀这一行人具有王者风范，或许这就是未来的王者之师。在当今之世，有这样一群人实乃大幸之事。他们必定是成大事的人，耿纯决心要与刘秀深交。

巡查归来，耿纯与刘秀秉烛夜谈，直至天明。两人又共进早餐，新的一天又开始了。耿纯有公务需要出府办理，而刘秀则留在府衙处理最后的公务，准备完毕后明日离开邯郸，前往真定。

耿纯见刘秀“官属将兵法度不与它将同”，便主动请求接纳，并献上马匹和数百匹细帛。刘秀见耿纯一表人才，也对他深表敬意。不仅如此，刘秀还将留守邯郸的重任交给耿纯。这些都是两人告别时的情景。

当刘秀留在府衙办公时，傅俊报告说有一个叫刘林的人求见，自称是宗室子弟来拜见大司马。此时的刘秀并不了解刘林。

刘林是故去的赵缪王之子。缪王名元，是汉景帝的七代孙。因杀人被大鸿胪参奏，死后谥号为缪。刘林与其父相似，也是个不安分守己的人。史载他：“好奇数，任侠于赵、魏间，多通豪猾”（《后汉书》），意指他喜好权谋数术，在赵、魏一带任性妄为，多与豪强奸猾之人交往。

虽然刘秀并不了解刘林，但耿纯曾向他提及邯郸宗室中有人怀有异心。因此，刘秀对刘林心生警惕。然而，既然他是宗室子弟，就不能不见。更何况，并不是所有的宗室子弟都有异心。于是，刘秀便让傅俊请刘林去客厅相见。

傅俊遵照刘秀的指示去请刘林，而刘秀则暂时放下公务前往客厅。刚坐下，便见一个高大的身穿虎皮大氅的中年人走了进来。刘林一见刘秀，立刻跪拜行礼。刘秀挥手示意他免礼，并邀请他坐下谈话。

刘林起身作揖后，在刘秀对面坐下。他目光坦荡地看着刘秀，开始自我介绍和要求。他声称自己是孝景皇帝的七世孙、赵缪王之子，家父因王莽的迫害而失去了王爵并被斩首。如今王莽已灭，汉室复立，他希望能为家父平反冤狱，恢复昔日的王爵。

刘林的声音低沉，脸色悲伤，仿佛正在陈述一桩千古冤案。然而，刘秀一听刘林的自我介绍和要求，脸上却露出了嘲讽的神色。

刘秀对赵缪王的恶行一清二楚。他生前在邯郸为非作歹，无恶不作，让当地百姓恨之入骨。当时平帝刘衎即位不久，王莽在王太后的支持下铲除了大司马董贤集团，初步掌握了朝政。邯郸官员上奏的万民状控告赵缪王的残暴罪行，使得王莽下令削去刘元的王爵，并在邯郸西市将其斩首。这一举动赢得了朝野的广泛称赞和人心，因为赵缪王确实是罪有应得。

如今，赵缪王的儿子刘林居然来要求为他父亲平反，恢复王位。刘秀一身正气，岂会答应为一个坏人平反。他冷笑道："赵缪王罪大恶极，按律当斩，这与王莽的存亡无关。即便放在如今的大汉，犯了这等罪也是与庶民同罪。刘公子不必费心了！"

刘林见刘秀的话毫无回旋之地，便转而提出了自己的请求："家父的事与小民无关，小民是宗室子弟，也想要为朝廷效力。恳请大司马让小民追随您，为汉室效力！"他说完眼巴巴地看着刘秀，期待他的回答。

刘秀平和地说道："你想要报效朝廷的心意可嘉，但天下之士众多，都想要为朝廷效力。你需要有治国兴邦的才能才行。"

刘林信心满满地挥手说道："小民自然是有本事的。如今赤眉作乱朝廷不宁，我有一计可让百万赤眉在旦夕之间灭亡且不费一兵一卒。”

刘秀一听此言心中一动，赤眉确实是大汉朝廷的心腹大患。他立刻问道：“是怎样的妙计？快快说来。”

刘林嘴角一挑露出得意的笑容说道：“很容易的一件事，黄河之水从列人县向北流去，只要决裂河堤让大河漫野奔泻而下，赤眉就是有再多的兵马也不过是喂鱼喂鳖罢了……”

刘秀在刘林还未说完计划时，便愤怒地拍案而起。他严厉地训斥刘林道：“小子，你太过狠毒了，与你父亲相比，你甚至有过之而无不及。你想过没有，几百万人的性命将因你的计划而被大水吞噬！沿途还有无数无辜的百姓将遭受苦难，祖宗几代辛苦开垦的良田也将化为乌有。你居然能想出这样的计策，简直是残忍至极！百姓是国家的根本，只有百姓安居乐业，国家才能安宁。你的计划置百姓于不顾，这哪里是效力汉室？你这是在毁灭大汉！这样的计策，我绝对不能接受！”

刘林被刘秀义正辞严的愤怒所震慑，吓得跪倒在地，连连磕头，结结巴巴地说道：“小民错了，小民这就告退，回去自我反省！”说完，他连忙逃离，不敢再面对刘秀。

刘秀看着刘林离去的背影，一脸怒色，对这样的宗室子弟感到十分气愤。

耿纯从外面办完公事回来，看到刘秀一脸怒色，感到十分惊讶。他询问刘秀发生了什么事情，刘秀将刘林来访的事情如实相告。

耿纯听后也感到非常愤怒，他说道：“这个刘林一直不安分守己，与赵魏燕等地的遗族、豪强大姓和狡猾官吏交往密切，图谋不轨。他心性残忍，又怎会为百姓和那些只为生计奔波的义民着想呢？”

刘秀听了耿纯的话，更加忧虑重重。他说道：“明天我们就要离开邯郸，前往真定巡视。伯山你将留守邯郸，这里有这些恶徒存在，你一定要小心谨慎！”

耿纯见刘秀为自己担忧，当下慨然一笑，说道："大司马放心，我与这些人打交道已久，对付他们我有自己的办法。我相信他们这些狭隘之人也翻不起什么大浪来！"

而刘林在被刘秀训斥并惊吓之后，闷闷不乐地走在街上。突然，有人向他喊道："刘贤弟，你怎么了？"

刘林一听声音就知道是好友王郎。他转身对王郎生气地说道："王兄，世人都说你卜卦掐算很灵验，但我看你就是徒有虚名。前几天你让我按你的计策行事，想借大司马刘秀的手除掉耿纯，这样邯郸就能成为我们的天下了。可是这次你又让我去见大司马，结果不仅没有除掉目标，还害得我挨了一顿骂。我看我们所想的大事是没戏可演了，我们还是乖乖地做个平民吧！"

王郎见状，急忙捂住刘林的嘴，紧张地环顾四周，确保没有人在偷听。他低声警告道："我的好兄弟，你这是在做什么？在大街上如此嚷嚷，岂不是自寻死路？快，跟我回家！"

说着，王郎拉着刘林匆匆回到家中，才松了一口气，严肃地问道："你去见大司马，他到底对你说了什么？原原本本地告诉我。"

刘林沮丧地将自己见刘秀的经过，以及被刘秀训斥的情况详细地说了一遍。

听完刘林的叙述，王郎却显得一点也不着急。他安慰刘林道："贤弟，莫要灰心丧气。我夜观天象，河北之地确实有天子气。你身为宗室后裔，天生贵相，这天子之气必将降临于你。一时的挫折，岂能阻挡你的大业？"

刘林看着王郎，满脸不屑地摇头叹息道："王兄，你总说河北有天子气，我却不信。我只觉得我的前途堪忧。"

王郎见刘林如此沮丧，不禁有些恼火，他提高声音说道："你这点出息都没有吗？遇到一点小事就泄气，还能做什么大事？既然耿纯除不掉，求刘秀也不行，你为何不自立为天子？看看梁王刘永，他已经在睢阳起兵了，你为何不可以？”

刘林被王郎的话吓了一跳，他赶紧摆手拒绝道：“王兄，你就不要吓唬我了。天子之言，岂是随便说的？我只想封个王位，承继祖业，便心满意足了。”

王郎看着刘林，眼中闪过一丝失望。他起身关上门，然后回来低声对刘林说道：“既然你不敢做大事，那你敢助我做天子吗？只要你助我成功，我封你为王！”

刘林简直不敢相信自己的耳朵，他瞪大眼睛看着王郎，惊恐地问道：“你要做天子？你凭什么做天子？现在天下人都思念汉朝，你又不姓刘，与汉室无关，你凭什么做天子？”

王郎，又名王昌，出生于赵国邯郸。他精通星象历法和占卜相术，以看相和占卜为生，实际上是一个在市井中摆摊算卦的人。然而，王郎怀揣着巨大的政治野心。他深信河北地区有天子之气，并自认为这种天子之气将会降临到自己身上。

长安发生的一件事为他提供了政治灵感。在王莽执政时期，有一个名叫武仲的长安男子冒充汉成帝的儿子刘子舆。他当街拦住了立国将军孙建的车队，自称“汉氏刘子舆，成帝下妻子也”，并大声呼喊：“刘氏当复，趣空宫！”意思是让出皇宫，让复兴的刘氏住进去。然而，王莽不会允许这样的事情发生，他立即处决了武仲。

王郎从这件事中看到了机会。他也想效仿武仲，冒充刘子舆，为自己的政治前途铺路。因此，当看到刘林缺乏雄心壮志时，王郎决定向他透露自己的“真实身份”。

他神秘而低声地对刘林说：“兄弟，我要告诉你一个秘密。我就是真正的刘子舆。我的母亲是孝成皇帝的宫女。有一次，母亲晕倒在地，有黄气自上而下萦绕着她。黄气散去后，她怀上了我。但孝成皇帝宠爱的是歌女赵飞燕，她成为了皇后。由于赵飞燕难以怀孕，她视其他女子生的儿子为威胁，总是想方设法除掉他们。当我母亲生下我后，赵飞燕打算加害我们。幸运的是，母亲的一个先前婢女也同时生了一个男孩，于是母亲用他替换了我，让我得以逃生。随后，我被一个黄门偷带出宫，他成为了我的师傅。师傅精通周易，擅长卜卦，我们以此为生，直到他去世时才告诉我真相。他让我留在燕赵之地，等待时机。”说着，王郎还为自己的悲惨经历挤出了泪水。

刘林听完王郎的话，仿佛置身于云端，半天没回过神来。他盯着王郎，迟疑地说道：“王兄，王莽时期已经有人自称是成帝的儿子刘子舆，结果被王莽杀了。现在你又这么说……”

见刘林露出不信的神色，王郎急忙对天发誓，言辞毒辣，声称自己若是说谎，便遭受天打雷劈。刘林见状，不得不信，连忙扶起王郎，表示相信了他的话。

王郎站起来后，却提出一个要求，既然刘林相信了他，那么以后就得改称呼。刘林恍然大悟，原来王郎是他的族叔刘子舆。于是，刘林恭敬地说道：“族叔既是真子舆，但天下人又怎会相信你呢？我又该如何帮助你称帝呢？”

刘林的话让王郎不禁哑然失笑。他心想，这刘林还真是天真得可以，什么话都信。不过，这正是他所期望的。

王郎自信满满地说道：“自从王莽篡权以来，天下百姓都思念汉朝。刘圣公能够借助民意成为天子，而我作为真正的刘子舆，身份比圣公还要高贵。只要我能得到封侯赐爵的赏赐，必定会有官吏和百姓拥戴我。你可以亲自去联络李育、张参等人起兵，一起拥立我为帝。将来金殿封赏的时候，你便是开国功臣，这可比你祖上那虚名的王位要荣耀得多！”

然而，刘林听完却犹豫不决。他担心地问王郎：“我们没有一兵一卒，如何对付耿纯呢？”

王郎一听这话，顿时火冒三丈。他骂道："你真是愚蠢至极！难怪你祖上的宫殿蒙尘，你也进不去。李育、张参是赵国的豪强大族，他们一旦有了这个机会进入朝堂，自然会积极招兵买马，对付耿纯，把邯郸夺回到我们的手中！"

刘林亲自去找了李育和张参，这两位与他和王郎有着深厚的交情。特别是张参，就是那个曾在城外欺骗刘秀的人，他的胆子极大，欺骗了刘秀后并未逃跑，而是在城外转了一圈就回了城。

当李育和张参听完刘林的话后，他们高兴得无以复加。两人都惊叹王郎的不凡，认为河北的天子之气注定要落在王郎身上。他们还说，这样一来，他们几人都将成为开国之臣，享受世间的荣华富贵。

刘林对两人的反应感到有些诧异。他问道："那王郎到底是真子舆，还是假子舆？"

张参和李育听了刘林的话后哈哈大笑。张参说道："刘兄，你不用纠结他的真假，我们尽管起兵实现我们的梦想！"

李育则提醒道："先别声张，刘子舆还在等我们去接他呢。张贤弟，我们先搬出府中的私财，以真子舆的名义号令天下，招募兵马。然后我们就夺取邯郸的四门，封锁消息。就在大年之夜，请刘子舆登基改元。兄弟们，我们行动吧！"

三人相视而笑，都怀揣着另立天下的野心。他们决定不辨真假，或者以假充真来实现自己的野心。

经过他们的联合和游说，正如王郎所预想的那样，邯郸的豪门大族和一些有政治野心的人都纷纷前来找李育和张参。不到一天的时间，他们就招募到了精兵千余。刘林三人率着车驾去接王郎。

王郎仰天大笑说道："皇天有眼，列祖庇佑，我刘子舆将立为天子。诸位追随拥戴，自然是开国功臣，会有享不尽的荣华富贵！"

张参、李育和刘林三人叩拜在地大喊："天子万岁！万万岁！"

随后，王郎开始亲自布局布阵，准备实现他的称帝之梦。

王郎对刘林等人说道："你们三位立刻领兵去夺取邯郸的四门，封锁所有消息。对于不服从我的人，格杀勿论。耿纯与我为敌，务必砍下他的头，以震慑那些有异心的人。一旦夺下邯郸城，我将在赵王宫登基改元，颁布诏令和檄文。等整个河北都掌握在我手中，我便可以与洛阳的刘秀一争高下！"

刘林、李育和张参领命后，立刻去执行王郎的命令。

至于为什么刘林愿意接受王郎的安排而不自己做皇帝，这主要有两方面的原因。一方面，刘林自己的气魄和野心可能并不足以支撑他去做皇帝。另一方面，刘林喜欢研究奇数，这是秦汉时期盛行的术数。在听了王郎编造的谎话后，他从数术的角度去考察，虽然他对王郎的身份深表怀疑，但他和他的两位朋友一样，认为这是一个飞黄腾达的大好机会。因此，他们决定拥立王郎为皇帝。

当时，民间盛传赤眉军将要渡黄河南下，这一消息传得沸沸扬扬。刘林等人便利用这个机会散布流言，声称"赤眉当立刘子舆"，以此来试探民众的反应。出乎意料的是，老百姓对他们的流言非常相信，这进一步增强了刘林等人拥护王郎做皇帝的信心。

当王郎兵变的消息传到耿纯的府衙时，耿纯感到非常震惊。虽然他对付王郎已经不是一次两次了，但这次王郎冒充刘子舆，弄得满城人心惶惶，甚至连府衙的兵吏也在争论不休，更不用说普通士兵和百姓了。

有人问耿纯："耿大人，这个刘子舆到底是真是假？"

耿纯发火道："废话！王莽时期就有人冒充刘子舆，王郎只不过是故技重演，企图不轨。你们不要被他的花言巧语所迷惑，快随我前去缉捕王郎！"

正当耿纯率领吏兵准备外出时，忽然陈干满身是血地冲进府衙，大喊道："大人，王郎的兵马已经占领了四门，守城的兵卒不战而降。我拼死逃出，大人快逃吧！王郎的兵马很快就要杀到府衙了！”

局势确实变化迅速，当耿纯的吏属们听到这个消息时，都感到一阵慌乱。

耿纯也感到非常吃惊，但他迅速做出了判断。眼下邯郸城内纷乱不堪，只有他的亲兵可以信赖，但人数太少，难以抵抗叛贼。因此，他决定先逃出邯郸城，去寻找大司马刘秀。

耿纯迅速召集了自己的亲兵，上马向东门冲去。然而，他刚刚到达街头，就迎面遇到了李育率领的叛军。耿纯大怒，与李育展开激战。但由于他手下兵力太少，死伤过半，耿纯不得不选择撤退。他发力迫退李育，然后打马冲向邯郸东门。李育紧追不舍。

在邯郸城的街道上，因为兵变，已经没有了百姓的身影。耿纯得以畅快地奔跑，迅速冲向城门。李育一边追赶一边大喊着让守城的叛军关闭城门。然而，在邯郸城的降卒中，有耿纯的忠心追随者。他们看到耿纯被追赶，立刻拿起武器杀向关门的叛军。王郎和叛军没有防备，被杀得大乱，城门一时无法关闭。

耿纯趁机打马冲出城去，李育带着叛军在后紧追不舍。李育一边追一边搭弓射箭，耿纯的马屁股中了一箭，跃起时将耿纯摔下了道边的悬崖。李育追过来一看，只见悬崖深谷，他开心地大笑起来，认为耿纯必死无疑。

然而，事情并没有如李育所愿。耿纯跌落崖下时，被树枝托住减缓了冲击力，再跌到地上时又掉在了枯叶上。因此他没有受伤只是昏迷过去。而就在这时，他被一个名叫耿弇的年轻人所救。

耿弇一见到耿纯醒来就惊喜地问道：“您醒了，骑都尉大人。您怎么会在这里？发生了什么事？”耿纯清醒过来后看着面前的陌生年轻人感到非常吃惊。他忙问道：“你是谁？怎么认识本官的？”耿弇笑着解释道：“我不认识您，但您的官服说明了您的身份。在下耿弇，字伯昭，家父是上谷太守耿况。我是奉家父之命去洛阳给汉室天子进献，途经此处，从吏有两人去山下方便，看到大人昏迷在地，便抬了上来！”

耿纯一听对方不是王郎的兵便放心了。他知道上谷太守耿况贤名远播，自己也曾与他见过一面。没想到自己这次死里逃生竟然会遇见耿公子。于是他忙坐起来，把自己的身份以及邯郸王郎假借成帝之后刘子舆之名叛乱之事，详细地讲述了一遍给耿弇听。

耿弇一听耿纯的讲述，勃然大怒道：“真是贼胆包天，一个算命的，竟然敢借刘子舆之名谋夺天下，自不量力。大人这是要去何处？”

耿纯如实相告：“洛阳大司马刘秀，执节河北，如今在真定。我要去追赶大司马刘秀，商议讨伐王郎之计！”

耿弇看着耿纯身上的伤痕，关心地问道：“耿大人有伤，怎么去追赶大司马？”

耿纯这才发现自己虽然浑身疼痛，但伸伸胳膊活动活动双腿，发现自己并没有伤筋动骨，只是皮外刮伤。他不禁异常惊喜地说道：“今日阎王爷不收耿纯，王郎必遭我诛杀！”说完，他便和耿弇告辞。

耿弇忽然说道：“大人止步，大人没有坐骑，怎么追赶大司马？我送大人一匹马，助大人一程。”

耿纯有些不好意思地说道：“初次相见，怎么能够收你的马？”

耿弇却不容推辞地说：“国事为重，大人不必客气！”

于是，耿弇为耿纯从十几匹坐骑中挑选了一匹最健壮的马，把缰绳放在耿纯的手中，请耿纯上马。耿纯便不再推辞，上马告辞，打马急驰而去。

与此同时，邯郸的兵变突然发生，而还在途中行走的刘秀等人并不知情。刘秀手持汉节，在部属的簇拥下从容不迫地走进了真定郡的射犬地界。

刚到射犬城外，刘秀等人忽然听到身后马蹄声急促。他们回头望去，只见十几匹马飞驰而来，有人大声喊道："大司马留步！"

刘秀勒马停下，回头看着追赶自己的人马。那些人马兵甲之上挂满了寒霜，因为奔跑而头顶冒着热气。当他们飞奔到刘秀面前时，其中一人飞身下马行礼道："骑都尉刘隆拜见大司马！"

刘秀一见是刘隆，赶紧下马搀扶，并关切地询问他家里的事情处理得如何。刘隆一一回答后，表示自己已经没有了后顾之忧，并听说刘秀执节河北，便带了随从追过来效力。

刘秀看到身边又多了一名虎将，非常开心。他把刘隆介绍给大家，朱祐、臧宫等旧属与刘隆早就认识，便下马一一问候；而冯异等人虽然没见过刘隆，但见他长途奔来，知道他是刘秀的忠心追随者，都友爱地与他打招呼。

刘秀感慨地说："当年王莽居摄，意图篡夺汉室，元伯的父亲刘礼和安众侯刘崇毅然起兵反抗王莽。然而，事情不慎泄露，导致整个宗族被王莽残酷地诛杀。那时，元伯你只有七岁，事发当日你侥幸逃过一劫，真是大难不死，必有后福啊！"

听着刘秀讲述刘隆的血海深仇和他父亲的义举，大家都用沉重而又深情的目光注视着刘隆。刘隆被众人看得有些不好意思，他哈哈一笑，打断了刘秀的话，坚定地说道："大司马，过去的就让它过去吧。如今王莽已死，宗族的仇恨已得报。我只想跟随您建功立业，重振家业！"

刘秀听到刘隆的话，内心澎湃激荡。他接过刘隆的话茬，激昂地说道："兄弟们，元伯说得对，我们就是要在这纷乱复杂的河北大地上共同建功立业！走，进射犬城！"

众人被刘秀的话所感染，士气高昂。他们紧随刘秀进入射犬城，准备在这片土地上书写属于他们的辉煌篇章。

此时，王郎在邯郸起兵后，为了给自己的反叛行为披上合法的外衣，他找来了擅长文笔的李立撰写起义檄文。李立在王郎的授意下，巧妙地在檄文中强调了王郎的天子身份，同时分析了自翟义以来的反莽势力，并声称翟义并未死去，已经前来拜见王郎。他还宣称南阳的刘氏家族是这场运动的先驱，而更始帝刘玄因为“未知朕”，所以暂时保留帝号。檄文最后呼吁所有反莽势力尽快集结在王郎这位真命天子的周围，甚至暗示刘玄也应该向刘子舆低头认罪。

王郎看过这篇檄文后大为满意，于是在大年初一的清晨，他派出了使者，带着这篇檄文迅速前往各地，试图收服那些拥兵自重的将领。不久之后，邯郸的使者们开始在各地活动，檄文如雪花般纷飞。在极短的时间内，这种策略取得了显著的效果。

赵国以北、辽东以西的地区纷纷响应王郎的号召。河北的大地上，原本因为刘秀的持节巡视，使得更始政权的影响力迅速扩大。然而，刘秀在河北的停留时间有限，他巡行的地方并不多，因此河北大多数的城邑都选择据城自守，对洛阳的更始政权持观望态度。就在这个关键时刻，邯郸的刘子舆也自称为汉室天子，于是天下间出现了两个自称汉室天子的政权，这让官吏和民众议论纷纷，不知该信从哪一个。

那些拥兵自重的将领们，在考虑到自身利益后，认为虽然洛阳的更始帝影响力更大更远，但毕竟远在洛阳，无意北略。而邯郸的帝王却近在眼前，如果不归顺于他，很可能会成为众人攻击的目标。因此，邯郸使者所到之处，大多数拥兵者都纷纷响应了王郎的号召。

当然，也有一些人并不相信王郎的谎言和身份，他们坚决不服从邯郸的号令。

当王郎的檄文传到鹿昌城时，引起了城中大姓人家刘植的强烈反响。面对城中纷乱的议论，刘植毅然站了出来，大声对吏民百姓说道：“成帝无子嗣，这是天下皆知的事实。然而，总有一些野心勃勃的人想借助成帝的后代来谋求天下。王莽时就曾经杀过一个假冒者，现在邯郸的这一位也不过是如法炮制。这种招摇撞骗者必遭天谴。我们作为汉室的百姓，不能不明辨形势，随意跟风，听信谣言。否则，将来可能会面临灭族的危险。”

随后，刘植与弟弟刘喜、从兄刘歆一同行动，率领宗族宾客，聚集了数万人马，占据了昌城。他们关闭城门，坚守不出，并拒绝接见邯郸的使者。

与此同时，位于边塞的上谷和渔阳两地是天下精兵的聚集地，尤其是乌桓骑兵，以擅长冲锋而著称，素有“铁骑”之称。王郎看到了这两块地方的重要性和骑兵的战斗力，于是派出得力的大将前往上谷和渔阳，命令上谷太守耿况、渔阳太守彭宠发兵响应邯郸。

实际上，王郎的檄文早已传到了上谷，上谷的吏民自然也是议论纷纷，不知真假。就在这个时候，王郎的使者又来了，要求上谷做出选择。上谷太守耿况焦急万分，走来走去，无法做出决定。耿夫人提醒他说：“为何不请寇恂来商议一下上谷的去从？”

耿况一听，立刻表示感谢，并派人去请功曹寇恂。寇恂字子翼，是上谷昌平人。王莽被灭后，更始帝立国，曾派使臣出巡各郡国，并许诺说“先锋者赐爵位”。当时的上谷有归顺汉朝之心，寇恂便随太守耿况到边界迎接使臣。然而，使臣一见面就收了耿况的太守印绶，无论耿况怎么要求，都不归还。寇恂见耿况无法取回印绶，便带着士兵冲入帐中质问原因。他生气地要求使臣归还印绶，但使臣并不把寇恂放在眼中，认为他一个小小的功曹是不能威胁天子使者的。

寇恂正气凛然地表示，他自然不敢威胁天子的使者，但他明确指出使者的做法不妥当，并详细陈述了原委。

他言之凿凿说道：“在天子初立、圣恩尚未广布的时候，各个郡国都在观望形势，准备归顺汉朝。然而，使者的行为却损毁了天子的信誉，使上谷的民众感到寒心，等于将一心归汉的人拒之门外。这样的做法将使使者无法向其他军国发号施令。而太守耿况政绩卓越，深得上谷民心，使者不应轻易罢免他。否则，上谷必将陷入混乱，届时使者也无法向天子交代。”

为了顾全大局，寇恂请求使者归还印绶，让耿况继续担任上谷太守。

使者被寇恂的言辞所打动，又看到他身后带着强悍的士兵，担心事情发展到不可收拾，于是将印绶归还给了上谷太守耿况。耿况对寇恂的敬重之情油然而生。

后来，耿况听从了寇恂的建议，派遣公子耿弇带着重礼前往洛阳拜见更始帝。

如今，上谷又面临新的抉择，邯郸的使者再次到来，耿况自然又找来了寇恂商议。

寇恂飞马来到耿况府中，对于上谷和邯郸的局势已有对策。他一见耿况便表明了自己的观点：“邯郸王郎自立为汉帝，此事本身就有问题。新朝时曾杀过一个刘子舆，如今邯郸又出现一个，显然是个骗子，根本长久不了。因此，不必归顺于邯郸王郎。新朝时，王莽最忌惮的人是刘縯和刘秀兄弟二人。如今刘縯虽死，但刘秀自起兵以来威名远播。他作为大司马执节河北，专注于河北的局势。我听说他礼贤下士，遍揽天下英雄和能人，他必定能成就大业。因此，上谷应该归依于他。”

耿况听得连连点头，表示赞同寇恂的观点。然而，他也表达了担忧：“子翼所见甚是，但是邯郸气盛，以上谷的兵力恐怕不能抵抗，这可怎么办？”

寇恂略作思考后，便提出解决方案：“大人不必忧虑，我们上谷兵精粮足，又是天下精兵荟萃之地。凭借这些优势，我们可以左右河北的局势。渔阳的实力也是如此。我这就去渔阳，劝说渔阳太守彭宠与我们合作。只要我们上谷和渔阳合兵一处，邯郸就无法对我们构成威胁了。”

耿况听从了寇恂的建议，拒绝了邯郸的使者，并备了重礼让寇恂去联结渔阳太守彭宠。这样，上谷和渔阳两大势力开始联手，为即将到来的河北局势变化做好了准备。

三、身陷河北逃亡路

更始元年（23）十二月，在河北的寒冬里，大雪纷飞，无边无际。刘秀率领着他的部众，坚韧地行走在风雪的驿道上。战马的铁蹄在坚硬的土地上踏出铿锵有力的节奏，仿佛在诉说着他们不屈的决心。

当他们抵达蓟城时，雪突然停了，天空放晴。蓟城令热情地打开城门，迎接刘秀一行人的到来。两方相互行礼，心中充满了敬意和问候。蓟城，这座历史悠久的城市，曾是燕国的都城。刘秀的部众大多是首次来到蓟城，他们一边走，一边好奇地打量着这座古老的都城。

蓟城令看出了刘秀对这座城市的好奇和兴趣，于是他热情地介绍蓟城。他说，虽然蓟城不能与中原的大都市相比，但它位于边塞地带，地势险要，南接上谷、渔阳等郡，又与匈奴大漠接壤，是历史上重要的军事和政治中心。他还提到了孝成皇帝时期的一些历史事件，以及这些事件对蓟城的影响。

刘秀听着蓟城令的介绍，不禁对这座城市产生了更深的敬意。他感叹道："大人对蓟城如此了解，一定是对此地有着深深的感情吧！"蓟城令回答道："是的，大司马，我在此地多年，对这里的一草一木都有着深厚的感情。如果真的要离开，我会非常舍不得。"

两人谈笑风生地来到了衙署门外，这时蓟城令突然想起一件事，他说道："大司马，我忘记告诉您了，广阳王也在衙署里。"广阳王刘嘉是汉武帝的第五代孙子，他的封地在广阳。刘秀一听这个消息，微笑着说："大人不必自责，我这就去拜望广阳王。"

蓟城令安排刘秀的部众休息，自己则带着刘秀去见广阳王刘嘉。六十多岁的广阳王刘嘉白发苍苍，面容慈祥。他听说刘秀来了，便带着长子刘接亲自迎出院外。刘秀远远望去，赶紧跪拜行礼，说道："刘秀何德何能，竟让老王爷屈驾出迎，晚辈实在不敢当！”

刘嘉扶起刘秀，钦佩地说：“昆阳大捷，刘将军以一万多人打败莽军四十三万，整修洛阳、恢复汉宫、执节河北，你所做的一切都是为了百姓。你的美名早已传遍了四海，我一直都很敬佩你！能不出门相迎么！”刘秀谦虚地微笑着说：“王爷谬赞了，晚辈只是做了一些应该做的事情。”

两人一见如故，相谈甚欢。说到高兴处，蓟城令也插不上一句话，只好悄悄地出去准备酒宴。

刘秀和广阳王刘嘉的相会不仅是一次简单的拜访，更是两个心怀天下苍生的英雄之间的惺惺相惜。

不一会儿，酒宴已经备好，桌上摆满了各色美味佳肴，其丰盛程度远非战乱时期寻常百姓所能想象。蓟城令热情地邀请广阳王刘嘉和刘秀入座。广阳王坐在主座上，而刘秀和他的部下主将则坐在客座，陪同的都是蓟城的名流。自刘秀执掌兵权以来，他还是第一次参加如此丰盛且庄重的酒宴。

客人们举杯畅饮，谈笑风生，气氛十分融洽。然而，就在这时，一个府吏匆匆进来，向刘秀拱手报告道：“禀报大司马，外面有一个叫耿纯的人，说有急事要向大司马禀告！”

刘秀一听是耿纯来了，心中顿时一紧，预感事情不妙。他本想向广阳王告退出去看看情况，但这时刘接却突然厉声喊道：“什么人不识趣，在这个时候来扫老王爷的兴致？让他过会儿再说！”

然而，广阳王却认为军机大事为重，他让府吏赶快把耿纯传进来向刘秀报告军情。于是，耿纯持剑而入，浑身是血，双眼充满了肃杀之气。他径直走到刘秀面前跪下，哽咽道：“大司马，耿纯无能，没能守住邯郸！”

刘秀赶紧扶起耿纯，急切地询问：“伯山，你快说，邯郸到底怎么了？你怎么弄成这副模样？”

耿纯声音颤抖地说：“王郎假冒刘子舆，改元称尊。我们属下抵抗不住，我只能逃命出城。我一路追寻大司马至此！”

“啊！”刘秀惊愕万分。

耿纯带来的消息如同一道惊雷，在座的人都震惊了。原本欢乐的宴会瞬间乱成一团。蓟城令紧张地问广阳王：“王爷，您是帝室后裔，刘子舆到底是真是假？您可得想清楚啊！”

这时，刘秀身后的王霸和铫期一见形势有变，担心有人对刘秀不利，立刻抽出兵刃在手，保护刘秀。

刘秀心知肚明，如果蓟城响应王郎，他和他的部下都将难逃一死。他努力镇定下来，大声喝道：“广阳王在此，谁敢放肆！”

他走到广阳王面前施了大礼，朗声说道：“王爷是帝室后代，身份尊贵。刘秀也是宗室一员。现在如果为了一个来历不明的王郎而大动干戈，那对我们汉室就是伤害。同室相残，利惠敌人，值得么？还请王爷三思！”

说完，刘秀又施了一礼。他清楚，此刻的形势极为紧张，稍有不慎就可能引发一场血战。他必须尽力保持冷静，以理服人，才能避免更大的冲突。

刘嘉连忙还礼，对刘秀表示赞赏：“刘贤弟真是有胆有识，临危不惧。你刚才的那番话，深得我心。我相信，他日你必定能担当治理天下的重任。现在虽然王莽已死，但天下仍未安定，汉室尚未复兴。我们帝室宗族绝不能起内讧，自折其翅。若汉室中有人生出异心，那无疑是自杀之举。”

刘嘉说罢，拿过儿子刘接的长剑，将桌子砍去一角，以示决心。在座的人见广阳王出面作保，蓟城令也不敢再轻举妄动。宴会结束后，刘秀才真正地把心放到肚子里。

随后，刘秀等人被安排住进驿舍。他立刻召集邓禹、冯异、耿纯等人商议对策。他们明白，尽管在蓟城有广阳王作保，但仍不能排除蓟城令归附王郎的可能性，因此他们仍处在危险之中。当务之急是摆脱眼前的困境，并设法反击王郎。然而，事情发生得太突然，他们一时之间也想不出什么好办法。

正当大家焦虑之际，傅俊从外面进来报告说有人求见刘秀。

刘秀在这里并无亲朋故交，因此他想不到会是什么人来拜见自己。但他想着可能是有人来献计策，于是便请人进来，想要听听来者会说什么。

话音刚落，一个青年从外面走了进来。已经躺在火炕上休息的耿纯一见此人，立刻跳了起来，紧紧拉住来人的双手，激动地说道："耿公子，你怎么到这里来了？多谢你送我战马，我才得以顺利找到明公！"

刘秀好奇耿纯竟然认识来人，便问："你们怎么认识的？"

耿纯便把自己逃命和路遇耿弇赠马相助的事情说了，刘秀点头，耿弇拱手给刘秀施礼。

刘秀说道："既然都是自己人，不必多礼了。"

耿纯忽然想起耿弇原本是要洛阳进献去，于是询问道："耿公子，你怎么来到了蓟城了？"

耿弇苦笑说道："此事一言难尽啊！将军走后，我的从吏孙仓和卫包说刘子舆是成帝之后，现在已立为汉天子，我们就不必舍近求远地去洛阳了。刘子舆正在拉拢人心，只要我归附了他，少不了封官封侯，胜过长途奔赴洛阳。我当时一听就反对他们，我说王郎冒充帝嗣，定会被灭。可是孙仓和卫包却趁我不备，偷走了礼品，还带上我的一些从吏去投奔王郎。最后只剩下我一个人在半路上，没办法，只好先来这里见大司马，再做打算。"

刘秀等人听完耿弇的话后，不禁对他刮目相看。刘秀感慨道："如果河北的人都像耿公子这样深明大义，王郎的奸计又怎么可能得逞呢？我刘秀感激耿公子的相助之情，请快快坐下！"

耿弇是耿况的儿子，他年少好学，继承了父亲的事业，尤其喜欢将帅之事。耿弇这次前来找刘秀，刘秀见他相貌堂堂，年轻有为，非常喜欢，当下心中便有了留他在自己门下的念头。

两人以王郎为话题，谈论天下形势，侃侃而谈，坦坦荡荡，真诚相待。耿弇对刘秀早有了解，对他所做的事情非常佩服，心仪已久。如今面见刘秀，见他言行举止果然非凡，断定刘秀日后必成大事，便有了归附之意。

刘秀也见他谈吐庄重，很有见地，可堪大用。一听耿弇直言归附，正合了自己心意，便任命他为自己属下的长史。

在这危急时刻，大司马的部属又增添了新人。大家看着耿弇都很喜欢，便聚在一起商议下一步的行动。

耿纯说道："我们目前不过百人，大司马时刻都会面临危险。要保障大司马的安全，只有以大司马的名义就地招募兵马，先确保安全，再图谋对付王郎。"

刘秀和邓禹考虑了耿纯的计谋，觉得可行。除此之外，也别无他法，当即便依照耿纯之计布置行动。

突然冒出的王郎政权确实让刘秀手忙脚乱，有些无法应对。当然，王郎也知道自己在河北的最大对手是刘秀，因此他重点打击刘秀。

在蓟城，蓟城令和很多人都认为刘秀在此对于自己和蓟城都很危险，随时会招来王郎的进攻，所以蓟城令很是慌乱，但因为广阳王在此，他又不敢对刘秀轻举妄动。

王郎在刘秀他们商议计策的时候，已经以十万户的高额封赏求购刘秀的人头。

因此，当刘秀等人派王霸到集市中招募兵士，想要扩大军队、准备进击王郎时，集市上的人都大笑，说他们招的哪一门子的兵，连命都要保不住了。王霸一听，只好带着满脸愧色回去复命。

夜色如墨，蓟城衙署的灯火却通明如昼。蓟城令心中焦急，他有意归附王郎，但碍于广阳王的面子，犹豫不决。同时，他也深知若不归附王郎，蓟城将面临王郎大军的攻打，这让他坐卧不安，无所适从。

就在此时，广阳王之子刘接匆匆而来，为蓟城令带来了一个消息：“大人，邯郸的大军即将抵达，我们该如何抵抗？”刘接的话让蓟城令心中一紧。

蓟城令故作镇定，表示自己唯广阳王之命是从。然而，刘接却认为广阳王年迈，不应盲从，否则蓟城将面临灭城之灾。

蓟城令心中震惊，忙问刘接有何妙计。刘接毫不犹豫地说：“刘子舆顺应河北天子之气，一举崛起，气贯河北。县令若斩了刘秀，以功归附，便可封侯赐爵。县令为何还在迟疑？难道就不怕被灭城吗？”

蓟城令一听，心中大喜，这正合他意。但他又有些担忧地说：“有广阳王为刘秀担保，我该如何行事？”刘接语气坚定地说：“大人放心，老王爷那里有我，你只管除去刘秀这个心头大患，便可在邯郸那边立下奇功！”

两人经过一番商议，各自去行动。刘接的话让蓟城令下定决心，刘秀成了他必须除去的目标。

而在邯郸的赵王宫内，王郎得意忘形地看着河北一些郡邑的归降书，哈哈大笑。他说道：“刘子舆这名头还是很管用的，就一纸诏书便收服了这么多地方。”

丞相刘林在旁大惊，问道：“陛下说的是谁的名头？”王郎自知失言，看了看四周，所幸只有刘林在旁，便说道：“等我们占据全部河北，便可与洛阳争夺玉玺。”

刘林明白王郎在掩饰自己的身份真假，但他作为丞相并不关心这个，只是说道：“洛阳的刘圣公不足为惧，倒是大司马刘秀不能让他久留河北！”

王郎一听，立刻生气地说：“檄文早已到了蓟城，他们怎么还不献出刘秀？”刘林安慰道：“陛下无须着急，重赏之下必有勇夫。我们先悬赏购索刘秀的人头，再出兵，保准刘秀走不出河北！”

王郎听从了刘林的计策。于是，在蓟城出现了王霸和耿纯在市井募兵却无人响应的尴尬局面。两人泄气地回到驿舍，向刘秀和邓禹报告了情况。刘秀和邓禹明白这是民心不附的结果，而王郎的大军即将来临，他们将面临无法抵抗的局面。部属们都主张刘秀放弃河北，回洛阳召集大军再打王郎。

刘秀心中清楚，他不能回洛阳。一旦回去，必将受到重重限制，甚至可能陷入危险之中。他在来河北的途中已经遭遇了朱鲔的暗杀，这说明洛阳对他来说已经不再安全。然而，此时王郎的大军压境，他究竟该何去何从？

就在众人陷入困境之际，耿弇站了出来。他坚定地说道：“明公千万不可南归。您持节至此，大局未定，一旦归去，前功尽弃。而且王郎发兵从南方而来，若与明公在途中相遇，明公人少，必无生还之机。上谷、渔阳两郡近在咫尺，他们的兵马精悍，可以为我们所用。渔阳太守彭宠是明公的同乡，家父为上谷太守。若我们合两郡兵马万骑，必定兵强马壮，邯郸的兵马便不足为患！”

耿弇的话虽充满豪情，却引起了众人的骚乱。他们认为耿弇年轻气盛，考虑不周。刘秀与上谷、渔阳并无交情，此时危难之际，仅凭耿弇与耿况的父子之情，恐怕难以请动两郡兵马，甚至可能引来灭顶之灾。然而，耿弇为人真诚，又刚刚投奔刘秀，大家都不好直接反驳他的面子。

护军朱祐忍不住说道：“耿兄弟，你是当地人，当然想留下。我们却要南归！”耿弇闻言，脸色微红，辩解道：“我只是为明公设想，朱兄又何必这样说我？我父亲虽是上谷太守，但耿家世居茂陵，到底是行是留，还请明公决断！”

刘秀深知南归的后果，因此他并无心回洛阳。听了耿弇的话后，他对上谷和渔阳生出了一丝期望。他轻轻叹了口气，目光坚定地说道：“耿弇所言极是，只要在河北尚有一线希望，我们都不能南归。今日就依照伯贴之言，遣使致书渔阳、上谷，表明我们愿合兵共击王郎。其余人留在蓟城，购买粮草，做好战事准备。”

说完，刘秀立刻提笔写信，派臧宫和马成快马送往渔阳、上谷两郡。

与此同时，蓟城的气氛越来越紧张，百姓和官吏们纷纷传言王郎大军已到涿郡，俸禄两千石以下的官员都要出城相迎，若是藏匿汉使，将被灭九族，这一消息让全城陷入了恐慌之中。

在蓟城衙署内，人心惶惶，如同被阴霾笼罩。广阳王刘嘉坐立不安，心中忐忑。他并不担心自己的安危，因为他深知王郎虽然假借刘子舆之名，却不会对他这位广阳王如何。然而，他担心的是大司马刘秀的安全。刘秀若出事，天下将再次陷入混乱，这是广阳王最不愿看到的。

正当广阳王焦虑不安时，院外突然传来纷乱的脚步声。老仆人急匆匆地跑进来，报告说少爷刘接已经围住了院子。广阳王一愣，不明所以。刘接随后走了进来，他的目的非常明确：杀死刘秀，以此向王郎献功。

广阳王听后勃然大怒，他打了刘接一个耳光，痛斥这个家门不幸的儿子。他认为刘接是个破国灭族的祸害，不仅会害了自己，还会让整个家族陷入灾难。然而，刘接却不听劝告，他坚信自己的做法是正确的，甚至认为广阳王不过是一个有名无实的王爷，他所拥有的广阳国并不值得留恋。他决心要砍下刘秀的人头，去争取那十万户的封赏。

与此同时，刘秀在蓟州也感到不安。他早已知道蓟城令有归附王郎的意图，为了预防不测，他派傅俊率领十几名将士装扮成老百姓，在蓟州府衙四周进行监视。刘接控制住广阳王后，自己和蓟城令进进出出的行为引起了傅俊的注意。傅俊侦探清楚后，立刻向刘秀报告了情况。刘秀意识到危险即将来临，立刻传令部署，准备启程离开。

大街上因为开战的传言已经混乱一片，百姓们惊恐万状，争相出城逃命。刘秀来到大街上时，被围观的百姓拥堵住了去路。

铫期着急打马挥戈，大声呵斥百姓闪开道路。在他的威吓下，百姓们纷纷散开，刘秀等人才得以冲破人群，飞奔向南城门。然而，南城门早已被刘接换上了自己的心腹和蓟城令的亲兵把守。城门铁闩横插，紧闭不开。

刘秀一行人刚到城门口，刘接已经带兵追了上来。

铫期和众人见状毫不犹豫地挥刀杀敌，他们武艺高强，杀几个守城的小兵如同砍瓜切菜一般。在血腥的战斗中，士兵们被吓得魂飞魄散，争相逃命。

朱祐护卫着刘秀一刀砍倒城门总管，打开了城门，刘秀和诸位英雄纷纷涌出城外。

刘接打马追到南门，见刘秀已经离去，他继续疯狂地追杀，决心一定要拿到刘秀的人头去封万户侯。

经过一天的狂奔，夜色渐渐降临。刘秀一行人因为逃跑而慌不择路，只是拼命奔驰，马蹄声在冬日冰冷的荒野上回荡，显得既恐惧又慌忙。

随着天色明暗交替，荒野的道路变得依稀可辨。经过一夜的奔逃，大司马刘秀和他的部属们都感到筋疲力尽，人困马乏。

刘秀的马慢了下来，喷着白气，踏着蹄子，似乎再也不愿走动。刘秀担心追兵会追上来，刚想开口鼓励大家继续前行，突然，他身边的邓禹从马背上摔了下来。

众人慌忙下马查看邓禹的情况，以为他受了暗伤。然而，邓禹却打了个滚儿，坐在雪地上，苦着脸说道："明公，我肚子饿了，走不动了。咱们靠近村庄，找点吃的吧！"

邓禹这么一说，大家都感到饥肠辘辘。昨天白天他们就没有吃饭，又奔逃了一夜，现在能不饿吗？

刘秀知道邓禹从小家境富裕，养尊处优，长大后又在长安游学，从未吃过苦。如今奔跑一夜，他能坚持到现在已经很不容易了。但是四周荒无人烟，根本找不到食物。现在唯有打起精神，继续赶路，走出这片荒原，遇到人家才有生存的希望。

刘秀仔细察看冰封的路面，终于发现了被冰雪覆盖的路牌。他摇头说道：“还不能停，也不能在这个地界上的百姓家里找吃的。现在还是王郎的地界，他的兵随时可能出现。我们在这里稍有耽搁就会有性命之忧。现在王莽虽然死了，但天下仍未安定。王郎借着刘子舆的名义自立为帝，在这乱世之中，不知还会有多少人称帝称王。平定战乱、安抚百姓就是上天赋予我们的大任。在这种困境之下，我们必须努力向前突破这个困境，胜利就在前面。”

刘秀亲自将邓禹的马牵给他，邓禹既感动又有些难为情。他翻身上马，坚定地说：“明公，你就放心吧，以后途中就是再苦再累，邓禹也决不会叫苦！”

在刘秀的鼓舞下，众人重拾勇气，忘记了饥寒交迫，紧紧跟随刘秀艰难前行。

又走了十几里地，他们来到一块界碑前，上面写着“饶阳无蒌亭”。不远处有一个村落，村外的打谷场上堆着干草。马匹一看见干草，就跑过去埋头吃，拉也拉不走。刘秀无奈地叹了口气，下令休息，并命朱祐去村里买些食物给大家吃。

然而，朱祐身上没有钱，他苦笑着拒绝了这个任务。大家摸遍口袋，发现都没有钱。这些战场上的英雄好汉，此刻面面相觑，不知所措。刘秀看着大家沮丧的样子，鼓励道：“春秋时期，晋国的公子重耳在逃难途中曾向五鹿乞食，最终仍成大事。今天我们难道就没有办法了吗？”

话音刚落，冯异大声说：“我去讨吃的，我不怕丢面子！”王霸也跟着表示要一起去。两人离开后，刘秀清点人数，发现耿弇不见了。他心中不安，但朱祐却认为耿弇可能是自己逃命去了。刘秀正色道：“用人不疑，疑人不用。”

冯异和王霸回来后，只带回了几罐粥和几十个野菜饼子。朱祐抱怨食物太少，不够他一个人吃。王霸无奈地白了他一眼。

刘秀却说："在这乱世中，百姓能有这些吃的已经很不错了。快分给大家，我们继续赶路。"

因为饶阳地区已归附王郎，饶阳令派兵四处搜捕刘秀等人。刘秀等人连大路都不敢走了，更别说去要饭，这使得他们的行程更加艰难。

这一天，他们来到饶阳驿舍。刘秀看着疲惫不堪的部下们，微笑着说："今日我亲自出马为大家要一顿饱餐！"

冯异等人惊喜地询问刘秀有什么好办法。

刘秀并没有直接透露自己的计划，只是简单地说："你们整理好衣服，跟我来。待会儿你们自然会知道我的办法。"其实，他也没有确切的办法，只是看着部下们忍饥挨饿，他决定冒险一试。

刘秀整理好衣服，带着部下们走向饶阳的驿舍。驿舍的驿吏见到一群穿着官服的人，立刻上前行礼并询问他们的身份。刘秀大声宣称他们是邯郸来的天子使者，急行赶路，要求驿舍提供酒食。驿吏不敢怠慢，立刻准备了好酒好肉。

因为一直饥饿，刘秀和部下们狼吞虎咽，几个驿卒都供不上饭菜。驿吏心生疑忌，在院子里敲响鼙鼓。冯异察觉到不对劲，众人开始紧张地商量对策。

这时，驿吏进来通报说邯郸将军即将到来，要求准备接待。众人起身想逃，但驿吏却命人关上了大门。刘秀保持冷静，他让驿吏请邯郸将军进来见面，并表示若有差错，将依法处置驿吏。驿吏吓得跪下求饶，承认邯郸将军明日才到。

刘秀警告驿吏不敢再戏弄他们，并让驿吏准备干粮。驿吏颤抖着双腿准备了干粮奉上。众人这才明白是驿吏在搞鬼，虚惊一场。大家都佩服刘秀的机警和冷静。

吃饱饭后，人马都恢复了精神。刘秀拍了拍干粮对大家说：“这个驿吏太狡猾了，此地不能久留，我们快走！”虽然驿吏不敢直接阻拦他们，但他心里仍有疑虑，于是派人给城门长送信要求紧闭城门周旋着不放刘秀等人走。

然而，城门长看完信后却说道：“天下讵可知，而闭长者乎？”然后随手将信扔掉。

就这样，刘秀和众人顺利出了城门继续向西南行进，那边天气恶劣，非常寒冷，每个人都冻伤了脸和手。尽管困难重重，但他们仍然快马加鞭昼夜兼程向前进发，因为吃了饱饭又有干粮，他们的行军速度明显加快了，一夜时间，就到了河北滹沱河边。

四、聚义共商天下事

滹沱河是涿郡与信都郡的分界线，河北属于涿郡，河南则属于信都郡。刘秀等人来到河边，只见大河波涛汹涌，河面上漂浮着些许薄冰，人马无法通过。他们看着眼前的景象，一时之间束手无策。

冯异注意到不远处有一间茅屋和一块石碑，上面写着“危渡口”三个字。刘秀猜测这里应该有渡船，于是他们开始四处搜寻。然而，经过一番搜寻，他们并没有发现任何船只。

冯异在小茅屋里只找到半只断桨，看来这里曾经有过渡船，但因为战乱，船家可能已经离开了。刘秀和众人坐在河边，面对着滚滚河水，陷入了沉思。

朱祐提议退回去寻找其他路线去洛阳，但邓禹坚决反对，他认为饶阳驿吏已经起疑，退回去可能会陷入危险。冯异也感叹天气寒冷，自从他们进入河北以来，日夜风雪交加，如今又遇到了河水化冻的困境。

铫期性格暴躁，想要直接与王郎的兵士拼命。然而，冯异安抚住他，让他冷静下来。

刘秀一直沉默地坐在河边，此刻他突然起身仰天长叹。他感慨自己的无能，既不能光复高祖帝业，也不能平定祸乱、报国安民，让这么多英雄好汉跟着他受尽苦难。说到激动之处，刘秀流下了英雄泪。

“明公！”刘秀的手下们从未见过他如此悲伤，他们只见过他在战场上英勇杀敌，从未见过他如此穷途末路、满心伤悲。看到刘秀这样，大家纷纷呼喊，然后哗啦啦一片跪倒在刘秀身后。

邓禹哽咽着说：“明公，你不必难过，无论生死，我们都在一起，这样也不枉我们兄弟一场，有过共同的梦想和追求。”

铫期声音如巨雷般响亮，展现出英雄的气魄：“明公，生死有命，富贵在天。等王郎的兵到了，我们殊死一战，保护明公突围。”

刘秀的部属们群情激昂，纷纷表示要保护刘秀突围。面对这些忠心的部署，刘秀内心的悲伤稍微平复了一些。他眼中闪烁着感激的泪水，一个个扶起他们，拍着他们的肩膀说：“你们都是忠义侠胆之人，今日的忠义之心可彪炳千秋。但王郎追杀的是我刘秀，不是你们，你们不必做无谓的牺牲。等王郎的兵到了，我来抵挡，你们能逃走一个是一个，无须……”

然而，刘秀的话还没说完，部署们就纷纷跪在地上，不肯起来，一致表示要誓死效忠刘秀。刘秀劝说了半天也不起作用。

突然，傅俊喊道：“明公你看，变天了！”众人抬头望去，只见天空阴云密布、北风呼啸、大雪纷飞。邓禹惊喜地说：“明公真是大贵之命啊！天助明公！今夜滹沱河就会冰冻，明日我们就可以过河了！”

听到这个消息，众人都高兴得欢呼起来。刘秀忙对大家说：“河边风大，大家不要冻坏了，我们快去茅屋避风寒吧！等河水结冰了我们就过河！”

这一次众人听了刘秀的话，有说有笑地拥着刘秀进了茅屋。由于茅屋太小挤不下太多人，大家决定分批休息：一批人观察河上的冰情、巡逻放哨、观察追兵；另一批人则留在茅屋里休息。这样轮换可以保持大家的体力。

夜深了，北风像刀割一样刺骨。然而就在这样的寒夜里，刘秀和他的部署们却充满了希望与决心。因为他们相信，无论面临多大的困难与挑战，只要大家团结一心就没有过不去的坎儿！

北风呼啸着，鹅毛般的大雪从天空中纷纷扬扬地落下。

雪越下越大，天气也越来越冷。茅屋外的将士们尽管冻得瑟瑟发抖，但他们的内心却充满了希望，因为他们知道只要雪再大一些、天气再冷一些，滹沱河就会结冰，他们就可以过河了。

刘秀走出茅屋，关切地向士兵们询问他们的身体状况和河水结冰的情况。士兵们一次次地向他报告：

“大司马，河水已经结冰了！”

“明公，冰冻已经有一指厚了！”

“明公，冰冻已经有两指厚了！”

四更天时，王霸兴奋地跑来报告：“明公，冰冻已经有一寸了，我们可以过河了！”然而刘秀却沉稳地说：“再等一等，等冰层稍厚一些，我们才能安全通过。”

就在这时，巡逻的傅俊急匆匆地跑回来报告：“明公，远处有马蹄声传来，可能是王郎的追兵赶到了！”刘秀闻言心中一紧，他立刻趴在地上，把耳朵贴在冰冷的雪地上。果然，他清晰地听到了马蹄疾驰的声音。

“是追兵来了！”刘秀起身果断地说道，“我们不过河了，先点燃火把，把追兵引到这里来！”

傅俊吃惊地瞪大了眼睛：“明公是要把追兵引到这里来吗？”

刘秀点头微笑道：“是的，就让他们邯郸的兵追过来吧。这一次我们也要让他们尝尝被追赶的滋味！”

邓禹聪慧过人，立刻领会了刘秀的意图：“对！大家快点准备，分头行动吧！”

于是众人迅速拆掉了茅屋，用草木扎了许多火把，插在雪地上点燃。火光在大地上闪烁跳跃，远远望去就像有人马在活动一样。

当追兵快要到达时，刘秀等人开始准备过河。他们吩咐众将士人和马拉开距离以确保安全，并沿河散开各牵战马。

此时，天色微明，风雪已停，大家按照刘秀的吩咐，小心翼翼地爬行着。终于，他们成功地过了河，因为是单人单马，散开过河，所以，人马安全无恙。

在滹沱河北岸上的刘接和邯郸的刘林，已经与追赶刘秀的兵马会合。他们遥遥望见对岸的火光，就断定刘秀等人一定在河边。为了抢夺头功，邯郸的士兵们快马加鞭追到河边，望见对岸的刘秀等人身影后纷纷争先过河。

然而，一夜结冰的河面，根本承受不住大队人马的踩踏，冰层瞬间断裂，许多追兵掉进河里，冻死淹死无数。刘秀等部众看到这一幕后，放心地打马而去，继续他们的征程。

刘林和刘接掉进河里后，湿漉漉地爬上岸，冷得瑟瑟发抖。他们急忙四处搜集柴火，试图生火取暖和烘干衣服。然而，就在这时，天公不作美，大风骤起，大雨倾盆而下，将他们的火堆浇灭，雨水还融化了河冰。邯郸的士兵们无法再过河，只能在四周焦急地寻找船只。

刘秀在对岸看到这一幕，忍不住开心地大笑起来。然而，冷雨打在脸上，衣服湿透，让他的好心情瞬间消失无踪。他催促部下们继续赶路，寻找一个避雨的地方。但为了避免被追兵发现，他们不敢就近避雨。于是，大家骑着马一口气奔出了几十里地，在确定已经甩掉了追兵后，刘秀才让大家放慢了脚步，边走边休息。

在路旁，他们发现了一个破败的房屋。看着大雨没有停止的迹象，刘秀命令将士们一起进去避雨。众人将战马安顿好后，纷纷跑进破房子里避雨。此时的一百多人又累又冷，也顾不上地面的潮湿，找个遮风挡雨的地方就躺下休息。他们抱着臂膀歇息了半天，才恢复了一点点气力。

刘秀看到大家的状态，知道这样下去不是办法。他说道："这样躺着更没用，我们得烧火做点饭。这样也可以烤干我们的衣服！"然而，大家实在是太累了，没有人愿意动弹。刘秀看着部下们疲惫不堪的样子，心中不忍，于是他不顾自己的疲惫，起身去找柴火生火做饭。

"明公，我去找柴火，你先歇着。"冯异起身，扶着墙去寻找柴火。过了好一会儿，他抱着一堆潮湿的木柴回来。

邓禹见状，赶紧掏出火石试图点燃柴火。火苗逐渐燃起，很快就变成熊熊大火，为众人带来了一丝温暖。

感受到温暖的将士们纷纷起身开始忙碌起来，有的做饭，有的喂马，有的烘烤衣物，大家的身心逐渐放松下来，心中也重新燃起了希望。

刘秀脱下外袍在火堆边烘烤着，凝视着火光中的士兵们，心中却充满了迷茫。

他不知自己的去路在何方，若是逃回洛阳，不仅前功尽弃，还会受制于人，永远无法再有出头之日。但若是继续留在河北，王郎这个强大的对手正在四处追杀自己。

自己到底应该在哪里立足呢？刘秀想得两眼发直，却始终没有结果。

"明公，你的袍子烧坏了！"朱祐突然喊道。

刘秀猛然回过神来，闻到一股焦煳的气味，一看才发现自己的袍子已经被烧出了一个大洞。

"明公是在想阴夫人吧！"朱祐笑着调侃道。

刘秀抱起外袍笑着回答："我还真没有想起她来，恐怕都忘了她！这些日子天天被追杀，冻饿交织，我除了应付这些，真是什么都想不起了！"

"明公，请用饭。"冯异端着一个破旧的陶瓮走了过来，里面装着热乎乎的麦饭。

这顿麦饭对于刘秀来说是一生都难以忘怀的。直到六年后他登基为帝时还向冯异下诏说："仓卒无蒌亭豆粥，虖沱河麦饭，厚意久不报。"（《后汉书·冯异传》）

众人吃过饭后开始收拾行装准备继续前行。雨已经停了，刘秀率领众人上马南行进入了信都的边境。

刘秀站在驿道的岔路口，面对着四面八方延伸出去的道路，心中一片茫然。他们彻底失去了前进的方向和目标。正当众人无所适从之时，一个仙风道骨的白发老人从旁边的树林中走了出来。他几步走到刘秀的马前，刘秀立刻下马施礼，虚心地向老人请教这些道路通向何方。

老人微笑着，指着其中一条路说道："信都郡的太守任光已经听从了洛阳的命令，大司马从此路走八十里便可到达信都郡！"

刘秀等人顺着老人手指的方向望去，只见那条路崎岖不平，野草丛生，完全不像有人走过的样子。刘秀心中充满疑惑，还想向老人请教更多，但回头时却发现老人已经消失得无影无踪。

众人都觉得这件事非常神奇。邓禹感叹道："刚才的老人称呼明公为大司马，这说明他是特意来为明公指路的。他不是神仙，就是世外高人。"

后来，这件事在封建时期的历史学家口中被传得神乎其神。甚至汉朝的政权还在此地建立了祠堂，将此事彻底神化。

当时的刘秀也感到心神摇曳，他对着老人出现的树林恭敬地行礼拜叩，然后说道："信都太守任光是昆阳闯营突围的十三骑之一，曾与我并肩征战。老人的话应该是属实的，我们去信都找他！"

王霸也赞同刘秀的决定，因为他与任光是至交好友，知道任光对大司马刘秀的忠诚和信任。于是，众人决定沿着老人指引的那条崎岖野路前行，希望能够在信都找到新的希望和立足之地。

刘秀毫不犹豫地跳上马，带领众人踏上了那条荒芜的山路。经过一番艰辛的跋涉，终于在日落时分抵达了信都。

信都的城门紧闭，城墙上刀枪林立，任字大旗和汉字大旗在风中飘扬。城墙上的将士们手持刀弓，严阵以待。

冯异看着城头的守卫，心中惊惧，提醒刘秀道："明公，看这情形，任光似乎在防备我们。说不定他已经归附了王郎。"

其他将士也纷纷表示疑虑，因为王郎的军队也使用汉字旗。在这种情况下，仅凭旗帜无法准确判断城上的守将是属于哪一方。

然而，刘秀的眼神却异常坚定。他说道："我们是有高人指点的，来信都不会有错。任光也会为我们所用。你们等着，我去看看！"

说着，刘秀打马慢慢来到城下，向城上抱拳说道："城上的汉兵听着，我是洛阳大司马刘秀，有公事赶来信都。请禀报太守，放我等部属进城！"

信都的将士们听闻刘秀的大名后，立刻前去向任光禀报。不一会儿，任光亲自站在城墙上向下张望，确认的确是刘秀后，他惊喜地大叫道："明公，果然是你！稍等片刻，我这就开门接你。"

随着信都城门缓缓打开，任光率领信都的吏卒倾城而出，热烈地迎接刘秀及其部属。

刘秀、邓禹、冯异等人下马后快步走向任光。刘秀扶起任光，而邓禹和冯异则分别扶起任光左右的将军。

任光满脸关切地问道："明公，早就听说你持节到了河北，怎么现在才来到信都？"

刘秀只是简单地回答道："一言难尽。"他并没有过多提及之前的艰辛历程，只是将邓禹、冯异等人介绍给任光认识。任光也将紧随在自己身边的两位将军——李忠和万修介绍给刘秀等人。

李忠是信都的都尉，字仲都，来自东莱黄县。万修则字君游，来自扶风茂陵。更始帝曾派使者巡视各郡国，他们二人分别被任命为都尉和郡令，与任光一起驻守信都。三人性格相投，情同手足。

进城后，刘秀与部下们洗浴更衣，随后任光为他们安排了丰盛的饭食。饭后，刘秀与李忠、万修在客厅中叙话，共同探讨未来的计划和策略。

任光好奇地问刘秀："明公突然出现在信都城下，真是让我们措手不及。我们在各地都没有听到关于明公的消息，明公是怎么到这里的呢？"

刘秀便将遇到白发老人并指引他走荒路的事情娓娓道来。他补充道："那是一条鲜有人知的路径，难怪你们没有打听到我的消息。"

任光听后惊喜地说："明公果真是天选之人，居然能遇到如此世外高人。我也早听闻这位高人的传说，他就隐居在距此八十里外的下博境内，只是我一直无缘得见。高人所指的荒径，确实是通往这里的近道，鲜有人知。即便邯郸的追兵前来，他们也无法打探到明公的行踪！"

刘秀听完深感遗憾，他原本以为遇到的是神仙般的人物，现在得知是一位真正的世外高人。他心想，若要成就大事，正需要这样的智者相助。刘秀不禁后悔与老人错过，心中暗自期盼是否还有机会与这位高人重逢。

冯异见状安慰道："明公得高人指点，已是幸事。我们还是商议如何应对王郎的威胁吧。"

一提及王郎，任光便气愤地说道："这个王郎假冒汉室之名，却行欺诈之实，信都郡邑皆已归降于他。我和仲都、君游誓死不降于这欺世盗名之辈。扶柳县的廷尉曾拿着王郎的檄文前来信都挑衅，已被我们斩首示众。为防王郎兵马进犯，我们三人仓促间招募了四千精兵，日夜守卫城门。明公突然现身，确实让我们吓了一跳，还以为是王郎的探子。"

刘秀便将自己从蓟城开始的逃亡经历细细道来，最后充满期待地问任光："伯卿，王郎势力庞大，我难以抗衡。你可有妙计助我对付王郎？"

任光原本期待刘秀的到来能共同守城，没想到刘秀竟向自己求助。一时间，他有些语塞。

李忠和万修见状上前说道："信都孤城一座，死守并非良策，只会徒增伤亡。依我之见，不如带兵回洛阳，请陛下派兵增援。信都城现有数千精兵，足以保护大司马西去洛阳求援。待大兵到来，再与王郎决一死战！”

刘秀听闻此言，心中一阵失望。他本以为长途奔赴信都能有所作为，没想到还是要回洛阳。然而，李忠和万修的建议也合情合理，信都的兵力确实不足以与王郎抗衡。

就在刘秀犹豫不决之际，有兵卒来报，称和成太守邳彤率精兵前来找任光，此刻正在城外等候。这一消息让刘秀和任光精神一振。两人匆匆登上城头查看情况。只见数千精骑整齐列队于城下，大旗上醒目地写着“邳”字。

任光让刘秀在城内稍候，自己则与李忠、万修出城迎接邳彤的人马入城。

邳彤带着人马进城后，跟随任光等人见到了刘秀。邳彤立刻上前行礼，对能在此遇到刘秀感到惊喜。

刘秀问邳彤：“伟君，你怎么会来到信都？”

邳彤气愤地说：“王郎欺天盗名，一夜之间崛起，将檄文传到了下曲阳。我赶走了使者，自守下曲阳。听闻明公遇难往南逃，我便派了两千精兵沿途迎接，却未能与明公相遇。考虑到下曲阳难以坚守，又听说任光太守在信都也不归顺王郎，我便带了全部兵力来此，希望与任太守合兵一处，共同抵御邯郸的兵马。没想到竟在此处意外地遇到了明公，真是相逢恨晚啊！”

刘秀听完邳彤的叙述，感慨道：“在这乱世之中，伟君你能明辨是非，识得大局，必将大有作为。现在，请各位与我一起共商大计，对付王郎。”

于是，刘秀召集了信都、和成两郡的官吏，共同商议对策。大多数人认为王郎势力庞大，而他们手上的兵力不过七千，难以与之抗衡。但保护大司马回洛阳还是可行的。

然而，邳彤却坚决反对这一方案。他站了出来，力排众议，说道：“西回洛阳是失策之举。天下征战已久，百姓思汉心切。更始帝称汉帝后，天下纷纷归顺，三辅吏民更是打扫帝宫欢迎他。一名汉军小卒执戟大呼，就能吓走叛将。

“自战乱以来，唯有思汉之心让吏民如此迫切。王郎之所以能在邯郸一夜暴起，也是利用了百姓思汉的心理。他不过是假借他人之名，自立为天子，聚集了一些乌合之众。虽然他已经占据了燕赵之地，但假的终究是假的，人们对他的身份本就持怀疑态度。现在拥戴他，也只是贪图封赏而已。只要明公率领我们两郡的精兵，以洛阳天子的身份为号召，师出有名，那么攻城必胜。如果我们现在放弃战斗，西回洛阳，不仅会丢掉河北，还会惊动帝都，对明公的声誉和洛阳帝都的威名都会造成损害。而且，如果明公不讨伐王郎，信都的兵马也很难护送明公西归。因为信都的士兵不会抛弃家室和父母，让他们千里相送是不现实的。一旦信都民心涣散，再想聚集起来就难了！”

邳彤的坚定立场和有理有据的分析，不仅打动了刘秀，也改变了原本主张西归的将士们的想法。尽管刘秀仍觉得兵力不足，但他开始考虑如何解决这个问题，包括向河北的义军寻求援助。

刘秀朗声对众人说：“伟君的话很有道理，我决定采纳他的建议。至于兵力不足的问题，我们可以想办法解决。伯卿，你看看能不能向城头子路和力子都借兵？他们在河北有很大的影响力。”同时，任光也被邳彤的话所打动，他补充道：“虽然城头子路和力子都在王莽时期是义军，但自从王莽死后，他们的军队已经变成了亡命之徒，这样的军队真的值得信任吗？兵力不在于数量，而在于质量。想当年，我们凭借不足万人的兵力就打败了王莽的四十三万大军。如今，面对王郎，我们同样不需要惧怕。如果兵力真的不足，我们可以以大司马的名义在附近的县邑征兵。”

刘秀所谓的借兵，实际上是希望附近的城头子路和力子都两支武装力量能够加入他们。

城头子路，本名爰曾，字子路，是东平人。在新莽末年，他与肥城人刘诩在卢县城头起兵，因此被称为“城头子路”。爰曾自称“都从事”，刘诩则称“校三老”，他们的军队活动在黄河和济水之间，拥有二十多万兵力。

更始政权建立初期，爰曾派人向更始帝表示了归降的意愿，因此被任命为东莱太守，而刘诩则被任命为济南太守，两人都行使大将军的权力。

力子都是东海郡（今山东郯城北）人。新莽天凤五年（18），他在家乡起兵，活动在徐、兖一带，拥有六七万兵力。更始政权建立后，力子都也派人表示归降，被任命为徐州牧。因为这两人在名义上都属于更始政权，所以刘秀打算寻求他们的帮助，用他们的兵力来与王郎抗衡。然而，这个计划被任光反对，他主张让刘秀自己招兵买马。

在听了邳彤和任光的意见后，刘秀决定留下招集兵马，准备反击王郎。他坐于明堂之上，当即任命任光为左大将军、武成侯，统率全军；李忠为右大将军、武固侯；邳彤为后大将军，仍兼任和成太守；万修为偏将军，也都封为列侯。此外，他还命令南阳宗广留守信都并兼任太守之职；冯异去收编河间兵马；耿纯回乡招兵；铫期担任裨将；傅俊、吕晏都归属邓禹统率；出兵巡行信都国所属的各县邑，征集当地的兵力。同时，他还任命王霸为军正，祭遵为军市令。众将领命后，分头行动。刘秀摆开了要与王郎决战的架势。

为了给王郎造成巨大的心理压力，武成侯任光还撰写了一篇檄文，声称大司马刘公将率领城头子路、力子都的百万大军从东方杀来，攻击所有反叛的敌人。他派出轻骑将这篇檄文在巨鹿境内广为散发。

先是王郎的檄文声称大军将至，紧接着是大司马的檄文声称镇兵亲临。河北的官吏和百姓面对这两篇檄文，难以分辨真假，无所适从。然而，有一点是可以肯定的，那就是河北即将迎来一场浩大的战争。

第九章　四处征战，拥兵称帝

一、联姻壮大实力

洛阳的夜晚，华灯初上，街头巷尾热闹非凡。今天是恢复汉室后的第一个元宵灯节，更始帝下令全城挂灯，百姓对此欢欣鼓舞。在经历了王莽的暴政和战乱之后，他们渴望和平与安定，对汉朝的复兴寄予了厚望。

皇宫外的御街上，人潮涌动，各式各样的彩灯映照着夜空，如同白昼。人们驻足观赏，赞叹不已。忽然，一队黄门飞奔而来，宣布天子下旨，午门开禁，让百姓得以一睹天子容颜。这一消息顿时让街上的人群沸腾起来，百姓纷纷涌向午门。

皇宫内，更始帝刘玄与韩夫人把酒赏灯，文武重臣陪伴左右，一片欢乐祥和的气氛。然而，当御前黄门报告百姓正涌向午门时，大将军赵萌表达了对安全问题的担忧。更始帝却毫不在意，表示有赵萌在侧，他无所畏惧。赵萌感受到更始帝的信任，但同时也察觉到了李轶和朱鲔两人对他的敌意。他明白，更始帝这是在用自己来钳制绿林诸将。

午门前，百姓手持彩灯，欢声笑语不断。他们为了博得天子的赞誉，使出浑身解数表演各种技艺。更始帝兴致勃勃地观赏着，并命令手下大把撒钱，百姓争抢钱币，跪在地上齐呼万岁。更始帝感受到了前所未有的满足感。

然而，就在此时，太常将军刘祉却起身进言，提醒更始帝天下还有很多百姓没有感受到皇恩浩荡。这番话让更始帝心生震动，但他依旧保持着微笑，表示愿意听取刘祉的建议。

洛阳的元宵灯节在欢乐与祥和的气氛中落幕，但更始帝和刘祉的对话却让人深思。他们明白，虽然汉朝已经复兴，但要想真正实现天下太平、百姓安居乐业的目标，还有很长的路要走。

刘祉听到更始帝的回答，心中稍感宽慰。他知道更始帝平日里沉迷于酒色，对天下事务漠不关心，因此决定借此机会进言关于河北的战事。他站起来，语气坚定地对更始帝说：“陛下，河北战事纷乱，邯郸的王郎，一个算命的骗子，竟然冒充刘子舆之名一夜之间崛起，自立为汉帝。大司马刘秀持节河北，却被王郎追杀南逃。陛下，您应该出兵河北，助大司马一臂之力，共同消灭王郎！”

刘祉的话音刚落，柱国大将军李通和廷尉大将军王常也纷纷起身附和，强调河北的混乱和大司马刘秀的困境，呼吁更始帝出兵相助。他们一致认为，如果不消灭王郎，河北将无法平定，汉室的统一复兴也将遥遥无期。

此刻的更始帝才如梦初醒，他之前对河北的战事一无所知。听到众人的进言，他愤怒地表示：“王郎这个江湖骗子，竟然敢和朕争夺天下，朕不灭了这个骗子王郎，难消心头之恨！”

然而，就在更始帝准备派人出征河北之际，李轶突然喊道：“陛下且慢！”他转身对更始帝说，“陛下，当前朝廷的大事是迁都，待迁都长安之后，再讨伐王郎也不迟！”他暗示更始帝不要急于出兵，应该先解决迁都的问题。

朱鲔也趁机附和道：“李将军所言甚是，迁都才是当前的重中之重。河北的战事就交给大司马刘秀去处理吧，他才智过人，定能应对王郎的威胁。”

李通听到李轶和朱鲔的言论，心中愤怒不已。他深知李轶对刘秀怀有敌意，想要借王郎之手除去刘秀。于是李通怒斥李轶道：“李轶，你如此进言陛下，分明是想让王郎杀了大司马！”

然而，李轶却不顾李通是自己的兄长，嘲讽他谋私，只顾着和刘秀的姻亲关系，而不顾朝廷的迁都大计。

李通被怼得无言以对，愤然坐下，感觉自己是秀才遇到兵，有理说不清。

看着大臣们争论不休，更始帝刘玄感到烦躁。他生气地打断了他们：“大好的日子，吵什么吵？你们这样，分明是不让朕与民同乐！”他挥了挥手，示意众人安静，“一切都听朕的，先迁都，再伐王郎，不要再争了，看灯看戏！”

刘祉、王常和李通面面相觑，知道这次又白说了。他们无奈地叹了口气，心中充满了失望。

更始二年（24），刘玄决定迁都长安。身居这座易守难攻的军事重镇，他的心情才稍微安定了一些。他给众人封官加爵，除了不在朝的王凤外，凡是一路征战的将领都风光无限。然而，刘玄这次提拔了一个善于逢迎拍马的赵萌做右大司马，这让众人感到迷惑不解。大家都不明白，这样一个人有什么本事能够胜任如此重要的职位。

赵萌原本只是侍奉皇上饮食起居的角色，但他乖巧心细，对刘玄的脾性揣摩得非常到位。他发现刘玄对韩氏的独霸感到不满，便投其所好，从江南运来一个妓女，谎称是自己养在老家的爱女，特意领来拜见皇上。刘玄见到这位美妙的江南佳人后非常喜欢，赵萌便假装忠心耿耿的样子把女儿献给了刘玄。这样一来，赵萌就成了国丈。

新娘子更得刘玄宠爱后，赵萌开始大肆活动起来。他将自己的心腹安置在刘玄身边，逐渐将对刘玄的掌控权从朱鲔等人手中转到了自己手中。看到赵萌独揽大权、刘玄渐渐失控的局面，朱鲔和李轶等人为了保住手中的兵权，经过刘玄的许可后各自带着兵马去关东镇守一方，过上了自由自在的生活。

与此同时，河北的战场上激战正酣。邯郸城里谍报如雪一般飘进了王宫。

王郎看着那些消息大吃一惊：他怎么也没有想到，刘秀这样一个曾经穷途末路的人，竟然能在短期内，聚集这么多兵马，并且一路攻城略地，步步逼向邯郸。

王郎匆忙召集群臣，商讨怎样讨伐刘秀，但形势已经对他们越来越不利了。

丞相刘林向王郎提出了一个策略："刘秀在昆阳之战中，以不足万人之众打败了四十三万莽军，他非比寻常。如今他士气高昂，我们应避免正面冲突。刘秀已离开信都，全军出动，信都城中只留下家属。我军可绕道远袭信都，使他们首尾难顾。再捉获他们的眷属，刘秀军心必乱。届时我军再派大军攻打，刘秀定会败退。"

王郎对刘林的计策表示满意，大司马李育也认为此计甚妙，并表示愿意带兵出击，守住邯郸门户，保卫邯郸。王郎对李育的表现十分满意，立刻下令潜师出击。

与此同时，刘秀的先锋部队在邳彤的带领下，正准备抵达堂阳。得知该县城已投降王郎后，邳彤将张万和尹绥派出进行宣传战。傍晚时分，刘秀的大军一到，堂阳县感受到了百万大军压境的压力，只得开门迎接刘秀并跪地投降。

随后，刘秀大军北上攻打贳县，并成功收纳了刘植和耿纯率领的两批人马，大大增强了军事实力。刘植是昌城人，王郎起事后，他与弟弟刘喜及堂兄刘歆率领数千宗族宾客自保，拒绝顺从王郎。当刘秀经过昌城时，他们开门迎接，刘秀任命刘植为骁骑将军，刘喜和刘歆为偏将军，三人皆被封为列侯。

耿纯在王郎起兵后逃离，寻找并加入刘秀。当刘秀的大军进到贳县时，耿纯的家乡宋子县与贳县相邻。他号召宗族弟弟耿欣、耿宿、耿植及家族宾客二千多人迎接刘秀。其中，有年老有病的还拉着棺木前来，誓死相随。这种归顺场景展现了刘秀的强大感召力。耿纯被封为将军、耿侯，而耿欣、耿宿、耿植则被任命为偏将军，与耿纯一同率领前军。

为了扩大战果，刘秀继续挥军北上，先后收复了宋子和曲阳。当他们准备北进中山国时，耿纯派耿欣、耿宿回宋子县烧毁了自己的住宅，表明他们决心跟随刘秀。刘秀对耿纯的忠诚和决心更加器重。

刘秀集结了信都、昌城、巨鹿的兵马以及邓禹征来的兵马，再加上一路上攻城略地降服的兵马，形成了一支强大的军队。这支军队军纪严明、军容严整、所向披靡，给王郎政权带来了巨大的压力。

刘秀北进过程中，接连攻打并收复了多个地方。他发出檄文声讨王郎的罪行，导致许多原本归附王郎的郡县纷纷倒戈相向，转向支持刘秀。

在队伍前进中，刘秀遇到一人远远跪拜并声称有要事相告。刘秀让队伍停下询问此人来自何处。来人自称是耿弇的家将，奉耿弇之命来给大司马刘秀送信。

在刘秀接到耿弇的书信后，他的喜悦之情溢于言表，这不仅仅是因为耿弇带来的好消息，更是因为他对耿弇的信任和期待得到了验证。尽管朱祐对耿弇的行为有所误解，但刘秀能从书信中看出耿弇的忠诚和决心。

耿弇在关键时刻选择站在刘秀的一边，并成功地说服了上谷和渔阳的兵马共同对抗王郎。他的行动不仅展现了出色的军事才能和组织能力，更体现了他对刘秀的深厚情谊和忠诚。耿弇的功绩不仅为刘秀赢得了更多的支持和信任，也为整个军队注入了新的活力和信心。

刘秀对耿弇的赏识和信任不仅体现在口头表扬上，更通过实际行动来表达。他将军中的好消息传播开来，以鼓舞士气，让全军将士都能感受到耿弇带来的希望和动力。同时，他还厚赏耿弇的家将，以表达对耿弇的感激和认可。

最后，刘秀亲笔回信给耿弇，相约在广阿城会师。

这封信不仅是对耿弇的回应和肯定，更是对他未来行动的期待和嘱托。

刘秀和耿弇之间的信任和情谊，在战争中得到了进一步的加深和巩固，这也为他们在未来的战斗中取得更多的胜利奠定了坚实的基础。

那么耿弇为什么会被朱祐误会？他发生了什么事？

在蓟城时，刘接围困了广阳王，勾结蓟城令一起要谋杀刘秀的时候，耿弇奉刘秀之命去征集粮草，等他回来后，刘秀等人已离开，耿弇奔上大街。此时，刘接和蓟城令正四处搜捕刘秀同党，城中一片混乱，耿弇好不容易来到南城门，只见南城门是一片经过打斗的狼藉，耿弇断定刘秀在此打斗后逃了出去，而此时他却出不了城。耿弇在僻静处挨到天亮，硬着头皮找了城门管事。

耿弇说明了自己的身份，因事羁绊在蓟城，现在有急事出城。上谷突骑的归属尚不明确，所以负责城门的长官说话很客气，在收下了耿弇的贿赂和坐骑后才放他出了城。

在茫茫雪野中，马蹄声零乱而急切。耿弇四处张望，却不见刘秀的身影，也无法确定他逃离的方向。心中的焦虑与无助如潮水般涌来，但他知道，此刻自己不能慌乱。他回想起与大司马刘秀之前的约定，他们曾共同商议劝说上谷、渔阳的兵马一同抗击王郎。

于是，耿弇毅然决定，步行前往昌平。他顶着风雪，艰难地前行。经过漫长的跋涉，他终于得到了一匹坐骑和些许干粮。他紧紧握住缰绳，飞驰向上谷郡。

当太守耿况看到只有耿弇一人从洛阳归来时，不禁大吃一惊。他急切地询问发生了什么事情。耿弇详细地叙述了途中的变故，以及王郎假借帝嗣之名窃取天下的野心。他眼中闪烁着坚定的光芒，说道："父亲，上谷郡应该听从汉室的命令，迅速发兵攻击王郎，援救大司马刘秀！"

耿况沉思片刻，点头说道："我儿所言极是。但上谷势力单薄，必须与渔阳联手。我已经派遣子翼去与渔阳太守彭宠沟通，共同约定攻击王郎。相信子翼很快就会有消息传来。"

两人正谈论间，寇恂匆匆归来。他向耿况汇报说，渔阳的官属大多是河北人，他们都倾向于归附王郎。这个消息如同一记重锤，砸在了耿弇和耿况的心头。

耿况对当前的局势感到震惊，但他深知彭宠的态度至关重要。他紧皱眉头，问寇恂："彭宠究竟是什么意思？他是否愿意与我们站在同一阵线？"

寇恂深吸一口气，回答道："彭公虽然有心归附洛阳，但他担心手下的官员不听从他的选择。他正在犹豫之中。不过，彭公手下有一名得力干将名叫吴汉，字子颜，他是南阳宛人。吴汉对大司马刘秀的贤明早有耳闻，一心想要归顺刘秀。我和子颜已经多次劝说彭公，彭公才答应与我们上谷联手，共同抵抗王郎，而不是归附于他。"

耿弇听完寇恂的叙述，脸上闪过一丝愠怒。他沉声说道："彭宠此人目光短浅，不识大局。他居然还对王郎抱有幻想，认为王郎能成大事。上谷和渔阳虽然拥有天下精骑，但如果不归附汉室，我们的行动就师出无名，人心也会涣散。这样是无法抵挡王郎的进攻的，最终只会招致灭顶之灾。"

耿弇顿了顿，接着向寇恂详细讲述了刘秀仓皇南逃的经过。他的话语中充满了对刘秀的担忧和敬意。

寇恂听完耿弇的讲述，心中涌起一股强烈的情感。他想到刘秀这位摧毁了王莽根基的英雄，在河北爱民如子，却遭受如此劫难，心中不禁动容。他毅然向耿况请命道："太守，耿弇所言极是。这件事关乎上谷的安危，我们必须谨慎对待。我请求再次出使渔阳，一定要说服彭公与我们上谷一起归附大司马刘公，共同平定王郎之乱。"

耿况有些犹豫地看着寇恂，问道："可是你刚刚出使归来不久，如今再去，能否在短时间内说服彭宠呢？"

寇恂神态坚定地看着耿况说道："太守放心，说服彭公让他带领渔阳和上谷共归汉室这是关乎上谷安危的大事，我即使说破嘴也要说服彭公。这也是为了劝导他助有德的大司马一臂之力！"

耿弇心潮澎湃，主动向耿况请缨："父亲，请允许我跟随寇恂一同前往，也许我能助他一臂之力。"

耿况眼中闪过一丝赞赏，点头答应，并叮嘱两人要小心行事。他说道："弇儿，你已经长大了，是时候为国家建功立业了。有你在寇恂身边，我更为放心。"

于是，寇恂和耿弇带着贵重的礼物再次出使渔阳城，决心说服彭宠。

渔阳太守彭宠听说寇恂这么快又来游说，心中有些不悦。他借口身体不适，不便见客，试图回绝寇恂。然而，寇恂并未气馁，转而寻求吴汉的帮助。他备上礼物，与耿弇一同在夜深人静时分前往吴汉的府邸。

吴汉听闻上谷使者到来，立刻亲自出门迎接。他与耿弇、寇恂畅谈时局，分析天下大势。三人相谈甚欢，彼此倾心相交，大有相见恨晚之意。当谈到渔阳、上谷的未来走向时，吴汉坦率地表达了自己的观点。

吴汉说道："彭公之所以犹豫不决，一方面是因为王郎的身份让他真假难辨；另一方面，军中部属多为河北人，因此更倾向于归顺邯郸。此外，洛阳的刘玄朝政混乱，也让彭公对刘秀产生了疑虑。最后，大司马刘秀目前并无兵权在手，仅靠威名支撑，且被王郎逼得四处逃窜，这使得彭公难以将渔阳的安危托付给他。”

耿弇听完吴汉的话，心中已有权衡。他向寇恂和吴汉透露了自己的计策，两人听完之后大为欣喜，认为这是一个绝佳的计策。

三人又仔细商讨了计划的细节，确保万无一失后，便各自分工行动起来。

彭宠在太守府中辗转反侧，一夜未眠。渔阳的未来，是归顺洛阳，还是投靠邯郸的王郎，或是效忠大司马刘秀？这个重大的抉择像一座山一样压在他的心上，让他无法释怀。天快亮时，他才迷迷糊糊地入睡。突然，门外响起急促的脚步声，亲兵的声音在门外响起：“大人，快醒醒，大司马的使者已经在城外了！”

彭宠被惊醒，有些不耐烦地问：“是哪个大司马的使者？”

“是洛阳的大司马刘秀！”亲兵回答。

“什么？刘秀的使者？”彭宠难以置信。他听说刘秀被王郎逼得四处逃窜，怎么可能还有使者来渔阳？

亲兵肯定地回答：“正是刘秀大司马的使者。”

彭宠虽然疑惑，但还是迅速做出反应。他吩咐亲兵：“让吴汉先迎接使者进城，我马上就来。”

在渔阳的府衙中，吴汉带着府吏和将卒们恭敬地迎接大司马刘秀的使者进入大厅。装扮成刘秀使者的耿弇手持假汉节，一脸严肃，身后站着的是一同出使渔阳的上谷部吏装扮的随从，他们的表情也十分严肃，展现出大司马使者的威严。

耿弇坐下后，故意生气地问吴汉：“请问太守大人到底在不在？既不出迎城门，也不在客厅相见，难道是对大司马不屑一顾吗？”

吴汉满脸堆笑，弯腰行礼，正要解释，突然门外传来彭宠洪亮的声音：“尊使息怒，本官来了！”话音刚落，他已经走了进来。

看到彭宠出现，耿弇勃然大怒，质问道：“彭宠，你眼中可有汉室天子？”

彭宠没想到一个在逃的大司马刘秀的使者居然这么大的脾气，不由得冷笑说道：“尊使是大司马的使者，与天子何干？”

耿弇沉声说道：“大司马执节河北，我是大司马使者，就等同于天子使者。你无视大司马使者，就是无视天子使者。”

彭宠哈哈大笑，问耿弇：“那你倒是说一说，大司马人在何处？派尊使到渔阳有何贵干？”

耿弇沉稳而威严地大声说道：“大司马已收编信都、巨鹿的兵马，传檄河北，共击欺世盗名的王郎。如今大司马率军北进，特遣我前来渔阳，劝你归附。这里有大司马手书的讨伐王郎的檄文，渔阳城何去何从，太守大人应该给个交代。”

说着，耿弇将寇恂手书的檄文递给彭宠。彭宠虽然无法分辨真假，但仔细阅读后，对耿弇的身份不再怀疑。他满脸笑容地说：“尊使一路辛苦，请先到驿舍歇息。”

耿弇离开后，彭宠立刻召集部下商议大事。吴汉首先发言：“当年昆阳大战，大司马刘秀以不足万人的兵力大败王莽四十三万大军，威震天下，德深泽厚。王郎假冒刘子舆，但无德无才，怎配拥有天下？长安汉帝必会派大军助大司马平灭王郎。渔阳、上谷的突骑闻名天下，若我们与上谷合兵，归附大司马，共击王郎，定能建立不世之功。”

彭宠觉得吴汉的话很有道理，但看到手下将领们交头接耳、人心不一，他不禁犹豫起来。

这时，有士兵进来报告说刘秀在信都、和成两郡合兵，已攻下王郎十几个县邑，沿途郡县都顺应刘秀，他深得民心。另有谍报称更始帝从长安派遣尚书谢躬与振威将军马武率大军渡过黄河，前来援助刘秀共击王郎。

彭宠在听完这两个重要消息后，完全相信了耿弇和吴汉的话，他下定决心归附刘秀。周围的部属们也纷纷改变了主意，一致表示愿意归附大司马刘秀。就这样，渔阳全城上下都决定站在刘秀这一边。

这一决定与耿弇和吴汉精心策划的计谋不谋而合，两人的计划取得了成功。彭宠和他的部属们随后邀请寇恂商议与上谷合兵，共同支援刘秀。经过商议，彭宠命令吴汉、盖延、王梁为将领，率领渔阳的精锐骑兵与上谷的军队会师，联合出征讨伐王郎。他们的军队所向披靡，斩将夺城，势不可挡。

渔阳和上谷的骑兵决定投奔刘秀的消息让邯郸的王郎大吃一惊。他急忙召集群臣商议对策。这时，谏议大夫杜威进言，认为刘秀与耿况、彭宠并无交情，建议王郎用重金贿赂他们，即使不能使他们为自己所用，也要让他们保持中立。同时，散布谣言称上谷和渔阳已经为邯郸而战，以引发刘秀与这两郡的内讧。杜威还宣称，只要稳住河北，汉室天下就是王郎的。

王郎采纳了杜威的建议，并进行了战略部署。他派人密谋对付渔阳和上谷，同时自己的军队也做好了准备。此时的王郎兵强马壮，他的亲信大臣们都认为他能够稳坐天下。

然而，就在这个关键时刻，刘秀的大司马军帐中灯火通明。刘秀与将领们围坐一桌，商讨军务。突然，他收到消息称王郎的大将李恽正率领军队驰援鄗城，距离鄗城仅有百余里路。

鄗城是刘秀进军邯郸的必经之路，如果被王郎夺去，将给他的进军计划带来极大的困难。而且，鄗城令已经表示愿意归附刘秀。如果李恽先到达鄗城，鄗城令很可能会倒戈相向，归附王郎。

刘秀急忙询问将士们军队距离鄗城的距离，得知还有约二百里时，他果断下令："传令各部，辎重押后，轻骑出发，天亮赶到鄗城！"

将士们闻令而动，一支庞大的军队在夜色中疾驰向北。马蹄声在夜空中回荡。天色微明时，大军终于赶到了鄗城西。刘秀刚下马站稳，探马就报告说李恽已经在城东扎营。

刘秀心中欣慰，自己终于没有落后。

鄗城的归属权将成为一个待议的问题。天亮时分，鄗城令一手拿着邯郸的檄文，一手拿着刘秀的檄文，犹豫不决。城内的百姓也惶恐不安，城门紧闭，家家户户都闭门不出，整座城市陷入了一片寂静之中。

李恽和刘秀都不知道鄗城令的真实意图，双方都不敢贸然进攻，于是在鄗城外形成了对峙的局面。就这样，一天过去了，鄗城的归属仍然悬而未决。

在夜幕降临之际，刘秀的心情愈发焦虑，不知该如何应对当前的困境。突然，一名兵卒送来了一封书信，这是鄗城令的亲笔信。信中透露，鄗城的大姓苏公因与邯郸的大司马李育有深厚的亲戚关系，不愿归附刘秀，并计划今晚与李恽里应外合共同攻击刘秀。

刘秀看过书信后，决定不再犹豫，无论书信真假，都要对李恽发动进攻。他迅速制定了战略计划，全军进入备战状态。

午夜时分，城头上亮起了信号灯。刘秀和耿纯等人意识到苏公和李恽即将行动，于是他们安静地潜伏着，等待苏公从城内潜出。

当苏公从城里出来时，耿纯一个绊马索将他摔下马背，随后手起刀落，斩杀了苏公。与此同时，刘秀截住了接应苏公的李恽，几个回合后，也将他斩杀于马下。李恽的将领们见状纷纷四散逃命，而鄗城令则亲自率领兵吏出城归附了刘秀。

天亮后，刘秀的军旗已经高高飘扬在鄗城的城墙上。

收复鄗城后，刘秀面临的下一个挑战是真定王刘杨。刘杨拥有十万大军，兵强马壮，且听命于王郎，是刘秀北进道路上一块难以啃下的硬骨头。

刘隆此时说道："刘杨是宗室子弟，和明公您一样都是高祖的九世孙。如今明公您来到这里，他怎么会不投降呢？"言下之意是认为真定城无需战斗即可收复。

然而，刘秀却持不同看法："宗室中也有贤明和不肖之分。刘杨既然已经归附了王郎，恐怕他的归汉之心已经荡然无存。不过，我们还是可以尝试争取一下，看看情况如何。"

刘秀派遣使者，携带厚礼前往真定，欲与刘杨修好。不料，刘杨竟鞭笞使者后将其放回，此举激怒了刘秀，他决心要平定真定。此时，刘植挺身而出，主动请缨去说服真定王刘杨。刘植深知刘杨拥有十万大军，其势力不容小觑，因此力劝刘秀争取刘杨的支持。他更表示，此行不带任何礼物，只凭真诚去说服刘杨。刘秀虽感犹豫，但最终还是同意了刘植的请求。

刘植一去便是两日未归，这让刘秀焦急万分，生怕他遭遇不测。然而，就在两日后的下午，刘植安然无恙地返回，并带来了一喜一忧两个消息。喜的是，刘杨愿意归附刘秀；忧的则是，刘杨提出了一个附加条件——与刘秀联姻，让刘秀娶他的外甥女郭圣通为妻。

刘秀在得知刘杨的态度后，愤怒之情溢于言表。他坚决拒绝与刘杨联姻，认为自己已有妻室，不能再纳他人。刘秀的态度让众将感到不解，尤其是刘植，他觉得自己费尽心思才说服刘扬，如今却因为刘秀的个人情感而让一切付诸东流。

刘植愤怒地说道："我费尽心思说服刘杨，答应跟他联姻，得他十万军队，可你如今却要让我失信于人，为了你自己的儿女情长，不顾大业，寒了我们的心，更何况那郭氏非寻常女子，她也是和你千里姻缘一线牵！"

面对刘植的指责，刘秀并没有立即回应。他深知自己的决定可能会影响到整个大局，但他也坚信自己的感情不能轻易妥协。

这时，又有将士出面劝解刘秀："明公情系阴夫人，此心难得，可是为了大业，才要再纳郭氏，阴夫人怎会不答应？"

"对，若不联姻，刘杨怎会真心归降，一旦我军经过，发生祸变，真定兵和邯郸兵夹击我兵，这大业也就难成！”

这些人的话让刘秀陷入了沉思。

听着大家七嘴八舌的劝说，刘秀还不答应，刘植急了，拔剑要自刎，说自己失信于人了。

刘秀一见赶紧连声说道：“我答应，我答应！”

众位将士一见刘秀答应了，立马围着刘秀欢呼起来，刘秀走到刘植面前，施礼，赔礼道歉：“伯先冒死为公，刘秀不及，险些铸成大错，刘秀错了，伯先息怒！”

刘植展颜一笑：“明公这个大媒我保，明日就执雁下聘。”

刘秀一叹，他明白自己作为一位领袖，不能仅仅因为个人情感而置大业于不顾。他也知道刘植为了说服刘杨付出了巨大的努力，不能因为自己的固执而让这一切白费。

在这个关键时刻，刘秀需要做出一个艰难的决定。他必须权衡个人情感和复汉大业之间的轻重缓急，选择一个既能维护自己的感情又能有利于大局的解决方案。这个决定对于刘秀来说至关重要，也将对他未来的命运产生深远的影响。

郭圣通，真定人，出身于一个显赫的家族。她的父亲郭昌是一个贤良之人，曾将百万田产慷慨地让给异母兄弟，展现了大仁大义的品质。郭圣通的母亲刘氏是真定恭王的女儿，因此郭圣通身上流淌着王族的血脉。她不仅贵为王女，更拥有母仪之德，是一位内外兼修的女子。

郭圣通与刘秀的结合并非偶然。作为郭圣通的舅父，刘杨早就听闻了刘秀的大名，对这位英勇善战的将领心生敬意。他看到了刘秀身上的潜力和未来，因此想把外甥女嫁给他，以巩固两家的关系。

对于刘秀来说，虽然他对郭圣通并无恶感，但他内心深处却对阴丽华感到愧疚。然而，形势所迫，他不得不接受这场联姻。新婚之夜，刘秀努力平复自己的心情，以一脸喜悦的神情揭开了郭圣通的红盖头。

就在这个瞬间，郭圣通的美貌打动了刘秀。她容貌端庄秀丽，气质高雅，让刘秀不禁为之倾倒。两人随后进入了洞房，正式成为了夫妻。

刘秀得到了刘杨的支持和帮助，这场联姻也算是圆满而成。

几天后，刘秀带领将士们继续北进，踏上了新的征程。

二、金戈铁马扩地盘

在河北的战场上，尽管战事激烈，但经验丰富的刘秀却指挥得游刃有余。这一天，他带领大军向柏人城进发。在柏人城内，王郎的大将张参已经率领增援部队抵达，经过两天的休整，他们准备迎接刘秀的大军。

张参召集将领们商议对策，他分析刘秀的情况："刘秀已经分兵去救信都，本部人马不多，且长途奔波。因此，应该趁刘秀立足不稳之际，主动出击，打他个措手不及，以展示邯郸士兵的威风。"

众将士听完，都觉得张参的作战计划很有见地，纷纷支持。

于是，张参率领大军在要路隘口列阵以待，准备截击汉军。他们等待着刘秀的到来，希望能给他一个迎头痛击。

然而，当刘秀的大军接近柏人城时，他远远看到了路口处尘土飞扬，人马涌动。刘秀立刻警觉地勒住战马，命令汉军停止前进。耿纯前来报告说前面是王郎的人马，准备趁着汉军人马疲惫发动攻击。

刘秀听了耿纯的报告后，哈哈一笑，说道："这张参是坐等跟我军交锋了。我们不必急于进攻，就地列阵，等候敌军杀过来！"他深知张参的计策，也了解自己的优势。刘秀决定利用地形和兵力优势，以逸待劳，等待张参的进攻。

汉军迅速布好阵地，一边休息调整状态，一边等待张参的到来。他们相信在刘秀的指挥下，一定能够击败敌军，取得胜利。而张参和他的部队却浑然不知，他们正一步步走向刘秀设下的陷阱。

张参率领的邯郸兵马原本士气高昂，等待着刘秀大军的到来。然而，当他们发现刘秀的大军在距离一里地外停下不动时，士气顿时泄了下来。张参误以为刘秀长途奔袭已经疲惫不堪，决定趁机发动进攻，以养精蓄锐之兵打疲惫之兵。

于是，张参带领大军如同潮水一般涌向汉军。然而，汉军却纹丝不动地站立着，似乎在等待着什么。当邯郸兵马冲至五十米时，汉军前面的士兵突然向旁边一闪，露出了后面排列整齐的弓箭手。万箭齐发之下，邯郸兵马倒下一片，倒下的人又绊倒了后方急行的战马，导致邯郸兵马大乱。

这时，耿纯带领汉军马队冲入邯郸敌阵，战场上杀声震天。

邯郸兵马见汉军如此勇猛，心中胆战心惊，纷纷后退。

张参见状大怒，斩了两名后退的偏将，试图重整队形再次进攻。然而，邯郸军士气已尽，抵挡不住汉军的攻势，只好退回柏人城，紧闭四门据城死守。

刘秀见状下令围定柏人城，连续攻打数日却未能攻下。

张参深谙兵法，柏人城坚固且他据守不出，使得刘秀无计可施。

正在刘秀和将士们商议破城之法时，有士兵进来报告说汉中王刘嘉的部下有两人前来见大司马，分别是名叫贾复和陈俊的将领。

刘嘉与刘縯、刘秀三人自小一同长大，共同经历了起兵舂陵的岁月。在更始帝定都长安之后，刘嘉持节前往自己的封地，收纳了延岑的部队，定都南郑，手握数十万的兵力。贾复作为刘嘉的校尉，而陈俊则是长史，二人共同参与王府的决策事务。

贾复和陈俊此次前来投奔刘秀，是奉了刘嘉之命，旨在助力刘秀早日完成大业。刘秀看到兄长刘嘉的书信，心中涌上热泪，充满了感激之情。因此，他决定重用贾复和陈俊，任命贾复为破虏将军，而陈俊则担任安集掾的职务。

在商议如何攻破柏人城的问题上，耿纯提出了一个建议：移兵巨鹿，以此威慑邯郸。然而，这个建议遭到了偏将军段孝的反对。段孝认为这样做会显得汉军遇硬而退，若再攻打巨鹿仍无法攻下，将会导致军心涣散。他和众多将士都表示，无论付出多大的代价，也要攻下柏人城。

面对将士们的异议，刘秀询问贾复和陈俊的看法。两人都赞同耿纯的计策，他们认为不必以有限的兵力去硬攻城池，这样消耗太大。即使全力攻下柏人城，也会耗尽兵力，无力继续北进。因此，他们认为移兵他处、壮大兵力才是上策。

段孝对刘秀厚待贾复和陈俊的决定感到不满，当他看到二人否定自己的建议时，更是心生怒气，嘲讽他们是遇到困难就退缩的人。然而，刘秀却采纳了耿纯的建议，决定移兵巨鹿。

在移兵的途中，汉军遇到了王郎支援巨鹿的部队。刘秀派遣贾复和陈俊各率五千精骑前去迎战，希望二人能够取得胜利，以此来平息众将的疑虑。不久之后，贾复提着王郎军将士的人头归来，而陈俊的刀刃上也滴着鲜血。原来，贾复单骑冲入敌阵，直取横野将军的首级，使得邯郸兵马陷入混乱。陈俊则趁机率领部队掩杀过去，轻松地取得了胜利。

刘秀看到二人的英勇表现，大为赞赏，并为他们记下了大功。其他将领也对二人表示了敬佩。随后，刘秀率领部队兵临广阿城下。广阿令一听说横野将军已被刘秀斩杀，援兵也败逃而去，便选择开城投降。刘秀顺利进入广阿城，汉军就地休息，等待耿弇带领的渔阳和上谷的突骑前来会师。

站在广阿城头，刘秀眺望着巨鹿和邯郸的方向，不禁感叹河北王郎依旧手握重兵，而长安城内的更始帝政权则陷入混乱。四方诸侯横暴无束，天下郡国中，刘秀只占据了十分之一。他忧心忡忡地说道："何日才能复兴汉室啊！"

邓禹理解刘秀的担忧，知道他是苦于自己势力单薄。他安慰刘秀说："如今天下久乱，人们都渴望明君的出现，就如同孝子思念慈母一般。历史上的尧、舜、禹、汤、武等人，他们在成为天子之前并没有丰厚的兵力和广阔的土地。他们的兴起，更多是因为他们的品德卓越、尊厚仁爱。明公您之前的威武已经远播，只要您能扫平河北，到时候再威加四海，何愁大业不兴呢？”

正在二人交谈之际，回救信都的任光带着败军归来，报告说士兵们中途逃跑了。刘秀自责是自己无能，才导致士卒逃跑。邓禹和任光在旁边安慰他。就在这时，探马前来报告说渔阳、上谷的部队已经到达广阿城外，并传言这些部队是王郎派来援助巨鹿的。

刘秀听到这样的谣言，感到十分惊异。他与耿弇明明有约在广阿会兵，为何会传出这样的消息？为了谨慎起见，邓禹建议他亲自上城墙观察情况。

此时，耿弇带着他的部队一路攻城略地而来。当他抵达广阿，看到城头上的汉字时，也不敢确信城中是否是刘秀。于是，他在二十里外安营扎寨，然后亲自带领一部分突骑来到广阿城下打探虚实。正当他询问城上士兵守城将领时，刘秀和邓禹也登上了城楼。双方确认了身份后，刘秀立刻邀请耿弇和他的部队进城。进城后，各位将领纷纷向刘秀参拜。

刘秀一下子得到了这么多精良的兵马和将领，心情非常激动。他与将士们一一交谈，之后兴奋地说：“王郎的将领曾说上谷和渔阳的兵马是为他们而战，我也说这两郡的兵马是为我而来。如今，王郎的谣言已破，两郡的兵马果然是为我刘秀而来。我将与诸位共同成就大业。”

于是，刘秀任命耿弇、寇恂、景丹、吴汉、盖延、王梁六人为偏将军，共同负责军事事务。同时，他还任命耿况、彭宠为大将军，并封他们为列侯。广阿城中人才济济，气氛热烈。

正在大家热烈交谈时，又有探马报告说长安的尚书令谢躬与振威将军马武已经收复了信都，并正向广阿靠近。被俘的信都将士的家人也已经被解救。听到这个消息，所有人都露出了笑容，特别是信都将士们，得知亲人被解救后，心中的石头终于落地，个个展露欢颜。

然而，刘秀却是喜忧参半。长安的部队来得如此之快，对他来说既是好事也是坏事。毕竟长安兵的主子是更始帝，而刘秀自己是有意另立一番大业的人。长安兵的到来，究竟是好是坏还很难说。

另外，长安的谢躬和马武在收复信都并打败邯郸兵后，在信都休息了三天，然后由马武担任先锋，出师北进，准备与刘秀的部队会合。

当谢躬率领长安部队到达广阿城后，刘秀亲自迎接各位将领进城，并设宴款待长安将士以及渔阳、上谷的将士们。

酒宴过后，邓禹私下里问刘秀："如今长安的部队来助战了，我们该如何对待他们呢？"

刘秀皱眉回答道："有长安的部队相助，消灭邯郸王郎会更快一些。但谢躬此来恐怕不仅仅是助我灭王郎那么简单，他应该有其他的目的。"

邓禹点头表示赞同刘秀的看法，并建议道："既然谢躬是来助战的，我们可以让他参战，但后方地盘和城池的镇守还是交由我们的心腹来负责。只有确保后方稳固，大军才能进退自如，这样我们才能迅速消灭王郎，在河北立足。"

刘秀表示同意邓禹的建议。

第二天，刘秀召集所有将领，部署作战和守城任务。他强调，如今有长安、渔阳、上谷的兵马齐聚，汉军实力强大，正是攻打邯郸王郎的绝佳时机。然而，王郎仍有强大的兵力，且在地方上仍有一定的影响力，如信都的失守所示。因此，在进攻邯郸的同时，必须坚守和巩固后方，彻底清除敌人可能叛乱的势力。

刘秀决定兵分两路：一路进攻巨鹿，一路由李忠率领回师信都，行使太守职权，彻底肃清叛乱势力，巩固后方。

李忠，字仲都，是王郎起兵时坚守信都不降的将领之一。他与任光一同奉刘秀为主，被拜为右大将军。刘秀对李忠非常器重，经常给予他特别的赏赐。信都被王郎军队占领后，李忠的母亲和妻子都被王郎军队捕获，成为人质，劝降李忠。然而，李忠为了表明自己的忠诚，杀了一个开城迎接王郎军的马宠的弟弟。这一举动赢得了刘秀的赞赏和信任。

因此，刘秀选择派李忠回信都，负责肃清叛乱势力，巩固后方。

然而，在刘秀提出这一计划时，谢躬却表示反对。他认为信都已有自己的人手镇守，无需再分兵力，应该集中所有兵力全力攻打王郎。但刘秀以长安兵不了解信都本地情况为由，否定了谢躬的建议，并要求他召回长安兵。谢躬不便反驳，只好写信给信都，召回长安将吏。

至此，刘秀终于可以引兵进取巨鹿。然而，在临行前，他却发现自己的马童刘斯干不见了。一问之下，才知道刘斯干因私拿库府黄金十两被军市令祭遵所杀。

刘秀大怒，立即命人将祭遵抓来。

长史陈俊劝说刘秀先调查清楚原因再作处理。经过一番调查，刘秀得知刘斯干是因为家中变故急需用钱，才私自拿了黄金。

刘秀后悔自己的粗心大意导致刘斯干丢了性命。但他也明白法不避亲的道理，于是没有追究祭遵的责任。

这件事让诸将看到了刘秀公事公办的决心和公正无私的态度，他们都决心严格要求自己的部属。

从此，汉军军纪严明肃然。刘秀厚葬了刘斯干并善待他的家属以示宽慰和尊重。

刘秀率领大军向巨鹿发起进攻，但王郎的守将坚守不出，使得刘秀的突骑无法发挥优势，只能进行攻城战。然而，巨鹿的城墙坚固，久攻不下，导致伤亡惨重。

耿况见状，向刘秀建议改变策略，他认为长时间围攻巨鹿会使士兵疲惫不堪，不如趁大军士气旺盛时直接进攻邯郸。如果王郎被诛杀，巨鹿城自然会投降。

刘秀认为这个建议有道理，毕竟目标是打败王郎，不一定要先攻下巨鹿。然而，这个建议却遭到了朱祐和臧宫的反对。他们认为频繁改变作战计划会动摇军心，使得接下来的战斗更加困难。耿纯则保持沉默，默默观察刘秀的反应。

面对诸将的争议，刘秀坚定地说："我认为进攻邯郸是可行的。王郎的主力部队已经分散在柏人城和巨鹿，邯郸必然空虚。我们此时乘虚而入，定能出奇制胜！"马武立刻赞同这个计策，认为它是釜底抽薪之策。其他将军也恍然大悟，纷纷表示支持。

为了确保计划的成功，刘秀决定留下一部分将士佯攻巨鹿，以迷惑王郎守军，使他们不敢出城分兵援助邯郸。这样可以确保汉军能够顺利攻取邯郸，彻底消灭王郎的势力。

在刘秀的巧妙安排下，汉军士气大振，各个将军都摩拳擦掌，准备大干一场。

很快，刘秀便分兵行事，一切安排妥当。他自己亲自率领一支大军在夜里悄悄地离开了巨鹿，留下邓满和铫期在城外呐喊，以迷惑巨鹿城内的王郎守军。果然，王饶上当受骗，不敢轻易出城。

刘秀率领大军一路向邯郸进发，攻城略地，势如破竹。沿途没有遇到任何阻力，很快便抵达了邯郸城下，将其团团围住。

就在围城之际，探马报告说东北方向有一支打着汉室旗帜的人马正在靠近。这可让刘秀吓了一跳，他担心又是王郎的援军。然而，经过再次侦察，发现是冯异的队伍。

原来，冯异奉刘秀之命去收服河间兵。他一路上为人谦和、执法严明，赢得了河间地方官民的拥戴。因此，他的队伍迅速壮大。

在得知刘秀围攻邯郸的消息后，他一边继续招兵买马一边向刘秀靠拢。这次他带来了大量新兵和物资支援，为汉军攻克邯郸提供了有力保障。

刘秀与冯异见面后，看到他那支雄壮的汉军队伍，由衷地感叹道："在信都和将军一别半载，想不到将军会发展起这么强大的一支队伍。这都是将军努力的结果啊！"

冯异却谦虚地表示这是刘秀威德服人的结果，河北吏民都思慕刘秀，愿意为他出力。他相信在刘秀的领导下，汉军一定能够取得更大的胜利。

随着汉军又添新生力量，士气更加旺盛，他们迫不及待地开始攻打邯郸城。

冯异向刘秀建议道："攻敌攻心，我们应该多制作檄文，揭露王郎欺世盗名、谋篡汉室的真相。然后发兵围城，以兵威逼迫守城士兵。当他们心生恐惧时，城池便可攻破。"刘秀采纳了冯异的建议，立即命人制作大量檄文，并散发到邯郸城内。

此前，已有部分檄文传入邯郸城，但此次传入的数量更多，使得城内百姓对王郎的统治产生了动摇。王郎原本就怕真相被揭露，担心自己的假帝身份被人识破。刘秀的檄文如同催化剂一般，加剧了邯郸城内民心的动荡，甚至连王郎自己也感到心惊肉跳。

面对汉军兵临城下的局势和城内民心的动摇，王郎召集刘林商议对策。

刘林提议召回柏人城和巨鹿的援军来解救邯郸，但当二人登上邯郸城墙查看形势时，只见漫山遍野都是汉军旗帜，王郎顿时泄气了。他虽然想要投降，却找不到一个愿意为他出城议降的人。

最终，杜威被派出去见刘秀商议投降事宜，但刘秀坚决拒绝了王郎的投降请求。这使得邯郸城的守军们坚定了与刘秀决一死战的决心。

刘秀原本以为邯郸兵马会很快投降，没想到他们会如此顽强抵抗。一时间，汉军围攻邯郸不下，让刘秀感到心急如焚。然而，就在此时，探马报告说邓满和铫期已经攻破了巨鹿城，斩杀了王饶，并正押着粮草赶来增援围攻邯郸。这一消息如同一缕春风，给汉军带来了希望和士气。

刘秀听到这个好消息后，立刻将铫期迎入帐内，嘉奖邓满和铫期的英勇表现，并当即任命铫期为虎牙大将军。

巨鹿被攻破的消息迅速传遍了汉军营地，让士兵们士气大振。同时，这个消息也传入了邯郸城内，让王郎等人知道援军无望。

在这种情况下，王郎的少傅李立决定投降汉军，他派人打开了邯郸城门，迎接汉军入城。

邯郸城的守军大多选择投降，但也有一些人选择拼死抵抗。刘秀下令擒拿首犯，对于投降的士兵则予以免死。然而，直至天亮时分，汉军仍然没有找到王郎的踪影。

就在这时，汉军的功曹王霸从守城的降卒口中得知了王郎的下落。

原来，王郎从王宫后门潜逃而出，试图逃离邯郸城。

王霸立刻单枪匹马追上去，远远望见一人一骑落荒奔逃。他料定此人就是王郎，于是拍马追上，一刀横压王郎的肩头，问道："算命的，你知道自己今日之命吗？"

王郎战战兢兢地回答道："我不是刘子舆！"

王霸手起刀落，斩下了王郎的首级，回城报功。

更始二年（24）五月甲辰日，王郎被追斩，这个曾是刘秀在河北最大的政敌终于覆灭。当汉军清理王郎的文书时，发现了许多吏民私通王郎的信件。刘秀对此并未动怒，而是下令将这些信件全部焚烧。他说道："令反侧子自安！"这句话的意思是让那些因通敌而不安的人自此放心。刘秀的这一举动展现了他的政治智慧和博大胸怀，他明白在战争结束后，更需要的是团结和稳定，而不是追究和报复。

随着王郎的覆灭，刘秀基本上取得了河北的统治权。这为他进一步与群雄抗衡、统一全国奠定了重要基础。河北地区在当时是富饶且兵强马壮的，这使得刘秀在河北的统治权变得尤为重要。

耿弇作为刘秀的得力助手，对刘秀在河北的成就给予了高度评价。他认为刘秀自南阳起事以来，已经打破了百万大军，如今又定都河北，占据了富饶的天府之地。以正义之名征伐天下，只需发号施令，便可传檄而定。而铫期也赞同耿弇的看法，他认为河北之地毗邻边塞，人民习于兵战，号为精勇。刘秀占据河北的河山之固，拥有精锐的军队，天下谁敢不从！

与此同时，南阳地区也流传着民谣："谐不谐在赤眉，得不得在河北。"这民谣正好反映了刘秀得到河北的重要性。刘秀在河北的争夺战中，付出了半年的努力，终于取得了胜利。

总的来说，刘秀在河北的争夺战中，展现了他的政治智慧和军事才能。他通过烧毁通敌信件来稳定人心，团结一切可以团结的力量；他凭借河北的富饶和兵强马壮，为自己的统一事业奠定了坚实基础；他还通过民谣的传播，展示了他在河北争夺战中的重要性。这一切都为刘秀日后的统一全国奠定了坚实基础。

三、统一河北

王郎假借汉帝之名灭亡后，天下群雄依然并立，刘秀面临着两大亟待解决的问题。首先，河北的形势极为动荡，刘秀虽然控制了一些大城市和重要据点，但统治基础尚不稳固。河北各地仍有众多农民起义军和地方豪强武装，如铜马、大彤、高湖等，他们各自统领庞大的部曲，总数达数百万人，对刘秀在河北的统治构成了严重威胁。

其次，更始帝派来的谢躬虽然表面上是协助刘秀击杀王郎，但实际上也是为了监视刘秀。王郎死后，谢躬数万人与刘秀分城而治，双方貌合神离。然而，与河北各地的起义军相比，谢躬的威胁相对较小。

刘秀虽然消灭了王郎，实力大增，但相较于更始帝和赤眉军等势力，他的军力仍显不足。为了统治全国，刘秀急需补充兵力。

地皇四年（23），更始帝刘玄攻洛阳时得到天下群雄响应；更始三年（25），赤眉军进长安，拥兵百万，威猛无比。

刘秀要想与这些势力争雄天下，就必须拥有强大的兵力。

为了应对这些挑战，刘秀决定与河北铜马等起义军交锋以扩充兵力。

同时，他改变了原来的诸将同营体制，建立了新的体制以适应新形势。这些举措为刘秀日后统一全国奠定了坚实基础。

此时的更始帝刘玄对刘秀的崛起感到担忧，于是派人前往河北封刘秀为萧王，并命令他罢兵回长安。同时，刘玄还派人在河北上任接管地盘，意图攫取刘秀的胜利果实。刘秀对刘玄的用意心知肚明，但他表面上不露声色，暗中却为自己的下一步棋做好了所有安排。

当刘秀着手改革体制时，军士们纷纷表示愿意追随“大树将军”冯异。然而，普通将士们并未完全理解刘秀的深远用意，他们为刘秀的处境感到担忧，其中朱祐便是典型的代表。他急切地向刘秀进言，却遭到了刘秀毫不留情的呵斥，甚至下令逮捕他，这使得朱祐不敢再言。

有一次，刘秀在邯郸宫温明殿休息时，耿弇进言指出王郎覆灭只是大战的开始。他提到更始帝派来的使者要求罢兵，但耿弇认为这绝不可听从。耿弇列举了铜马、赤眉等武装力量的强大，认为更始帝根本无法控制局面，其失败已在不远处。

刘秀听到耿弇的话后，猛地坐起说道：“卿失言，我斩卿！”耿弇被吓了一跳，但很快镇定下来，表示他与刘秀情同父子，因此才如此直言不讳。刘秀随即转变态度，表示只是与耿弇开玩笑，并询问他的看法。

耿弇接着分析道，百姓曾受王莽苛政之苦，渴望刘汉王朝的复兴。然而如今更始帝虽为汉天子，却不理朝政，只知享乐，令百姓失望。相比之下，刘秀功名显赫，若以仁义征伐四方，天下可传檄而定。耿弇认为江山社稷至关重要，为了思汉的百姓，刘秀应努力夺取天下。

刘秀原本就有此意，耿弇的进言更加坚定了他的决心。自此日起，刘秀以“河北未平”为由拒绝了更始帝的回长安之命，并着手统一河北的各种武装势力。

刘秀召集众将，欢聚一堂，感慨万分。他回顾了自持节河北、奉旨讨王郎以来的艰辛历程，对各位将军的出谋划策和英勇无畏表示了由衷的感谢。

他说道：“正是有了大家的共同努力和鼎力相助，才使得河北大体平定下来。为了庆祝这一战果，特意举办这场庆功宴，希望大家能够开怀畅饮。”

在热烈的气氛中，忽然有人报告说刺奸将军祭遵求见。

众人都感到意外，因为祭遵一向以严谨著称，很少在这种场合出现。然而，当祭遵走上前来时，他手中提着一颗血淋淋的人头，更是让众人惊愕不已。

祭遵毫不畏惧地陈述了长安汉兵在城中胡作非为、欺压百姓、践踏军纪的罪行，并表示自己是为了维护军纪才拿下了这个罪魁祸首。他随后转向谢躬，不客气地说道：“还请尚书令大人不要只顾饮酒，请以此为鉴，整顿军风，安抚百姓，清除不法之徒。”

祭遵的这一举动无疑是在给谢躬一个下马威，让他在众多将领面前颜面扫地。谢躬红着脸想要发怒，却又无处发泄。而刘秀也感到一阵惊愕，但他很快恢复了镇定。他微笑着看着祭遵，没有责怪他的鲁莽行为，也没有批评谢躬管理属下不严。相反，他以温和的语气说道：“刺奸将军严于军纪，嫉恶如仇，将军治理有方，为攻取邯郸立下汗马功劳，来得正好，快坐下和大家共饮。至于谢尚书令，他平日里治军有方，此次奔走河北，也为汉室之兴，乃汉室的股肱之臣。至于这偶尔的几个恶棍捣乱，你就理解了吧，念他征战之苦，厚葬吧。”

刘秀的话让在场的将领们感到意外和敬佩。他没有因为祭遵的行为而责怪他，反而肯定了他的严于军纪和治理有方。同时，他也没有因为谢躬的失责而严厉批评他，而是给予了他充分的理解和支持。这种宽容和大度的态度让将领们更加敬佩刘秀的领袖风范。

同时，刘秀也借此机会向在场的将领们传递了一个明确的信号：他重视军纪和法治，不容忍任何违法乱纪的行为；但他也理解人性的复杂和现实的困难，愿意给予下属足够的宽容和支持。

祭遵意识到自己的冲动行为可能给刘秀和谢躬之间的关系带来紧张，于是赶紧施礼退下。刘秀则对谢躬进行了一番礼貌的安慰和调解，使谢躬的脸色逐渐好转，并最终举杯畅饮。

刘秀之所以这样做，主要是想拉拢谢躬，共同对抗外部的敌人。但谢躬自恃身份高贵，认为自己是从长安来的钦差，对刘秀的示好并不领情。

谢躬的手下马武也对刘秀的态度持保留意见。

尽管拉拢不成，刘秀仍表示欢迎他们归心，显示出他的大度和远见。

谢躬在意识到无法有效监视刘秀后，决定率领长安兵返回邺城，不再在邯郸驻军。

刘秀在深思熟虑后，决定采纳耿弇和众位将军的建议，他的心中已经有了明确的目标和决心。他坚定地拒绝了朝廷的安排，表明自己不再受朝廷的束缚，要独立行事。为了保密，他选择在决裂的消息还未公开之前，果断地斩杀了朝廷派往渔阳、上谷、幽州的三位太守，换上了自己的人，确保这些地方的控制权牢牢掌握在自己手中。

随后，刘秀开始积极扩充军力，四处招兵买马，为即将到来的大战做好准备。他的目标是征讨盘踞在鄡城一带的铜马义军，但这一行动却受到了来自邺城的谢躬的威胁。

谢躬的存在让邯郸处于危险之中，这使得刘秀的行动变得更为棘手。

在此情况下，刘秀听从了邓禹的建议，决定与谢躬合作，共同破贼。

他计划在这次合作中趁机除掉谢躬，以解除自己的后顾之忧。而谢躬也因为收到了更始帝的密令，要求他除掉刘秀，但由于他对刘秀的钦佩，一直未能下手。因此，当刘秀提出合作时，谢躬欣然答应。

然而，这一切都被谢躬的夫人发现了。她敏锐地察觉到了丈夫的异常行为，开始怀疑他与刘秀之间的合作。

夫人问谢躬："夫君接朝廷命杀刘秀，为何迟迟不动手？"

谢躬答："萧王是当世人杰，我不忍对他下毒手。而且更始陛下虽为天子，却一直大权旁落，有名无实，所以更始的汉室天下也一样有名无实。唯有萧王，执节河北，才是复兴汉室的希望。而长安更始，让我失望！"

谢夫人一听这话，就问谢躬为何不归附萧王刘秀。

但谢躬又说自己不能不守君臣大义，这次和刘秀破铜马之后，就要监督刘秀回长安复命。

谢夫人叹息："愚人啊，你既不心向长安，又不归萧王，两头都不讨好，必会招来祸患！"

谢躬听完，则愣在当场。

而另一边，刘秀得了谢躬的承诺后，心中大石稍落，决定亲自前往河内巡视。他带着一队精兵，浩浩荡荡地向着河内进发。然而，当他们抵达河内城下时，却发现城门紧闭，河内太守坚决拒绝接纳他们。

刘秀眉头紧锁，他策马向前，大声对城内喊道："我是萧王刘秀，奉天子之命巡视河内，为何紧闭城门，不纳我等？"

河内太守在城楼上回应道："我等只听命于长安朝廷，萧王抗旨不遵，我岂能放你进城？"

刘秀无奈，只好暂时驻扎在城外。这时，岑彭作为韩歆的幕宾，主动前来相见，力劝韩歆归附刘秀。

岑彭道："韩公，如今长安朝廷混乱不堪，萧王刘秀却是当世人杰，深得民心。我劝您还是归附萧王，共图大业吧。"

韩歆却摇头道："岑公，你有所不知。我身为汉室臣子，必须忠诚于天子。长安虽乱，仍是汉室正统。河北形势不明朗，我岂可轻易附逆？”

刘秀得知韩歆的态度后，心中不禁生出一丝怒意。他想攻打河内，一举拿下韩歆，但邓禹却劝阻了他。

邓禹道：“萧王息怒，如今我们初徇河内，还是避免动武为好。依我之见，不如暂且不管河内，等四面郡县归附之后，河内自然不攻自降。”

刘秀冷静下来，觉得邓禹所言有理，便暂时放弃了攻打河内的计划。果然，不久之后，河内派来使者表示韩歆有意投降并愿意开门迎接刘秀。

刘秀听到这个消息后却感到疑惑难决，他召来探马询问实情。探马回报说：“韩歆自知独力难敌萧王大军，所以急迫开城迎降。”

刘秀这才放下心来，决定回师河内。他带着大军浩浩荡荡地进城，召见了所有投降的官员并一一问候。然而，在众人以为事情已经平息时，刘秀却突然命令左右拿下韩歆。

韩歆大惊失色道：“萧王何故拿我？”

刘秀冷冷地说道：“你身为汉室臣子却拒绝归附天子之命，如今又假意投降实则心怀叵测。我岂能容你？”

韩歆闻言无话可说，只能束手就擒。刘秀下令斩首示众以儆效尤。这一举动让在场的所有人都感到震惊和恐惧，也让他们更加深刻地认识到了刘秀的果断和决心。

河内城的官员们看到这一幕，无不惊吓失色。韩歆的幕宾岑彭更是急忙站出来，他上前一步，质问道：“萧王一向以宽宥著称，以德服人，从不杀降者。今日为何要杀河内太守？”

刘秀看着岑彭，眼神坚定而坦然。他说道：“岑彭，你曾是我兄长的令属，所以我以实言相告。如今我军四面楚歌，东有寇贼，西有更始，后有谢躬，前有韩歆。我军孤立无援，形势严峻。韩歆今日虽降，但此人反复无常，图谋不轨，若不杀他，不足以警告那些包藏祸心、首鼠两端之辈。”

岑彭情绪激动，但依旧努力保持冷静，一字一句地说道："当初大司徒遇害，明公委曲求全，岑彭被形势逼迫，做了大司马朱鲔的校尉。随征王莽扬州牧，迁为淮阳都尉。然而将军徭伟造反淮阳，岑彭征讨不力，失了官职，又辗转为河内太守。如今赤眉西进，长安危在旦夕，诸将纵横，天子有名无实。四方贼起，群雄竞争，百姓流离失所。岑彭听闻明公平定河北，开创王业，这是汉天下的福气。当初若没有大司徒的庇护，岑彭早已命丧宛城。大恩未报，大司徒却遇难，这是岑彭心中的痛。今日得见明公，岑彭愿竭尽全力效命！"

刘秀素知岑彭的才华和忠诚，闻言转怒为喜。他说道："君然知我，我亦知君然！"两人的目光在空中交汇，仿佛达成了某种默契。

岑彭又坦诚地说道："明公东征在即，河内未经兵乱，可作转运之地。韩歆是地方大族，在地方上很有名望。还请明公免其死罪，以稳定人心。"

刘秀经过深思熟虑，最终接受了岑彭的进言。

他决定不斩韩歆，而是令其归属邓禹管辖。自此，河内郡归服于刘秀麾下。

在更始二年（24）的秋天，刘秀在统一河北各势力武装的过程中，首先通过清阳、馆陶和蒲阳山的一系列战役，成功地将数十万的铜马军全部收编。这一举动不仅增强了他的军事实力，更为他日后的统一大业奠定了坚实的基础。

在攻打铜马军之前，刘秀精心动员了上谷、渔阳等北方十郡的骑兵，这是他立足于河北的根本所在。他凭借这支精锐部队，与铜马军在枭地展开激战。尽管一开始汉军处于不利地位，面对铜马军十万之众的压力，连战不利，但刘秀并未气馁。他果断采取了断粮战术，最终在馆陶大败铜马军。

战后，铜马军的一部分选择投降刘秀，而另一部分则逃往东南与高湖、重连两部会合。这些残余势力逃至北平西面的蒲阳山，然而再次被刘秀击败。自此，大多数铜马军被刘秀成功收编。

对于铜马、高湖、重连三部的渠帅，刘秀展现了极大的诚意和胸怀。他坦诚地表示：“三部都是反莽的义军，只因王莽被灭后，长安未能妥善安抚这些义军，才导致你们不得已而为之。如今三位渠帅已经归附，我既往不咎！”这种宽容和理解的态度让三位渠帅感激不已。

为了表达对他们的认可，刘秀封他们为列侯，并在军中亲自安抚哗乱的兵卒。兵卒们感受到刘秀的真诚和关爱，纷纷誓言要为刘秀效命。自此，河北最强大的兵力——铜马军彻底被刘秀收服，他也因此被尊称为“铜马帝”。

蒲阳大捷后，刘秀并没有停歇下来。他秘密派遣吴汉、岑彭二人回到邺城，面授机宜，等待时机成熟便收复邺城。

刘秀的大军继续征战四方，其中青犊等部的平定主要得益于射犬之役的胜利。在这场战役中，河北的大彤渠帅樊钟和青犊军等十万余众聚集在射犬城，与刘秀的大军进行了一次有组织、有计划的会战。

射犬之役打得异常艰苦，据史书记载，耿纯在前线指挥，与大军营地相距数里。敌军突然在夜间发动攻击，箭矢如雨射向汉军营地，导致士多死伤。然而，耿纯镇定自若，他约束部曲保持坚定不动，并选拔了二千名敢死士，每人手持强弩，携带三矢，趁着夜色悄悄绕到敌军后方。当他们绕到敌军后方时，齐声呼噪，万箭齐发，使得敌军大惊失色，纷纷溃逃。

尽管战斗过程艰辛，但汉军凭借着兵力众多、将领广布的优势，连续攻破了敌军数十座营寨，最终占领了射犬城。

青犊军大败，十万多人中大部分选择归降刘秀，只有一小部分人败逃。而聚集在山阳之地的尤来部众看到汉军势如破竹，感到恐惧而不敢抵抗，纷纷向北逃往隆虑山一带。

当谢躬得知贼寇逃往隆虑山后，他坚守在邺城，并立即遵循与刘秀共同灭敌的约定，率领大军北上进攻尤来部众。为了确保邺城的安全，他留下了大将刘庆和魏郡太守陈康驻守。

然而，就在谢躬离开邺城之际，吴汉和岑彭抓住了这个机会。他们率领兵马逼近邺城，而岑彭则与辩士一同进入城中，劝说陈康投降。他们里应外合，没有发生任何战斗，就成功地占领了邺城。

在夜幕的掩护下，岑彭悄悄进入邺城，来到太守府。陈康一见是刘秀的使者，立刻恭敬地跪拜行礼，表示愿意听从岑彭的指示。岑彭向陈康分析了当前的形势，他指出长安政治混乱，四方纷扰，而刘秀则兵强马壮，得到官吏和百姓的拥护。相反，谢躬却执迷不悟，心向长安，不识时务。岑彭认为，如果谢躬继续这样下去，必将遭遇大祸，最终落得身败名裂的下场。他劝陈康为了全城百姓的安危，应该开城迎接刘秀的大军，化解危机，转祸为福。

陈康听完岑彭的劝降之词后，沉思良久，最终决定接受刘秀的条件。当天晚上，他发动兵马包围了大将军刘庆和谢躬的府邸，抓捕了刘庆以及谢躬的夫人和心腹。随后，他迎接吴汉率军入城，将邺城的防务交给了吴汉。

与此同时，谢躬在隆虑山与尤来部众的战斗中遭遇了失败。他不得不率军返回邺城。然而，在他进入邺城时，却被汉军一拥而上逮捕。

岑彭突然出现在众人面前，他指着谢躬大声宣布："谢躬背叛萧王，图谋不轨，现已被拿下。凡是愿意归降的人，将不问罪责。"谢躬的亲兵们见状，不敢反抗，纷纷跪地求饶。

然而，谢躬却愤怒地大骂刘秀，指责他对自己不仁不义，以小人之心相待，是个无信无义之人。他的话激起了吴汉的愤怒，吴汉立刻拔剑杀了谢躬。这一幕让岑彭感到非常震惊，他慌忙解释说萧王的本意并不是要杀谢躬。

吴汉却回应道："这老贼如此猖狂，不杀他怎能威服长安的兵马？"他的话显示出了他的坚决和果断。

这一突发事件让跟随谢躬的振威将军马武感到十分恐慌。他担心吴汉会杀了自己，于是立即打马前往射犬寻找刘秀。毕竟，刘秀曾经对他说过随时欢迎他加入汉军，而且两人还在昆阳大战中有过并肩作战的经历。马武希望能够为刘秀效力，以保全自己的性命。

当刘秀从马武口中得知谢躬夫妇已经亡故的消息后，他确实感到有些吃惊。然而，他只是吩咐厚葬他们，并说了一句："吴汉性情刚暴，以至如此。"便没有再提其他事情。随后，他派遣马武持节守邺城，并责令吴汉和岑彭各自率领部众返回射犬听命，同时让陈康留下戍守邺城。

这一连串的事件使得刘秀的势力更加稳固，而谢躬的背叛和死亡也为他敲响了警钟。刘秀明白，要想在乱世之中立足，必须时刻保持警惕和果断。

四、登基为帝

更始二年（24）秋天，赤眉军的兵锋直指长安，气势汹汹，令人望而生畏。京师一带的百姓陷入了恐慌之中，然而却无处可逃。刘玄，这位曾经的皇帝，虽然对赤眉军的出现感到担忧，但他仍然保持着一种傲慢的态度。他认为赤眉军只是一群乌合之众，成不了气候。他还幻想着自己身边的绿林军能够守护他，尽管他知道绿林军对他这个皇帝并不是很尊重。

赤眉军顺利地踏过潼关，抵达了长安。许多人都惊讶于这样一支由乡野村夫组成的队伍竟然能发展得如此强大。长安城被围困，陇西隗崔、隗义以及右将军隗嚣等人对坐无言，充满了后悔和感慨。他们回想起自己曾经也是拥兵自重的一方霸主，但为了追求一点名义，应诏前往长安，结果只是得到了一个有名无实的右将军职位，没有任何实权。他们应诏更始朝廷，原本以为自己能够扬眉吐气，结果却像是从爷爷变成了孙子，处处受制于人。

而陈牧等掌握大权的人早就带着自己的部队撤出了朝廷，去别处逍遥自在，把更始帝这个烂摊子留给了隗崔等人。现在赤眉军打来了，他们担心自己的脑袋都可能保不住。

隗崔和隗义商量着悄悄回陇西去，但他们发现西去的道路已经被赤眉军挡住了，根本无法离开。而隗嚣看到没有退路，便想趁机在更始帝面前捞到实权。他向更始帝刘玄告发隗崔和隗义，说他们要逃跑并唆使自己叛归陇西，对朝廷不忠，而他自己则表现得岿然不动，声称自己始终忠诚于朝廷。

刘玄正急着用人之际，自然对隗崔和隗义产生了怀疑，并最终下令杀了他们。随后他重用了告密者隗嚣，拜他为御史大夫，与赵萌共同主持朝政。

隗嚣终于如愿以偿地捞到了实权，但他是否能够为朝廷带来转机，还有待观察。

更始二年（24）十一月，赤眉军将领樊崇率领部队成功攻占武关，将长安城置于其攻击的锋芒之下。与此同时，由徐宣、谢禄和杨音统帅的另一路赤眉军也攻占了陆浑关，进一步逼近了长安。

面对赤眉军的逼近，更始帝刘玄匆忙派遣王匡、成丹和刘均等将领，紧急调集长安的兵马，在河东和弘农一带布防，试图挡住赤眉军的攻势。但赤眉军如洪水猛兽般勇猛，他们一路过关斩将，势如破竹。

在弘农，赤眉军与长安守军展开了激战。尽管长安守军也奋力抵抗，但由于他们是临时集结而成，平日缺乏训练，战斗力远不及身经百战的赤眉军。很快，长安守军便被打得溃不成军，不得不跪地求饶。只有少数士兵还在坚持战斗，但很快就被赤眉军彻底消灭。

讨难将军苏茂带着增援部队自恃勇武，轻视赤眉军。他带着一小部分人先行出发，想要抢夺头功。但他低估了对手，没有料到赤眉军将领樊崇的高超战术才能。

樊崇得知苏茂带着少数人来增援后，立刻分兵两路，一路围攻弘农，一路埋伏起来准备伏击苏茂。结果，在李松率领的大队精兵赶到之前，樊崇就已经将苏茂打得落花流水，使他们无力抵抗。苏茂后悔自己的冒进和轻敌，但事已至此，他只能顾及眼前的形势，拼命逃生。

樊崇全力追杀，直到苏茂再无力反攻才班师回朝，继续向西进军。

在赤眉军进军的过程中，他们四处散布消息，称长安的援军已在半路全部败退，弘农已成为一座孤城。

这个消息对弘农的士气造成了极大的打击。在赤眉军的全力攻打之下，弘农很快就被攻破。王匡、成丹、刘均等将领见大势已去，纷纷弃城而逃。

前来支援的丞相李松在途中遇到败归的苏茂后，也不敢贸然进攻长安城，就在茅乡驻扎下来观望形势发展。

此时的更始政权已经岌岌可危，如同风中残烛，随时都有熄灭的危险。

在河北的腊月天，天寒地冻，大雪纷飞，行路变得异常艰难。刘秀观察着天气，果断下令驻扎休整。

射犬城的汉军士兵在帐篷内取暖，而刘秀则返回自己的帐篷，不敢有丝毫懈怠。他立即召集邓禹，展开案几上的地图，与他深入讨论进军路线。

邓禹深知关中沃野的战略重要性，他建议说："关中沃野，是战略要地。"刘秀听后深表赞同，并做出了最终部署：邓禹将率领部队向西进军长安，冯异则带兵镇守孟津，寇恂被任命为河内太守，以河内为大后方，负责筹措军粮和整治兵器。而刘秀自己则亲自率领吴汉、耿弇和陈俊等将领向北进发，讨伐叛贼。

方略制定完毕后，各路兵马纷纷启程。刘秀亲自率领的部队在吴汉、耿弇和陈俊等将领的辅佐下向北推进。

前将军邓禹奉刘秀之命离开了射犬城，兵至箕关。箕关是通往河东的要道，如果能攻占箕关，就能打开河东的门户，收复河东将变得轻而易举。

邓禹原本还担心箕关难以攻克，但出乎意料的是，箕关并没有精兵把守，邓禹轻而易举地就攻破了箕关。

邓禹所到之处，守城士兵都感到慌乱，这是因为朝廷混乱不堪，士兵们对效命朝廷的意义感到迷茫，于是纷纷投降邓禹，迎接他入城，也希望为自己谋求一个好的前程。随后，邓禹带领着这些投降的士兵继续进军安邑，而安邑的大将军樊参也选择了弃城而逃。

这些捷报传到刘秀耳中，他兴奋不已，回想起自己在太学读书时，书中就写道过："不得河东者不雄。"如今，河东已经掌握在他自己手中，刘秀坚信只要继续努力，恢复汉家江山就在眼前。

与此同时，冯异率领的部队也在孟津驻扎下来。他沿着河流占据了要害之地，修筑了坚固的防御工事，并储备了大量的军粮，为即将到来的战斗做好了充分准备。

冯异的防御工事气势宏大，让想要偷袭的舞阳王李轶和大司马朱鲔望而却步。他们不敢轻举妄动，担心一旦行动就会招来灾祸。因此，双方形成了对峙的局面。

而寇恂在河内负责筹措军粮，有了冯异的坚守作为后盾，他更加安心地招兵买马，幕后筹划。在他们的共同管理下，河内农业发展稳定，百姓生活富裕。

寇恂颁布法令，很快就筹集到了四百万斛的租子作为军粮，并动员士兵自制弓箭。这些粮食和武器源源不断地被送往刘秀和邓禹的前线，以备战用。

在弘农战场，樊崇率领的赤眉军已经取得了重大胜利，他们守城待命，暂时没有进一步的行动，这为河北军提供了宝贵的作战时间。

与此同时，在孟津战场，冯异坚守的防线固若金汤，为刘秀提供了稳定的后勤支援和充足的粮食。这使得刘秀能够放心大胆地率领汉军日夜兼程向北挺进。面对刘秀的强大攻势，各路叛贼纷纷闻风丧胆，刘秀收服他们的过程异常顺利。

最终，刘秀来到了元氏、北平一带，他大破尤来和五幡各部的叛军。尤来被击败后，大部分士兵选择投降刘秀。为了彻底肃清北逃的尤来残余势力，刘秀亲自带领精锐骑兵追击。他们历经严寒和各种行路的艰辛，最终追到了顺水河边。尽管部下耿弇建议驻营休息，但刘秀认为尤来的部队比自己更疲惫，因此决定冒险过河一举歼灭他们。然而，这次刘秀的判断失误了，他的部队刚一过河就陷入了尤来军的埋伏。汉军在这次战斗中遭受了重大损失，刘秀本人也受了重伤，中了毒箭，昏迷了一天一夜才苏醒过来。

苏醒后的刘秀深感懊悔和沮丧，因为他冒进的决策导致了如此惨重的损失。数千精锐骑兵几乎全军覆没，逃回的人也是伤病满身。然而，在将士们的安慰和鼓励下，刘秀逐渐恢复了信心。他们提醒他，恢复高祖旧业是一项宏伟的志向，必然会有流血和牺牲。只要总结经验教训，未来仍有胜算在握。

刘秀闭上眼睛，回想起自己与大哥刘縯在舂陵起兵的情景。那些往事历历在目，誓言犹在耳边。他深知这一次的失败与之前的孔阳大战、宛城之败以及洛阳的委屈相比并不算什么。

刘秀睁开眼睛，他的目光中恢复了往日的威严和坚定。他起身带领众位将士巡视军营，亲自慰问受伤的士兵。士兵们看到受伤的刘秀仍然坚持来视察，心中无比感动。他们私下里议论纷纷，认为为这样一位英勇的王拼命是值得的。

顺水河边的战役对刘秀来说是一次沉重的打击。他因轻敌而身受重伤，汉军士卒也损失了数千人。这场大战的惨重损失确实动摇了军心，史称："散兵归保范阳，军中不见光武，或云已没，诸将不知所为。"后来，吴汉向刘秀汇报了当时将士们的迷茫和不安。吴汉说："为了安抚士卒，我们告诉他们萧王兄长的儿子刘章和刘兴在南阳，我们不怕没有主心骨。这样过了几天，军心才逐渐安定下来。"

吴汉自己也是从顺水河一路追到范阳，亲眼看到刘秀安然无恙后才放下心来。至此，刘秀追击尤来的战争暂时告一段落，全军开始休养生息，为接下来的战斗做准备。

随着时间的推移，冬天渐渐过去，春天悄然而至。汉军在休养生息的过程中逐渐恢复了元气。刘秀的汉军也开始加紧操练，准备征服尤来、五幡、上江、青犊、五校等部众。这些部众在冬日的顺水河之战中侥幸获胜后变得异常猖狂。他们烧杀抢掠、抓壮丁、欺压百姓，无所不为。百姓们对他们痛恨至极却不敢抵抗，只能四散逃跑。

这些部众的所作所为很快传到了刘秀耳中。他断定这是尤来等部在为与汉军抗衡做准备。

刘秀密切监视着尤来等部的动向，发现他们只是一群乌合之众。他吸取了顺水河战役的教训，决定在范阳一带休整部队，以便更好地策划下一步行动。经过一段时间的准备和经营，刘秀认为消灭尤来等人的时机已经成熟。于是，他再次率领部队北进，一路上捷报频传。

然而，就在形势大好的时候，突然发生了意外。朱鲔和李轶率领长安汉军进攻了河内汉军营，导致河北的粮道被阻断，前线的刘秀无法获得兵器和粮食的供给。这种情况迫使刘秀必须迅速平定河北。他与冯异商量了一个反间计策，派人潜入长安汉军内部散布谣言。这些谣言声称李轶打算独自带兵消灭河内的寇恂大军以图功赏，也有人称朱鲔有别的打算，甚至有人说李轶打算投降刘秀。这些传言导致了朱鲔对李轶的猜疑，最终李轶被杀害。刘秀没有动用一兵一卒就成功除掉了李轶，这也算是为他的大哥刘縯报了仇。

与此同时，冯异率领河北汉军成功守住了河内，并转而进攻河南，杀了河南太守武勃。刘秀听到这个消息后，终于放下了对河内的担忧。紧接着，耿弇、吴汉和景丹等十余位将军率领汉军主力大破尤来等部众，河北各地的起义割据武装被彻底肃清。刘秀激动得流下了眼泪，他历经千辛万苦，终于有了争夺天下的雄厚基础。他相信，如果为了光复汉室而牺牲的大哥和其他兄弟在天有灵，他们也会为自己感到高兴。

刘秀为凯旋的将士们举行了庆功宴。此时，寇恂大破苏茂的捷报也传来。寇恂此战让苏茂的部队自己投河而死的有数千人，生擒万余人。更巧的是，冯异在渡河时击败了朱鲔，两人合兵一处，一直追杀朱鲔到洛阳。但由于兵力有限，洛阳城又坚固无比，他们只好绕城一周后返回。寇恂的凯旋让刘秀非常高兴，因为至此，河北方面已经基本大功告成。

庆功宴上，诸将纷纷向刘秀表示祝贺，并趁机劝他进位上尊号。

耿纯开口道："我听说蜀地的公孙家族正在招兵买马，自立为皇帝。赤眉军也立了一个叫刘盆子的为领袖，长安现在岌岌可危。各地的英雄豪杰都在虎视眈眈，想要称王称帝，开创一个新的江山。如今河北已经太平，明公您又占据了河内这个战略要地，得到了群臣的拥护和百姓的归心，兵强马壮，尤其是河内地区的农业经济也恢复了元气。因此，明公您也应该自立为帝，以承继汉室的大统！"

吴汉咂了一口酒，说道："公孙家族无德无才，怎么能够妄自称帝呢！赤眉军也只是步了绿林军的后尘，立了个傀儡领袖，并不为百姓着想。只有明公您是汉室的后裔，以百姓为重，深得民心。再说，我们现在兵强马壮，粮草丰厚，明公您也有实力君临天下。"

耿弇点头表示赞同："明公的威望和实力，确实应当自立为帝。再说，这片河山现在满目疮痍，也只有明公您能够给我们一个崭新的天下。但是，你们有没有注意到？明公对这件事闭口不提，难道他甘心暂且割据一方，待天下分久必合的时候，又要入朝为别人做臣子吗？"

耿纯喝了杯酒，说道：“当年明公和大司徒在春陵起兵，就是为了复兴高祖的伟业，奠定万世的基业。他怎么会甘心为臣呢？他不提这件事，就说明他有疑虑。”

耿弇继续说道：“哪有英雄不想当皇帝的？说不定明公正等着我们拥立他做皇帝呢！这种事情自古只有推进的，哪有自己主动立的？我看我们应该一起上奏表，请明公早日称帝，哪怕是自立为王也行！”

耿纯一拍桌子，果断地说道：“择日不如撞日，我们就今天定个尊号，拥立明公！”

众人商议了一番，但都不敢贸然行动，因为他们都知道刘秀的城府很深，怕一句话说错，惹来罪名。

于是，他们经过一番思考，有人想起了马武。马武是个直性子的武夫，每次喝醉后都会酒后吐真言，而刘秀从不计较他的直言不讳，反而欣赏他的豪爽性情。所以，大家决定推荐马武去说醉话劝进，以此试探刘秀的态度。

马武喝了酒后，对刘秀表示祝贺，直言不讳地说道：“明公，现在天下无主，您如果不早点登基称帝，如果别的有德之人趁机兴起，到时候可就没有挽回的机会了。明公如果您执意谦让退缩，这样是对不起祖宗和国家的！您应该先在蓟城即位，尊为天子，然后再征战平定四方。如果像现在这样，位号未定，打来打去又有什么意义呢？”

刘秀听完之后，脸色一变，说道：“马将军真是喝醉了，这种话按军法应当斩首！”

马武非常清楚，刘秀不会因为这种事情真的砍他的脑袋，所以他又上前说道：“明公，这其实是大家的意思，并非只是马武一个人的醉话！”

刘秀听着这话，脸上露出一丝无可奈何的表情，让马武去告诉各位将军不要再做这种劝进的事情了。

马武劝进未成，大家又聚在一起讨论，最后定了主意。

过了一段时间，刘秀率军回到中山，也就是原来的河北定县。诸位将军进行了第二次劝进，他们写了奏文，奏文中先痛骂王莽和更始帝，然后大力赞美刘秀的能力和功绩，说他如果三分天下必占其二。奏文还强调刘秀武力强大、文德盖世，为了国家的前途和祖业着想，刘秀应该尽快自立为帝。这一次的奏文劝进非常诚恳，但依然没有成功。

于是，诸位将军在南平棘（今河北省赵县东南）又进行了第三次劝进。

这一次，刘秀说贼寇尚未平定，四面受敌，现在还不是正式称帝的合适时机。他让进劝的将军们暂且退出。

在这关键时刻，耿纯进言说道："大家背井离乡，跟随大王拼死作战，为的就是能够攀龙附凤，建功立业。如今，大功即将告成，天人相应，然而大王却一再推辞，不愿登基做皇帝。这让大家看不到希望，说不定会有人因此离您而去，也不再愿意承受这份困苦。到时候，如果大伙儿一散，再想聚集起来可就难了。诸将浴血沙场的意愿不能随意违背啊！"

耿纯的话情真意切，刘秀听后也觉得颇有道理，于是答应耿纯会认真考虑此事。

当刘秀率军抵达鄗城时，他心中有些沉不住气。为了了解四方的动静，他特地从西南前线召回了孟津将军冯异，并询问他关于当前局势的看法。

冯异回答说："更始帝已经败亡，天下无主。宗庙的安危和国家的未来都寄托在大王您的身上。因此，您应该顺从众将的意愿，为了国家的社稷和百姓的福祉，尽快登基称帝。"

冯异所描述的情况，刘秀其实早已心知肚明。但听到冯异如此明确地陈述，刘秀心中顿时觉得畅快许多。他顺水推舟地说道："昨夜我梦见自己乘着龙飞上了天，心中有所觉悟！"刘秀此言，实则是巧妙地借助梦境来表达自己的内心意愿。

冯异立刻跪在地上，向刘秀表示祝贺。他说刘秀的梦正是天命所归的精神反映，心中的觉悟展现了刘秀对天命的敬重和顺应。冯异采用了迎合刘秀精神世界的策略，他结合了《周易》中的“飞龙在天，大人造也”和《庄子》中“其梦也神交”的意思，为刘秀提供了理论上的支撑。

而在这个时候，刘秀当年的同学彊华也从关中赶来，为刘秀献上了一份所谓的《赤伏符》。这份符文上写道：“刘秀发兵捕不道，四夷云集龙斗野，四七之际火为主。”

刘秀看着布帛上的两句话，脸上露出了迷惑不解的表情，他询问彊华这些话的具体含义。彊华开始详细解释，他说这是流传于长安的谶语，其中蕴含着深刻的玄机，预示着天下大运的变迁。只有那些理解这些玄机并顺应形势的人，才能实现他们的人生宏愿，古往今来的大业也都是这样成就的。

彊华接着对刘秀说：“文叔，你也知道大汉是火德之朝，赤色代表火的颜色。这份谶语被称为‘赤伏符’，因为它暗含了火德的象征。其中的‘四七二十八’指的是从高祖刘邦建立大汉江山，到你起兵平定整个河北，一共经过了二百八十年。而‘四七之际火为主’则意味着在这二百八十年后，火德将要复兴，汉室将要有新的主人出现。更始帝刘玄和刘盆子都无法承担起这个天下的重任。纵观天下豪杰，非你文叔莫属。因此，文叔你不要错过天意，应该早日称帝，号令天下，复兴汉室江山，拯救万民于水火之中！”

刘秀听后沉思片刻，问道：“彊兄，谶语这东西有什么可信度？每个人可能有不同的解读，你有什么把握说这是天意？”

彊华早已准备充分，他一一列举了各种论据，言辞凿凿，最后又说道：“如今，你即便不称帝，实际上已经拥有了帝王的权力和地位。你坐拥河北千里沃土，拥有雄兵百万，这些都已经由不得你退却。你早日称帝，不仅不会树敌，反而会让天下割据的豪杰投奔在你的麾下。将士们也是为了帝王而战，如果他们能够战胜敌人，就会名垂千秋，封妻荫子。

"这样一来，他们作战也会更加勇敢。相反，如果他们觉得打仗名不正言不顺，没有前途可言，那么士气就会低落。你的士兵没有了士气，就是在自取灭亡。所以，文叔，无论从哪个方面来讲，你都应该早日称帝！"

此时，站在一旁的冯异也从怀中掏出一卷素帛，对刘秀说道："明公，军中也在流传同样的谶语，战士们都认为天命应该归属于您。"冯异将素帛递给刘秀，刘秀打开一看，上面写着："受命之符，人应为大，万里合信，不议同情，周之白鱼，曷足比焉？今上无天子，海内淆乱，符瑞之应，昭然著闻，宜答天神，以塞群望。"

刘秀看完这些内容后，并没有追问是谁所为。他只是目光坚定地看着冯异和疆华，说道："既然是天意和人心所向，刘秀就顺应天命和人心！"

显然，这又是群臣们精心策划的计谋，他们利用上天和人心来施加压力于刘秀。然而，天意和人心也正是刘秀内心所期望的。

更始三年（25）六月己未，刘秀正式登基称帝，举行了盛大的典礼。这一年，刘秀三十一岁。他终于登上了皇帝的宝座，开始了自己辉煌的统治生涯。

从昆阳之战的崭露头角，到他统一河北、拥兵称帝，刘秀仅用了短短两年时间。他的迅速成功与他本身的军事才能和领袖魅力紧密相连。特别是昆阳之战，这一战役在历史书籍中被誉为以少胜多的经典之战，使得刘秀的大名广为流传，成为当世的英雄。经过这场大战，天下豪杰都对他钦佩不已，愿意追随他、拥戴他。

在刘秀登基为帝之后，于建武元年（25）八月亲率大军抵达河阳，并随即派遣吴汉等一众将领，对据守洛阳的朱鲔实施了严密的包围。朱鲔因忧虑刘秀会因其兄被杀之事而报复，故坚守数月，始终未肯归降。然而，刘秀展现出宽广的胸襟，宣称"夫建大事者，不忌小怨"，并特地派人向朱鲔保证，若其投降，则过往之事既往不咎，且会确保其地位与尊严。朱鲔因此深受感动，最终决定投降。刘秀兑现承诺，封朱鲔为平狄将军，并赐予扶沟侯的爵位。

此时的更始帝刘玄已将都城迁至长安。其臣下李松与棘阳人赵萌向刘玄进言，建议对所有功臣进行封王。然而，朱鲔却提出异议，他引用汉高祖刘邦的遗训，坚称非刘氏宗室不得封王。但刘玄并未完全采纳朱鲔的建议，他先是封赏了刘氏宗室成员，如刘祉为定陶王、刘赐为宛王等；随后，他又大肆分封异姓功臣，如王匡、王凤、张印等人均被封为王。刘玄此举旨在通过封王来拉拢人心，从而巩固自己的统治地位。

然而，刘玄在治国方面却显得力不从心。他在长安站稳脚跟后，便迎娶了赵萌的女儿赵氏为夫人，并对其宠爱有加。此后，刘玄更是将朝政大事全部委托给赵萌处理，自己则日夜与后宫佳丽饮酒作乐。每当群臣有要事需要奏报时，刘玄常常因醉酒而无法接见。有时即便勉强接见，也只是让侍中坐在帷帐内代为答话。诸将听出答话者并非刘玄本人后，纷纷抱怨道：“如今国家成败尚未可知，陛下怎能如此放纵自己！”

其实在更始三年（25）的正月，平陵人方望见更始帝刘玄朝政日衰，预感其必将败亡，便与安陵人弓林共谋大计，另立新帝。他们寻得前西汉末代皇帝孺子婴（刘婴），将其带至临泾，正式拥立他为天子，聚集党羽数千人，方望自任丞相，弓林则为大司马。然而，更始帝刘玄得知此事后，迅速派遣李松与讨难将军苏茂前往平叛，最终击败了方望等人，并将他们全部处决。

此时，赤眉军的势力正盛，他们已立刘盆子为帝，对长安构成了巨大威胁。为了抵御赤眉军，更始帝刘玄派遣王匡、陈牧、成丹、赵萌等人屯兵新丰，李松则屯兵掫城。然而，赤眉军战斗力强悍，不断攻城略地，长安城陷入了危机之中。

在这样的背景下，张印、廖湛、胡殷、申屠建等人察觉到更始帝的败亡已不可避免，于是与御史大夫隗嚣密谋，计划在立秋之日，趁更始帝祭祀之际，武力劫持他，以实现架空其权力的目的。然而，这一阴谋被侍中刘能卿得知，并立即向更始帝禀报。

更始帝得知消息后，假托有病未出宫，却暗中设计召见张卬等人。当张卬等人入宫后，更始帝准备将他们一网打尽。然而，隗嚣并未前来，更始帝因此产生了怀疑，便令张卬等四人先到外屋等候。张卬、廖湛、胡殷察觉到情况有变，急忙冲出宫外，只有申屠建留在了宫内，被更始帝所杀。

随后，张卬、廖湛、胡殷等人率领军队掠夺了东西两市，天黑时更是放火烧门闯入宫中，与更始帝的军队展开了混战。在这场混战中，更始帝刘玄大败，次日一早便率领妻子和百余辆车骑，向东逃奔至新丰的赵萌处。

更始帝因怀疑王匡、陈牧、成丹与张卬有共谋之嫌，便决定同时召见他们四人。陈牧与成丹先行到达，却不幸被立即斩首。王匡闻讯后，心生恐惧，遂率领军队逃往长安，与张卬等人会合。此时，李松已回到更始帝身边，他与赵萌联手，在城内对王匡、张卬发起了猛烈的攻击。双方激战一个多月，最终王匡等人败走，更始帝也被迫迁居至长信宫。

与此同时，赤眉军已抵达高陵。王匡等人见势不妙，便向赤眉军投降，随后与赤眉军联手进军。更始帝坚守城池，并派遣李松出战迎敌。然而，李松最终战败，损失惨重，两千多人阵亡，他自己也被赤眉军活捉。赤眉军乘胜攻破新丰城门，形势岌岌可危。

更始三年（25）十月，更始帝在谢禄的陪同下，赤膊来到长乐宫，将皇帝的印绶献给了刘盆子。赤眉军对更始帝进行了审问，并将其置于庭院中，准备执行死刑。关键时刻，刘恭与谢禄为更始帝求情，但赤眉军并未立即答应。他们将更始帝带走，刘恭急切地呼喊，表示愿意死在更始帝之前，甚至拔剑欲自杀。赤眉军统帅樊崇等人见状，连忙共同救下了刘恭，并赦免了更始帝，封其为畏威侯。在刘恭的再次求情下，更始帝甚至被封为长沙王。此后，更始帝常依附于谢禄居住，刘恭也始终守护在他身边。

然而，三辅地区因赤眉军的暴虐行为而苦不堪言，人们都对更始帝表示同情。张卬等人对此深感忧虑，他们警告谢禄说："现在各营统帅都想夺取圣公（更始帝），一旦失去圣公，大家就会合兵向你进攻，你将是自取灭亡。"于是，谢禄派遣亲兵与更始帝一同到郊外牧马，并密令亲兵将更始帝缢死。刘恭忠孝，在夜晚悄悄为更始帝收尸。

同年十月，刘秀率众进入洛阳，并正式定都于此。当刘秀得知更始帝的死讯后，他感到十分悲伤。念及更始帝也是刘氏嫡孙，又是自己的族兄，同祖同源，刘秀便下诏令大司徒邓禹将更始帝葬于霸陵，以示对逝者的尊重与哀悼。

后来，刘秀向关中发起统一战争，终于在登基后的第十二年，即建武十二年（36）平定天下，使得自新莽末年以来四分五裂、战火连年的中国再次归于一统。

纵观刘秀统一天下的进程，他最富有传奇的一战，就是昆阳之战，以少胜多，在中国军事史中也堪称奇迹之战。它对于刘秀也是关系重大，不仅沉重打击了王莽政权，动摇了新朝的根基，开辟了新的局面，更为刘秀日后打天下奠定了基础，具有重要的历史意义。

参考文献

1.（汉）班固．汉书［M］．北京：中华书局,1962 年。

2.（汉）刘珍．东观汉记［M］．郑州：中州古籍出版社,1987 年。

3.（汉）刘向．说苑校证［M］．北京：中华书局，1987 年。

4.（晋）陈寿．三国志［M］．北京：中华书局，2006 年。

5.（宋）范晔．后汉书［M］．北京：中华书局，1965 年。

6.（宋）司马光．资治通鉴［M］．北京：中华书局,1959 年。

7.（清）王夫之．读通鉴论［M］．北京：中华书局,1975 年。

8. 孙达人．中国古代农民战争［M］．西安：陕西人民出版社,1980 年。

9. 刘修明．从崩溃到中兴——两汉的历史转折［M］．上海：上海古籍出版社，1989 年。

10. 安作璋，孟祥才．汉光武帝大传［M］．北京：中华书局，2008 年。

11. 安作璋，田昌五．秦汉史［M］．北京：人民出版社，2008 年。

12. 林剑鸣．秦史稿［M］．北京：中国人民大学出版社，2009 年。

13. 黄留珠．刘秀传［M］．北京：人民出版社，2014 年。

14. 杨东晨 . 东汉兴亡史［M］. 西安：陕西人民出版社，2015 年。
15. 安作璋 . 秦汉史研究文集［M］. 北京：人民出版社，2015 年。
16. 吕思勉 . 秦汉史［M］. 北京：北京理工大学出版社，2018 年。

后 记

翻阅历史的图书，仿佛能穿越时空，亲历那些金戈铁马的峥嵘岁月。在字里行间，我们可以感受到特殊时代中历史人物波澜壮阔的人生经历，这些经历总能给予我们深刻的启迪和思考。

而当你阅读这本书时，将会遇见一位被历史和民间低估的开国皇帝——刘秀。他的军事才能、治国能力、领袖风范等方面，完全不亚于秦皇汉武、唐宗宋祖等伟大帝王。刘秀擅长用人，具备卓越的政治智慧，学识渊博，宽厚仁慈，这些优秀品质共同塑造了他独特的领袖魅力。

被誉为中兴之主的刘秀，白手起家，凭借自己的才能和努力，创建了一个新的王朝，为汉朝的复兴作出了重要贡献。

作为本书的作者，在撰写刘秀的历史故事时，我尽力还原了昆阳之战的过程，以及刘秀身上所展现出的那些令人钦佩的品质。然而，由于篇幅所限，我未能详尽地描述刘秀一生的所有功绩，书中也融入了我个人的主观思考。若有不足之处，我恳请广大读者海涵。

我希望本书能够为您带来不一样的阅读感受，让您在品味历史故事的同时，也能对历史人物产生更深的理解和热爱。刘秀的一生充满了智慧和勇气，他的故事对于我们理解和传承中华传统文化具有重要意义。

最后，我衷心希望本书能够激发大家对历史作品和历史人物的热情，促进中华优秀传统文化的广泛传播。

江左辰

2024 年 2 月